Astrid Dehe – Achim Engstler

KAFKAS KOMISCHE SEITEN

STEIDL

Der Mensch ist eine ungeheuere Sumpffläche.
Ergreift ihn Begeisterung, so ist es im
Gesamtbild so wie wenn irgendwo in einem
Winkel dieses Sumpfes ein kleiner Frosch in
das grüne Wasser plumpst.

INHALT

LACHEN BEFREIT, KAFKA NICHT

»Über Franz Kafka darf jetzt gelacht werden«, titelte eine große Tageszeitung zu Kafkas 125. Geburtstag am 3. Juli 2008.[1] Als sei, nun endlich, die Lizenz erteilt worden. Dabei reicht das Recht des Lachens so weit, wie seine Macht reicht, und Macht hatte es schon über Kafka selbst. Der Autor Kafka lachte beim Vortrag des ersten Kapitels von *Der Proceß* »so sehr, daß er weilchenweise nicht weiterlesen konnte«.[2] Der Beamte Kafka wurde zur Legende durch einen ebenso unbezwingbaren wie unbotmäßigen Lachanfall, der ihn bei seiner Ernennung zum Konzipisten der Arbeiter-Unfall-Versicherungs-Anstalt schüttelte.[3] Und der Sohn Kafka gesteht, die familiäre Feier des Pessachfestes nur unter Lachkrämpfen gemeistert zu haben.[4] Auch daran, daß Kafka andere zum Lachen bringen wollte, besteht kein Zweifel. Er hat vieles geschrieben, was auf einen komischen Effekt hin berechnet ist. Schon seine Freunde Max Brod und Felix Weltsch haben darauf hingewiesen.[5] Dennoch mußte Kafkas Komik erst wiederentdeckt werden.[6] Zu sehr dominierten Lesarten, die mit Kafka die tödlichen Folgen einer erstickenden Diktatur zu begreifen oder die Zucht einer das Leben entfärbenden Philosophie zu illustrieren suchten.[7] Die Anhänger beider lasen die Kafka-Bände so nachtschwarz, wie sie eingebunden waren. Dagegen ist nichts zu sagen; jede Zeit hat ihren Kafka. Nur hat keine den ganzen. Auch der komische Kafka ist lediglich eine Facette. Mag Kafka komisch sein und komisch sein wollen, bleibt er doch Kafka, ein ruheloser, immer aufs neue und fast zwanghaft scheiternder Mensch, ein Schriftsteller, zu dessen Kosmos Folter- und Suizidphantasien gehören, Parabeln unabschließbarer Suche und Maschinen, die durch Schrift töten. Lachen befreit, Kafka nicht.

Jedes der folgenden sechsunddreißig Kapitel beginnt mit einem Zitat aus Kafkas Schriften, Tagebüchern[8] oder Briefen, das in unseren Augen die Eigentümlichkeit der kafkaschen Komik auf die eine oder andere Art widerspiegelt. Die begleitenden Essays dienen dazu, die Zitate durch biographische und andere Informationen zu erläutern und durch weitere Textstellen zu ergänzen und zu differenzieren. Die Kapitel sind in sich abgeschlossen; blättern ist erlaubt und schadet dem Verständnis nicht. Wer die Kapitel in der Reihenfolge liest, in der wir sie angeordnet haben, findet thematische Abwechslung, wer den Verweisen auf thematisch und biographisch verwandte Kapitel folgt, zieht eigene Linien.

Weitergehend Interessierte finden die Quellen der Zitate, Vergleichsstellen und sonstige Hinweise am Ende jedes Kapitels, das Verzeichnis der Abbildungen und der in den Endnoten verwendeten Siglen im Anhang.

Gewidmet ist dies Buch unseren Kindern, Eva, Lilli, Paul und Carl.

Die unserem Buch vorangestellten Sätze stammen aus dem sogenannten »Konvolut 1920«, losen Blättern, auf denen Kafka in der zweiten Hälfte des Jahres 1920 kleinere Texte notierte (NSuF II, 344).

1 <www.welt.de/kultur/article2167160/Ueber_Franz_Kafka_darf_jetzt_gelacht_werden.html> 7.7.2011. 2 Brod FK, 188. / 3 Vgl. Kafkas Brief an Felice Bauer, 8./9.1.1913 (BaF, 237 ff.). / 4 Vgl. »Brief an den Vater« (NSuF II, 187). / 5 Vgl. Brod FK, 45 f., 55 f., 74 ff., 188; Felix Weltsch, *Religion und Humor im Leben und Werk Franz Kafkas*. München o. J. [¹1957], 85 ff. / 6 Das Verdienst, als erster versucht zu haben, Kafkas Komik anhand längerer Texte zu belegen, gebührt wohl Bernd Eilert (*Das Hausbuch der literarischen Hochkomik*. Zürich 1987). Vorangegangen waren Eckhard Henscheids zweischneidige Geschichten (*Roßmann, Roßmann*. Zürich 1982), es folgten Essays von Ralph Gätke (»Komisch wie Kafka« – in: ders., *Komisch wie Kafka. Animiertexte*. Oldenburg 1991, 151 ff.) und Gisbert Kranz (»Kafkas Lachen« – in: ders., *Kafkas Lachen und andere Schriften zur Literatur*. Köln–Wien 1991), die Arbeit Pavel Petrs (*Kafkas Spiele. Selbststilisierung und literarische Komik*. Heidelberg 1992), »Laughing with Kafka« von David Foster Wallace (<www.harpers.org/media/pdf/dfw/Harpers Magazine-1998-07-0059612.pdf> 7.7.2011) und andere. / 7 Vgl. z.B. Theodor W. Adorno, »Aufzeichnungen zu Kafka« – in: ders., *Versuch, das »Endspiel« zu verstehen*. Frankfurt a. M. 1973 [¹1953], 127 ff.; Gerhard Kurz, *Traum-Schrecken. Kafkas literarische Existenzanalyse*. Stuttgart 1979. / 8 Wir zitieren Kafkas Texte nach der im S. Fischer-Verlag erschienenen *Kritischen Ausgabe*, übernehmen daher auch deren Einteilung des Textkorpus in »Schriften« und »Tagebücher«. Tagebücher im engeren Sinn, separate Diarien, die ausschließlich Persönlichem und Intimem gelten, hat Kafka allerdings nicht geführt; in seinen betreffenden Schreibheften mischen sich persönliche, der Gattung des Tagebuchs

zuzuordnende Eintragungen mit literarischen (vgl. dazu Tb App, 7 f.). Insofern ist die auch von uns des öfteren verwendete Formulierung, Kafka habe etwas »im Tagebuch« notiert, nicht ganz präzise, und die auf Kafkas Freund und Nachlaßverwalter Max Brod zurückgehende Herauslösung von »Tagebüchern« aus Kafkas Nachlaß bleibt diskutabel. Sachliche Probleme für unsere Darstellung ergeben sich daraus jedoch nicht. – Wer Kafkas Texte in der Einheit der von ihm benutzten Schreibhefte lesen möchte und die Aura des Authentischen sucht, sei verwiesen auf die von Roland Reuß und Peter Staengle im Stroemfeld-Verlag herausgegebene *Historisch-kritische Ausgabe* sämtlicher Handschriften, Drucke und Typoskripte Kafkas.

PARISER MISSVERSTÄNDNISSE

Anfang der Pariser Mißverständnisse. Max kommt in mein Hotelzimmer herauf und ist darüber aufgeregt, daß ich noch nicht fertig bin und mir das Gesicht wasche, während ich früher doch gesagt hätte, daß wir uns nur ein wenig waschen und gleich weggehn sollen. Da ich mit Wenigwaschen nur das Waschen des ganzen Körpers ausgeschlossen, dagegen damit gerade das Waschen des Gesichtes gemeint habe und damit eben noch nicht fertig bin, verstehe ich seine Vorwürfe nicht und wasche das Gesicht weiter wenn auch nicht so genau wie früher, während sich Max mit dem ganzen Schmutz der Nachtfahrt in seinen Kleidern auf mein Bett setzt, um zu warten. Er hat die Gewohnheit und führt sie auch jetzt vor beim Vorwürfemachen den Mund aber auch das ganze Gesicht süßlich zusammenzuziehn, als suche er dadurch einerseits das Verständnis seiner Vorwürfe zu befördern und als wolle er andererseits zeigen, daß nur dieses süßliche Gesicht, das er gerade hat, ihn davon abhalte mir eine Ohrfeige zu geben. Darin daß ich ihn zu diesem Heuchlerischen gegen seine Natur zwinge liegt noch ein eigener Vorwurf, den er mir dann zu machen scheint wenn er verstummt und sein Gesicht um sich von dem Süßlichen zu erholen, in der entgegengesetzten Richtung also vom Mund weg sich auseinanderspannt, was natürlich viel stärker wirkt als das erste Gesicht. Ich dagegen verstehe es […] so vor Müdigkeit in mich zurückgefallen zu sein, daß mich der Einfluß solcher Gesichter überhaupt nicht erreicht, weshalb ich dann in meinem Jammer so mächtig sein kann, geradewegs aus der vollkommensten Gleichgiltigkeit und ohne jedes Schuldgefühl mich ihm gegenüber entschuldigen zu können.[1]

Mit Kafka Urlaub zu machen, war nicht einfach. Daß er sich zum »Reise-Ballast«[2] entwickeln könne und daher »praktische Bedenken«

bestehen mochten, ihn mitzunehmen, räumte er selbst ein. Sein Bestehen auf vegetarischer Kost, seine entsetzliche Angewohnheit, jeden Bissen und Schluck akribisch einzuspeicheln, gemäß dem Leitsatz Horace Fletchers, die Natur werde alle züchtigen, die nicht vor- und wiederkauen (➤ Prof. Grünwald), seine mit naturheilkundlichen Grundsätzen gepaarte Hypochondrie, seine nichts auslassenden Bedenken, seine chronische Unpünktlichkeit,[3] die er damit entschuldigte, daß er »die Schmerzen des Wartens«[4] nicht fühle, schließlich seine selbstvergessene Körperpflege, die »Freude am Badezimmer«[5] – das alles machte Kafka zu einem mehr als anstrengenden Reisegefährten. Oft begannen die Probleme schon im Vorfeld, denn sobald ein Termin für eine Reise feststand, verlor Kafka die Nerven, suchte Ausflüchte und erfand Hinderungsgründe. (➤ Nicht nach Wien) Daß er, sofern es Mitreisende gab, deren Vorfreude durch solches Verhalten nicht eben erhöhte, war ihm bewußt. »Wenn mir jemand einen Abend lang solche Geschichten machen würde, wie gestern ich, würde ich es mir überlegen ob ich ihn nach Riva mitnehmen soll«,[6] schrieb er vor der gemeinsamen Reise im September 1909 zerknirscht an Max Brod. Und wirklich geriet selbst der seinem Freund Franz alles vergebende Brod gelegentlich an die Grenzen seiner Toleranz: »Wenn ich ganz aufrichtig sein will: fiel mir nicht auch Kafka hie und da einmal lästig? Zum Beispiel in Lugano, als er kein Abführmittel nehmen wollte, seinem Naturprinzip treu, mir aber durch Jammern die Laune verdarb?«[7] Oder in Paris, hätte er hinzufügen können, am Vormittag des 8. September 1911, als er mich durch »Wenigwaschen« zur Verzweiflung brachte.

Morgens um 8.30 Uhr waren Brod und Kafka mit dem Nachtzug aus Italien gekommen, die französische Metropole lockte, die Sonne schien, der kulturhungrige Brod drängte. Kafka war müde und wollte sich zumindest »ein wenig waschen«. Also gut, man einigte sich, ging auf die Zimmer und nach einer, wie man annehmen darf, angemessenen Frist stand Brod marschfertig vor Kafkas Tür. Der aber wusch sich noch. Vielleicht hatte er vorher etwas anderes getan, vielleicht hatte er wirklich die gesamte Zeit der Reinigung gewidmet – im Tagebuch hält er fest, er habe allein mit der Pflege seiner Haare »Nachmittage« verbringen können[8] –, jedenfalls war er im Verzug. Und Kafka wusch sich weiter, während der ungewaschene Brod sich ungehalten auf dessen Bett setzte. »Pariser Mißverständnisse«: die von Kafka lokal gemeinte Begrenzung des Waschens hatte Brod für eine zeitliche genommen. Daß man wenig wäscht, heißt nicht notwendigerweise, daß man kurz wäscht. Und so kann Kafka im Glanz logischer Unanfechtbarkeit seine Reinigung fortsetzen, »wenn auch nicht so genau wie früher«, zugleich aber die Vorwurfsgesichter seines Freundes studieren, vor deren Einfluß ihn seine Müdigkeit schützt. »Und meine Müdigkeit in Paris kann nicht durch Ausschlafen sondern nur durch Wegfahren beseitigt werden. Manchmal halte ich das sogar für eine Eigentümlichkeit von Paris.«[9]

Wo ich bin, ist keine Klarheit

Balzac, den Chronisten des Pariser Sittenlebens, kannte Kafka damals noch nicht. Erst ein Jahr später erwarb er während einer Dienstreise in Kratzau eine Balzac-Novelle, eher aus Verlegenheit und »um mich an Kratzau zu rächen«, indem er das einzige gute Buch mitnahm, das dieser unwirtliche Ort bereithielt. Die Novelle gefiel ihm dennoch nicht, Balzacs »besondere Zeiteinteilung« hingegen beeindruckte ihn: »Er ging um 6 Uhr abends schlafen, stand um 12 Uhr nachts auf und arbeitete dann die übrigen 18 Stunden.«[10] Ferner blieb ihm sein Spazierstock in Erinnerung, wie eine Notiz aus dem Jahr 1922 belegt. »Auf Balzacs Spazierstockgriff: Ich breche alle Hindernisse, auf meinem: mich brechen alle Hindernisse. Gemeinsam ist das ›alle‹.«[11] Hier, in Paris, im Hotel »Sainte Marie«, brach ihn jedenfalls das Hindernis der Brodschen Gesichter nicht. Kafka hatte Urlaub.

---

1 Tb, 991 f. – Vgl. KChr, 69. / 2 An Felice Bauer, 20.9.1912 (BaF, 44). / 3 Vgl. z.B. die Beilage zu Kafkas Brief an Felice Bauer vom 15.11.1912 (BaF, 99); Brod FK, 54; EFK, 78 u. 94. / 4 Tb, 299. / 5 Tb, 414. / 6 An Max Brod, August 1909 (BKB, 65). / 7 Brod FK, 127. / 8 Tb, 414. 9 Tb, 992 f. / 10 An Felice Bauer, 26.11.1912 (BaF, 130). / 11 NSuF II, 532. / Hervorgehobenes Zitat aus Kafkas Brief an Felice Bauer, 6.11.1913 (BaF, 471).

BEI ANATOL

Heute geh ich zu Anatol. Aber nichts ist so gut wie das Essen hier im vegetarischen Restaurant. Die Lokalität ist ein wenig trübe, man ißt Grünkohl mit Spiegeleiern (die teuerste Speise), nicht in großer Architektur, aber die Zufriedenheit, die man hier hat. Ich horche nur in mich hinein, vorläufig ist mir freilich noch sehr schlecht, aber wie wird es morgen sein? Es ist hier so vegetarisch, daß sogar das Trinkgeld verboten ist. Statt Semmeln gibt es nur Simonsbrot. Eben bringt man mir Grießspeise mit Himbeersaft, ich beabsichtige aber noch Kopfsalat mit Sahne, dazu wird ein Stachelbeerwein schmecken und ein Erdbeerblättertee wird alles beenden.[1]

»Meine Ohrmuschel fühlte sich frisch rauh kühl saftig an wie ein Blatt«, notiert Kafka im Sommer 1909.[2] Sein Kommentar zu dieser Eintragung – »Ich schreibe das ganz bestimmt aus Verzweiflung über meinen Körper und über die Zukunft mit diesem Körper« – scheint auf den ersten Blick übertrieben. Frische und Saftigkeit einer Ohrmuschel, das ist doch, denkt man, kein Grund zur Verzweiflung. Selbst wenn man unterstellt, daß für Kafka nicht der haptische Befund zählen wird, sondern der Vergleich, den er eingibt, »wie ein Blatt«, scheint das Ganze nichts Desperates zu haben. Blätter verwelken, ihre Zukunft ist der Herbst, und sofern die Beschaffenheit der Ohrmuschel als pars pro toto gelten darf, wäre dies die Zukunft des Körpers insgesamt, nun gut, nur unterliegt eben jeder Körper den Jahreszeiten des Lebens. Allgemeine Melancholie mag dieser Gedanke evozieren, besondere Verzweiflung kaum. – Wenn es um einen Gedanken ginge, wäre dem zuzustimmen. Für Kafka scheint der Vergleich jedoch auf der Ebene des Gefühls zu bleiben. Er fühlt ein Blatt, wenn er seine Ohrmuschel betastet, ein Blatt, kein Ohr, und dieser Einschlag ins Botanische erschüttert ihn. Ein Körper, der Ohren treibt wie Pflanzen Blätter, ist ein Körper, der seinem

Begriff nicht entspricht, ein Etwas außerhalb der Norm, von dem Normales nicht erwartet werden darf. »Mit einem solchen Körper läßt sich nichts erreichen.«[3]

Verstehen ließ sich dieser Körper ebenso wenig, jedenfalls genealogisch nicht. Als Kafka vierundzwanzig Jahre alt war, verteilten sich, dem Protokoll einer ärztlichen Untersuchung zufolge, 61 Kilogramm Gewicht auf eine Länge von 182 Zentimetern,[4] was eine leptosome Statur ergab, für die sich in der Familie kein Muster fand. Die väterliche Linie schied von vornherein aus, in ihr dominierten Kraftmenschen wie Kafkas Großvater Jakob, ein Fleischhauer aus Wossek, der einen Sack Mehl mit den Zähnen heben konnte und gerufen wurde, wenn es galt, ungebetene Gäste aus dem Wirtshaus zu prügeln.[5] Aber auch die Linie der Mutter bot keinen Anhaltspunkt. Die Löwys, Nachkommen eines Talmudgelehrten aus Podiebrad, entsprachen eher dem pyknischen Typus. Für einen Löwy zu lang und zu schmal, für einen Kafka zu schwach und zu mager – ein Körper, der nicht auf dem Wege natürlicher Vererbung entstanden, sondern »aus einer Rumpelkammer« gezogen zu sein schien,[6] seinem Bewohner nicht angemessen, sondern übergestülpt, so daß er mit ihm nichts anzufangen wußte: ein Fremdkörper.

Weil er unvertraut blieb, traute Kafka seinem Körper nichts zu – »ich wagte mich kaum zu bewegen oder gar zu turnen«[7] –, weil er von der familiären wie der allgemeinen Norm abwich, empfand er ihn als minderwertig. So sei ihm während seiner Gymnasialzeit zwar bewußt gewesen, daß er »immer in schlechten Kleidern« herumgelaufen sei, dennoch habe er die Ursache seines »jämmerlichen Aussehns« jahrelang nicht in der von einem offenbar inkompetenten Schneider gefertigten Kleidung gesucht, sondern in der Beschaffenheit seines Körpers: »ich [war] überzeugt, daß die Kleider nur an mir dieses zuerst bretterartig steife dann faltighängende Aussehen annehmen. [...] Infolgedessen gab ich den schlechten Kleidern auch in meiner Haltung nach, gieng mit gebeugtem Rücken, schiefen Schultern, verlegenen Armen und Händen herum; fürchtete mich vor Spiegeln, weil sie mich in einer meiner Meinung nach unvermeidlichen Häßlichkeit zeigten«.[8] Erst als erwachsener Mann, mit achtundzwanzig Jahren, habe er »auf den Schwimmschulen in Prag, Königssaal und Czernoschitz« aufgehört, sich für seinen Körper zu schämen.[9]

Das Schwimmen war, neben dem Reiten und Rudern, Teil eines Sommersportprogramms, das Kafka während seiner ersten Berufsjahre mit Hingabe absolvierte. Die Wintervariante bestand in Zimmergymnastik, dem sogenannten »Müllern« (→ Jungborn), sowie systematischer Abhärtung gegen Kälte. Es liegt nahe anzunehmen, daß Kafka seinen Sport nicht nur aus erwachter Lust an der Bewegung und zum Zwecke genereller Ertüchtigung betrieb, sondern zumal die Sommersportarten auch als Chance zur Körperbildung verstand, als Möglichkeit, Glieder, die nicht flüssig kooperieren wollten, zu einer harmonischen Einheit zu fügen. Diese Hoffnung erfüllte sich nicht, im Gegenteil, alles Bemühen verstärkte nur die Desintegration. Trainierte er die Beine, blieb der Rest zurück: »Ich rudere, reite, schwimme, liege in der Sonne. Daher sind die Waden gut, die Schenkel nicht schlecht, der Bauch geht noch an, aber schon die Brust ist sehr schäbig«.[10] Trainierte er die Beine nicht, verfiel alles: »Wie soll das schwache Herz [...] das Blut über die ganze Länge dieser Beine hin stoßen können. Bis zum Knie wäre genug Arbeit, dann aber wird es nur noch mit Greisenkraft in die kalten Unterschenkel gespült. Nun ist es aber schon wieder oben nötig, man wartet darauf, während es sich unten verzettelt.«[11] Neutralen Beobachtern erschloß sich im übrigen auch der sportliche Aspekt seines sommerlichen Tuns nicht. »Jemand hat einmal gesagt, daß ich wie ein Schwan schwimme«, schreibt Kafka in einem Brief an Milena Jesenská, »aber das war kein Kompliment«.[12] Noch niederdrückender fiel der Kommentar eines Kollegen aus, der gesehen hatte, wie Kafka sich, ausgestreckt in seinem »Rudi« getauften Ruderboot,[13] die Moldau hinuntertreiben ließ. Dieser Kollege sah keinen ermatteten Sportler, er sah das Ende der Welt: »Es hätte so ausgesehn, wie vor dem Jüngsten Gericht. Es wäre wie jener Augenblick gewesen, da die Sargdeckel schon abgehoben waren, die Toten aber noch stillagen.«[14]

Kafka machte das Beste daraus. Wies dieser Körper alle Versuche, ihn im Normbereich zu bewegen, verstockt zurück, mußte man ihm eben jenseits des Normalen seinen Lauf lassen. Kafka gab die von eher beherrschter Dynamik geprägten Sportarten Schwimmen, Reiten und Rudern auf und verlegte sich aufs Wilde. Der »einzige übrigens selbsterfundene Sport«, den er treibe, schreibt er Weihnachten 1912 an seine spätere Verlobte Felice Bauer, bestehe darin, die Treppen im Gebäude der Arbeiter-Unfall-Versicherungs-Anstalt »als ein Schrecken aller Hinaufsteigenden hinunterzurasen«.[15] Auch das noch längere Zeit betriebene morgendliche »Müllern« paßte er bald dem eigentümlichen Takt seines Körpers an. Während J. P. Müller »15 Minuten täglicher Arbeit für die Gesundheit« vorschrieb, in systematischen, genau berechneten Abfolgen,[16] haspelte Kafka das Ganze in zehn Minuten, gelegentlich sogar als »rasendes zwei Minuten langes Turnen« herunter.[17] Hinzu kamen Spaziergänge, die in der Regel ebenfalls mit Hochdruck absolviert wurden.[18] Das Skurrile dieser Betätigungen war Kafka durchaus bewußt, aber er stand dazu. Allenfalls Wehmut klingt später an, Wehmut, daß es mit diesem Körper nicht anders gehen konnte. »Wenn ich den großen Wunsch habe ein Leichtathlet zu sein, so ist das wahrscheinlich so, wie wenn ich wünschen würde in den Himmel zu kommen und dort so verzweifelt sein zu dürfen wie hier.«[19]

Wie es sich mit dem Phänotyp und der Bewegung des kafkaschen Körpers verhielt, so auch mit seiner Ernährung. Daß ihm mit böhmischer Hausmannskost nicht gedient sein konnte, liegt auf der Hand. Die Kost, die ihm entsprach, mußte noch gefunden werden, und Kafka fand sie, laut einer Äußerung seines Freundes Max Brod, erst »nach jahrelangem Probieren«.[20] Grob gesagt, handelte es sich um die weitgehende Ersetzung von Fleisch und den üblichen Sättigungsbeilagen durch eine vielfältige Auswahl von Obst, Nüssen, Milchprodukten und Vollkorngebäck. Kafkas Umstellung seiner Ernährung fiel in die ersten Jahre seiner Tätigkeit bei der Arbeiter-Unfall-Versicherungs-Anstalt, wo er als Konzeptbeamter lediglich sechs Stunden, von 8 bis 14 Uhr, zu arbeiten hatte.[21] Er konnte daher alle Mahlzeiten mit seinen Eltern einnehmen, bei denen er nahezu sein Leben lang wohnte. Das Essen, das eine Köchin auf den Tisch der Familie Kafka brachte, richtete sich nach den Bedürfnissen des Vaters Hermann, einem vitalen Riesen mit gewaltigem Appetit auf Fleisch und Deftiges. Daß Kafkas Versuch, für sich selbst Abweichungen vom gewohnten Speiseplan durchzusetzen, unter diesen Umständen auf erhebliche Schwierigkeiten stoßen mußte, ist nachvollziehbar. Es gelang ihm zwar, die Köchin entsprechend zu instruieren, den Eltern gegenüber, die ihn laut Max Brod »zum Fleisch [...] zurückzwingen« wollten,[22] waren jedoch gewisse Kompromisse einzugehen. »Ich esse dreimal im Tag, in der Zwischenzeit gar nichts, aber nicht das Geringste. Früh Kompott, Cakes und Milch. Um 3 aus Kindesliebe so wie die andern, nur im ganzen etwas weniger als die andern und im einzelnen noch weniger Fleisch als wenig und mehr Gemüse. Abend um 10 im Winter Joghurt, Simonsbrot, Butter, Nüsse aller Art, Kastanien, Datteln, Feigen, Trauben, Mandeln, Rosinen, Kürbisse, Bananen, Äpfel, Birnen, Orangen. Alles wird natürlich in Auswahl gegessen und nicht etwa durcheinander wie aus einem Füllhorn in mich hineingeworfen. Es gibt kein Essen, das für mich anregender wäre als dieses.«[23]

Da Kafka seinen Vegetarismus oder, wie er sagte, »Vegetarianismus« nicht deduktiv, sondern im Dialog mit Magen und Darm durch Probieren gefunden hatte, fehlte ihm das Prinzipielle. Ideologischen Vegetariern gegenüber wahrte er stets Distanz. Es sei ja »ein ganz feines und verläßliches Gefühl«, erklärt er seiner Schwester Ottla, »das z.B. im Vegetariersein (es bekommt in fremden Augen leicht etwas Berufsmäßiges: von Beruf Vegetarianer) etwas sich Vereinsamendes, etwas Wahnsinnsverwandtes wittert«,[24] und eine Nachfrage Felice Bauers beantwortet er mit der Bemerkung, er sei nur »fast Vegetarianer« und sehe darin auch »nichts besonders Liebenswertes«.[25] Dennoch entwickelte er, jedenfalls soweit es seine Schwestern und Geliebten betraf, missionarischen Eifer, unterfütterte seine Ernährungsgewohnheiten gelegentlich mit naturheilkundlichen Thesen[26] und konnte, wie einer seiner Kollegen berichtet, auch radikal werden. »Er kam einmal ins Zimmer, als ich gerade ein Butterbrot aß. Wie können Sie nur das Fett hinunterschlingen, sagte er, das beste Nahrungsmittel ist eine Zitrone.«[27] Das war die Außenseite. Nach innen blieb Kafkas Vegetarismus liberal, experimentell – und anfechtbar. Obwohl er auf Dienst- und Urlaubsreisen bevorzugt vegetarische Restaurants aufsuchte, unternahm Kafka immer wieder Abstecher in die Gefilde regionaler Normalkost. »Es wird Dich doch liebe Ottla interessieren«, schreibt er seiner Schwester auf einer Ansichtskarte aus Kratzau, »daß ich in dem Hotel zum Roß […] einen Kalbsbraten mit Kartoffeln und Preiselbeeren, hierauf eine Omelette gegessen und dazu und hierauf eine kleine Flasche Apfelwein getrunken habe. Unterdessen habe ich mit dem vielen Fleisch das ich bekanntlich nicht zerkauen kann, teilweise eine Katze gefüttert, teilweise nur den Boden verschweinert.«[28] (Die nächste Ansichtskarte, die Ottla enthält, zeigt dann, vielleicht reumütig, ein »Reformspeisehaus«.[29]) Seine Freunde Max Brod und Felix Weltsch erfahren aus einem Brief, den Kafka im dänischen Ostseebad Marielyst schreibt, daß er dort »fast nur Fleisch« esse,[30] und der »Speisezettel«, den er Felice Bauer aus einem Urlaub in Marienbad schickt, ist geeignet, selbst robuste Mägen zu beunruhigen: »um ½ 11^h – 2 x Milch, Honig, 2 x Butter, 2 Brötchen; 11^h ¼ kg Kirschen; 12^h Kaiserfleisch, Spinat, Kartoffel, Vanillenudeln, Brötchen; 3^h Milch in Schale, 2 Brötchen; 5^h Chokolade, 2 x Butter, 2 Brötchen; 7^h Gemüse, Salat, Brot, Emmentaler; 9^h 2 Kuchen, Milch. Nun?«[31]

Zwar hatten diese Exzesse seriöse Gründe – Kafka versuchte auf diese Weise, zuzunehmen und seine Schlaflosigkeit zu bekämpfen –, aber es spielt offensichtlich auch eine untergründige, ebenso animalische wie verzweifelte Lust hinein: die Lust, alle diätetischen, durch die besonderen Ansprüche seines Körpers erzwungenen Rücksichten hinter sich zu lassen und einmal so zu fressen wie sein Vater, der »alles schnell, heiß und in großen Bissen« hinunterschlang, Knochen zermalmte, »mit einem von Sauce triefenden Messer« Brot zerschnitt und die Reste seiner wüsten Mahlzeiten unter sich fallen ließ.[32] »Dieses Verlangen, das ich fast immer habe, wenn ich einmal meinen Magen gesund fühle, Vorstellungen von schrecklichen Wagnissen mit Speisen in mir zu häufen.

Besonders vor Selchereien befriedige ich dieses Verlangen. Sehe ich eine Wurst, die ein Zettel als eine alte harte Hauswurst anzeigt, beiße ich in meiner Einbildung mit ganzem Gebiß hinein und schlucke rasch, regelmäßig und rücksichtslos wie eine Maschine. Die Verzweiflung, welche diese Tat selbst in der Vorstellung zur sofortigen Folge hat, steigert meine Eile. Die langen Schwarten von Rippenfleisch stoße ich ungebissen in den Mund und ziehe sie dann von hinten den Magen und die Därme durchreißend wieder heraus. Schmutzige Greißlerläden esse ich vollständig leer. Fülle mich mit Häringen, Gurken und allen schlechten alten scharfen Speisen an. Bonbons werden aus ihren Blechtöpfen wie Hagel in mich geschüttet. Ich genieße dadurch nicht nur meinen gesunden Zustand, sondern auch ein Leiden, das ohne Schmerzen ist und gleich vorbeigehn kann.«[33] Als Pendant zu dieser Phantasie, die Kafka Ende Oktober 1911 in sein Tagebuch einträgt, kann man den munteren Schluß seines Briefes an Max Brod vom 29. Januar 1910 lesen: »Morgen spendiere ich mir ein Magenauspumpen, meinem Gefühl nach werden ekelhafte Sachen herauskommen. Dein Franz«.[34]

> Wäre nur nicht der Wurm in allen Äpfeln der eigentliche Genießer.

Die Lust am Fressen und Schlingen konnte Kafka, faktisch wie gedanklich, nur jenseits der Grenzen seines Vegetarismus befriedigen. Ob es für ihn auch Lust innerhalb dieser Grenzen gab, bleibt fraglich. Von sinnlichem Genuß ist im Zusammenhang mit seinen vegetarischen Mahlzeiten jedenfalls kaum die Rede. Eher ist humorig verpackte Reserve typisch, als füge er sich ins Unvermeidliche, wie bei Anatol, wo ihm schon während des Essens »sehr schlecht« ist und man sich die Folgen des Erdbeerblättertees, der »alles beenden« wird, gar nicht mehr vorstellen mag, oder an den von Max Brod geschilderten Prager Freundschaftsabenden. Diese vierzehntägigen Treffen fanden abwechselnd in den Wohnungen von Brod, Oskar Baum und Felix Weltsch statt, die bereits verheiratet waren und daher eigene Hausstände hatten. Zwar sei ursprünglich »ein bescheidener Tee mit Kuchen« vereinbart gewesen, schreibt Brod. »Aber unsere Frauen überboten einander, aus den einfachen Kuchen wurden bald raffiniert zubereitete Torten plus Obstteller usw. [...] Kafka allerdings pflegte mit einem Papiersäckchen zu erscheinen, Inhalt: geschälte Haselnüsse und Walnüsse.«[35] Das sei sein Abendessen gewesen.

1 An Max Brod, 4.12.1910 (BKB, 81 f.). / 2 Tb, 12. / 3 Tb, 263. / 4 Wagenbach FKJ, 141. 5 Brod FK, 10; vgl. Kafkas Brief an Milena Jesenská, 25.6.1920 (BaM, 79). / 6 Tb, 266. / 7 NSuF II, 195. / 8 Tb, 334 f. / 9 Tb, 37. / 10 Tb, 17. / 11 Tb, 263 f. / 12 An Milena Jesenská, 1.8.1920 (BaM, 172 f.). / 13 KChr, 59. / 14 An Milena Jesenská, 29.5.1920 (BaM, 21). / 15 An Felice Bauer, 25.12.1912 (BaF, 207). / 16 Vgl. J. P. Müller, *Mein System. 15 Minuten täglicher Arbeit für die Gesundheit*. Leipzig–Kopenhagen 1904. / 17 An Felice Bauer, 1.11.1912 (BaF, 67) und 24./25.11.1912 (BaF, 125). / 18 Vgl. Tb, 367 u. 370, sowie Kafkas Briefe an Felice Bauer vom 21.12.12 und 28.2./ 1.3.1913 (BaF, 198 u. 319). / 19 Tb, 864. / 20 Max Brod an Felice Bauer, 22.11.1912 (BaF, 115). 21 Vgl. Wagenbach FKJ, 144. / 22 Max Brod an Felice Bauer, 22.11.1912 (BaF, 115). / 23 An Felice Bauer, 21.11.1912 (BaF, 109). / 24 An Ottla, 17.4.1920 (BaO, 80). / 25 An Felice Bauer, 24.11.1912 (BaF, 119). / 26 Z. B. an Grete Bloch, 18.5.1914 (BaF, 578). / 27 Zit. bei Brod FK, 87. / 28 An Ottla Kafka, 25.2.1911 (BaO, 14 f.). / 29 Vgl. BaO, 15. / 30 An Max Brod und Felix Weltsch, Ende Juli 1914 (BKB, 138). / 31 An Felice Bauer, 20.7.1916 (BaF, 667). / 32 NSuF II, 155 f. / 33 Tb, 210. / 34 An Max Brod, 29.1.1910 (BKB, 72). / 35 Brod PK, 140. / Hervorgehobenes Zitat aus Kafkas Brief an Max Brod, 14.1.1924 (BKB 452).

BEIM PRÄSIDENTEN

Ich kann auch lachen, Felice, zweifle nicht daran, ich bin sogar als großer Lacher bekannt, doch war ich in dieser Hinsicht früher viel närrischer als jetzt. Es ist mir sogar passiert, daß ich in einer feierlichen Unterredung mit unserem Präsidenten – es ist schon zwei Jahre her, wird aber in der Anstalt als Legende mich überleben – zu lachen angefangen habe; aber wie! Es wäre zu umständlich, Dir die Bedeutung dieses Mannes darzustellen, glaube mir also, daß sie sehr groß ist, und daß ein normaler Anstaltsbeamter sich diesen Mann nicht auf der Erde, sondern in den Wolken vorstellt. Und da wir im allgemeinen nicht viel Gelegenheit haben mit dem Kaiser zu reden, so ersetzt dieser Mann dem normalen Beamten – ähnlich ist es ja in allen großen Betrieben – das Gefühl einer Zusammenkunft mit dem Kaiser. Natürlich haftet auch diesem Mann, wie jedem in ganz klare allgemeine Beobachtungen gestellten Menschen, dessen Stellung nicht ganz dem eigenen Verdienste entspricht, genug Lächerlichkeit an, aber sich durch eine solche Selbstverständlichkeit, durch diese Art Naturerscheinung, gar in der Gegenwart des großen Mannes zum Lachen verleiten zu lassen, dazu muß man schon gottverlassen sein. Wir – zwei Kollegen und ich – waren damals gerade zu einem höhern Rang erhoben worden und hatten uns in feierlichem schwarzen Anzug beim Präsidenten zu bedanken, wobei ich nicht zu sagen vergessen darf, daß ich aus besonderem Grunde dem Präsidenten von vornherein zu besonderem Dank verpflichtet bin. Der würdigste von uns dreien – ich war der jüngste – hielt die Dankrede, kurz, vernünftig, schneidig, wie das seinem Wesen entsprach. Der Präsident hörte in seiner gewöhnlichen, bei feierlicher Gelegenheit gewählten, ein wenig an die Audienzhaltung unseres Kaisers erinnernden, tatsächlich (wenn man will und nicht anders kann) urkomischen Stellung zu. Die Beine leicht gekreuzt, die linke Hand zur Faust geballt auf die äußerste Tischecke

gelegt, den Kopf gesenkt, so daß sich der weiße Vollbart auf der Brust einbiegt und zu alledem den nicht allzu großen aber immerhin vortretenden Bauch ein wenig schaukelnd. Ich muß damals in einer sehr unbeherrschbaren Laune gewesen sein, denn diese Stellung kannte ich schon zur Genüge und es war gar nicht nötig, daß ich, allerdings mit Unterbrechungen, kleine Lachanfälle bekam, die sich aber noch leicht als Hustenreiz erklären ließen, zumal der Präsident nicht aufsah. Auch hielt mich die klare Stimme meines Kollegen, der nur vorwärts blickte und meinen Zustand wohl bemerkte, ohne sich aber von ihm beeinflussen zu lassen, noch genug im Zaum. Da hob aber der Präsident nach Beendigung der Rede meines Kollegen das Gesicht und nun packte mich für einen Augenblick ein Schrecken ohne Lachen, denn nun konnte er ja auch meine Mienen sehn und leicht feststellen, daß das Lachen, das mir zu meinem Leidwesen aus dem Munde kam, durchaus kein Husten war. Als er aber seine Rede anfing, wieder diese übliche, längst vorher bekannte, kaiserlich schematische, von schweren Brusttönen begleitete, ganz und gar sinnlose und unbegründete Rede, als mein Kollege durch Seitenblicke mich, der ich mich ja gerade zu beherrschen suchte, warnen wollte und mich gerade dadurch lebhaft an den Genuß des frühern Lachens erinnerte, konnte ich mich nicht mehr halten und alle Hoffnung schwand mir, daß ich mich jemals würde halten können. Zuerst lachte ich nur zu den kleinen hie und da eingestreuten zarten Späßchen des Präsidenten; während es aber Gesetz ist, daß man zu solchen Späßchen nur gerade in Respekt das Gesicht verzieht, lachte ich schon aus vollem Halse, ich sah, wie meine Kollegen aus Furcht vor Ansteckung erschraken, ich hatte mit ihnen mehr Mitleid als mit mir, aber ich konnte mir nicht helfen, dabei suchte ich mich nicht etwa abzuwenden oder die Hand vorzuhalten, sondern starrte immerzu dem Präsidenten in meiner Hilflosigkeit ins Gesicht, unfähig das Gesicht wegzuwenden, wahrscheinlich in einer gefühlsmäßigen Annahme, daß nichts besser, alles nur schlechter werden könne und daß es daher am besten sei, jede Veränderung zu vermeiden. Natürlich lachte ich dann, da ich nun

schon einmal im Gange war, nicht mehr bloß über die gegenwärtigen Späßchen, sondern auch über die vergangenen und die zukünftigen und über alle zusammen, und kein Mensch wußte mehr, worüber ich eigentlich lache; eine allgemeine Verlegenheit fing an, nur der Präsident war noch verhältnismäßig unbeteiligt, als großer Mann, der an vielerlei in der Welt gewöhnt ist, und dem übrigens die Möglichkeit der Respektlosigkeit vor seiner Person gar nicht eingehn kann. Wenn wir in diesem Zeitpunkt herausgeschlüpft wären, der Präsident kürzte auch vielleicht seine Rede ein wenig ab, wäre noch alles ziemlich gut abgelaufen, mein Benehmen wäre zwar zweifellos unanständig gewesen, diese Unanständigkeit wäre aber nicht offen zur Sprache gekommen und die Angelegenheit wäre, wie dies mit solchen scheinbar unmöglichen Dingen öfters geschieht, durch stillschweigendes Übereinkommen unserer vier, die wir beteiligt waren, erledigt gewesen. Nun fing aber zum Unglück der bisher nicht erwähnte Kollege (ein fast 40jähriger Mann mit rundem kindischen aber bärtigen Gesicht, dabei ein fester Biertrinker) eine kleine, ganz unerwartete Rede an. Im Augenblick war es mir vollständig unbegreiflich, er war ja schon durch mein Lachen ganz aus der Fassung gebracht gewesen, hatte mit vor verhaltenem Lachen aufgeblähten Wangen dagestanden und – jetzt fing er eine ernste Rede an. Nun war das aber bei ihm gut verständlich. Er hat ein so leeres, hitziges Temperament, ist imstande, von allen anerkannte Behauptungen leidenschaftlich endlos zu vertreten, und die Langweile dieser Reden wäre ohne das Lächerliche und Sympathische ihrer Leidenschaft unerträglich. Nun hatte der Präsident in aller Harmlosigkeit irgendetwas gesagt, was diesem Kollegen nicht ganz paßte, außerdem hatte er, vielleicht durch den Anblick meines schon ununterbrochenen Lachens beeinflußt, ein wenig daran vergessen, wo er sich befand, kurz er glaubte, es sei der richtige Augenblick gekommen, mit seinen besondern Ansichten hervorzutreten und den (gegen alles, was andere reden, natürlich zum Tode gleichgültigen) Präsidenten zu überzeugen. Als er also jetzt mit schwingenden Handbewegungen etwas (schon im allgemeinen und hier insbesondere)

Läppisches daherredete, wurde es mir zu viel, die Welt, die ich bisher immerhin im Schein vor den Augen gehabt hatte, verging mir völlig und ich stimmte ein so lautes, rücksichtsloses Lachen an, wie es vielleicht in dieser Herzlichkeit nur Volksschülern in ihren Schulbänken gegeben ist. Alles verstummte und nun war ich endlich mit meinem Lachen anerkannter Mittelpunkt. Dabei schlotterten mir natürlich vor Angst die Knie während ich lachte, und meine Kollegen konnten nun ihrerseits nach Belieben mitlachen, die Gräßlichkeit meines so lange vorbereiteten und geübten Lachens erreichten sie ja doch nicht und blieben vergleichsweise unbemerkt. Mit der rechten Hand meine Brust schlagend, zum Teil im Bewußtsein meiner Sünde (in Erinnerung an den Versöhnungstag), zum Teil, um das viele verhaltene Lachen aus der Brust herauszutreiben, brachte ich vielerlei Entschuldigungen für mein Lachen vor, die vielleicht alle sehr überzeugend waren, aber infolge neuen, immer dazwischenfahrenden Lachens gänzlich unverstanden blieben. Nun war natürlich selbst der Präsident beirrt, und nur in dem solchen Leuten schon mit allen seinen Hilfsmitteln eingeborenen Gefühl alles möglichst abzurunden, fand er irgendeine Phrase, die meinem Heulen irgendeine menschliche Erklärung gab, ich glaube eine Beziehung zu einem Spaß, den er vor langer Zeit gemacht hatte. Dann entließ er uns eilig. Unbesiegt, mit großem Lachen, aber todunglücklich stolperte ich als erster aus dem Saal. – Die Sache ist ja durch einen Brief, den ich dem Präsidenten gleich danach schrieb, sowie durch Vermittlung eines Sohnes des Präsidenten, den ich gut kenne, endlich auch durch den Zeitverlauf zum größten Teil besänftigt worden, gänzliche Verzeihung habe ich natürlich nicht erlangt und werde sie auch nie erlangen.[1]

»Kafka zu mir, trostlos«, notiert Max Brod am Abend des 28. April 1910, »hat dem Präsidenten ins Gesicht gelacht.«[2] »Er wollte nicht Trost, er wollte Akten«, heißt es von einem Beamten im *Schloß*-Roman,[3] hier ist es umgekehrt. An diesem Tag hatte den zurückhaltenden, korrekten, von allen Kollegen geschätzten und von seinen Vorgesetzten als »vorzügliche« Kraft[4] beurteilten Versicherungsbeamten Dr. Franz Kafka der Teufel geritten. Ein Eklat aus dem Nichts, so scheint es. Eine Singularität. Sieht man näher hin, kann man indessen auch zu der gegenteiligen Auffassung gelangen und Kafkas Lachkrampf als vielleicht nicht notwendige, aber doch verständliche Konsequenz einer Entwicklung betrachten, deren Anfänge in den ersten Jahren seiner Gymnasialzeit liegen.

In dieser Zeit begann Kafka zu schreiben.[5] »Kleine Selbständigkeitsversuche, Fluchtversuche« seien das gewesen, erklärt er im Rückblick, eingezogene Anstrengungen, der Riesengestalt des Vaters Hermann Kafka zu entkommen, deren Übermacht ihn Tag für Tag seiner Minderwertigkeit versicherte.[6] Überall habe er Rettung vor diesem Druck gesucht, in der Familie, im Judentum, sie aber nur im Schreiben gefunden.[7] »Hier war ich«, heißt es im »Brief an den Vater«, »tatsächlich ein Stück selbständig von Dir weggekommen.«[8] Das Schreiben war das einzige Feld, auf dem Kafka sich aktiv fühlte, auf dem er Kräfte spürte, die sich sammelten. Alles andere, zumal die Schule, ließ er über sich ergehen, ohne Hoffnung auf Erfolg, den er vielmehr für ausgeschlossen hielt. Stellte sich Erfolg dennoch ein, konnte das nur auf einem Irrtum beruhen, dessen Aufklärung umso vernichtender ausfallen mußte, je länger sie unterblieb. »Niemals würde ich durch die erste Volksschulklasse kommen, dachte ich, aber es gelang, ich bekam sogar eine Prämie; aber die Aufnahmeprüfung ins Gymnasium würde ich gewiß nicht bestehn, aber es gelang; aber nun falle ich in der ersten Gymnasialklasse bestimmt durch, nein, ich fiel nicht durch und es gelang immer weiter und weiter. Daraus ergab sich aber keine Zuversicht, im Gegenteil, immer war ich überzeugt [...] daß, je mehr mir gelingt, desto schlimmer es schließlich wird ausgehn müssen. Oft sah ich im Geist die schreckliche Versammlung der Professoren (das Gymnasium ist nur das einheitlichste Beispiel, überall um mich war es aber ähnlich), wie sie, wenn ich die Prima überstanden hatte, also in der Sekunda, wenn ich diese überstanden hatte, also in der Tertia u.s.w. zusammenkommen würden, um diesen einzigartigen himmelschreienden Fall zu untersuchen, wie es mir, dem Unfähigsten und jedenfalls Unwissendsten gelungen war, mich bis hinauf in diese Klasse zu schleichen, die mich, da nun die allgemeine Aufmerksamkeit auf mich gelenkt war, natürlich sofort ausspeien würde, zum Jubel aller von diesem Albdruck befreiten Gerechten. [...] Was kümmerte mich unter diesen Umständen der Unterricht? Wer war imstande aus mir einen Funken der Anteilnahme herauszuschlagen? Mich interessierte der Unterricht und nicht nur der Unterricht, sondern alles ringsherum in diesem entscheidenden Alter etwa so, wie einen Bankdefraudanten, der noch in Stellung ist und vor der Entdeckung zittert, das kleine laufende Bankgeschäft interessiert, das er noch immer als Beamter zu erledigen hat.«[9] So belanglos und beiherspielend wie der Schulunterricht sei dann für ihn auch die Frage des Berufs gewesen: einen »wirklichen Beruf« erreichen zu können, habe er sich nicht zugetraut. »Von hier aus erwartete ich keine Rettung, hier hatte ich schon längst verzichtet.« Von eigentlicher »Freiheit der Berufswahl« habe daher keine Rede sein können, es sei nur darum gegangen, ein Studium zu finden, das sich trotz völliger Gleichgültigkeit dem Lernstoff gegenüber durchstehen ließ. »Also war Jus das Selbstverständliche. Kleine gegenteilige Versuche der Eitelkeit, der Hoffnung, wie vierzehntägiges Chemiestudium, halbjähriges Deutschstudium verstärkten nur jene Grundüberzeugung.«[10]

»Mein Leben besteht und bestand im Grunde von jeher aus Versuchen zu schreiben«, erklärte Kafka Ende 1912 Felice Bauer.[11] Zu der Zeit stand er bereits seit mehr als fünf Jahren im Beruf, aber der Beruf war eben nicht sein Leben – er war nicht einmal Arbeit. Wenn Kafka von »meiner Arbeit« spricht, meint er, gelegentlich sogar im Gespräch mit seinen Vorgesetzten, das Schreiben.[12] Kafka mußte schreiben, selbst wenn das Bemühen, »den kalten Raum unserer Welt« mit einem Feuer zu erwärmen, das erst zu suchen war,[13] wieder und wieder mißlang. »Schrieb ich [...] nicht, dann lag ich auch schon auf dem Boden, wert hinausgekehrt zu werden.«[14]

Alles, was er neben dem Schreiben tat, wurde mit Bezug darauf getan. Selbst als es um seine Heirat geht, ist die Möglichkeit, daß die

Ehe das Schreiben gefährden könnte, ein entscheidendes Argument.[15] Und so bestand auch das einzige Interesse, das Kafka seiner Berufswahl entgegenbrachte, darin, eine Stellung zu finden, die das Schreiben, seine wirkliche Arbeit, so wenig beeinträchtigte wie möglich. Ohne weiteres gelang das allerdings nicht.

Nach den mit der Note »genügend« abgelegten Staatsprüfungen und den mit derselben Note bestandenen Rigorosa wurde Kafka im Sommer 1906 zum Doktor der Rechte promoviert. Vor der Promotion hatte er bereits ein sechsmonatiges Praktikum bei einem Advokaten hinter sich gebracht, anschließend absolvierte er sein unbezahltes Gerichtsjahr, das für eine Anstellung im Staatsdienst erforderlich war – beides hinterließ später literarische Spuren. (➤ Advokatenwerfen) Dann griff die Familie ein: unter Mithilfe seines Onkels Alfred Löwy, dem Direktor einer spanischen Eisenbahngesellschaft, erhielt Kafka eine Stelle als »Aushilfskraft« in der Prager Niederlassung der »Assicurazioni Generali«, einem großen privaten Versicherungsunternehmen. Sein Gehalt war winzig, die Arbeitszeit übermäßig, das Verhalten der Vorgesetzten despotisch, Urlaub gab es, auf besonderen Antrag, nur alle zwei Jahre, und Kafkas Hoffnung, nach Triest, dem Stammsitz der »Generali«, zu kommen und später »aus den Bureaufenstern Zuckerrohrfelder oder mohammedanische Friedhöfe« sehen zu können,[16] zerschlug sich rasch. Die Verhältnisse zerrieben ihn. Sein erstes Berufsjahr, schrieb er Felice Bauer, sei »ein ganz besonders schreckliches« gewesen, »mit Bureaustunden von 8 früh bis 7 abends, bis 8, bis ½ 9, pfui Teufel! Es gab da eine gewisse Stelle in einem kleinen Gang, der zu meinem Bureau führte, in dem mich fast jeden Morgen eine Verzweiflung anfiel, die für einen stärkeren, konsequenteren Charakter als ich es bin überreichlich zu einem geradezu seligen Selbstmord genügt hätte.«[17] Ende 1907 begann er, sich nach einer anderen Stelle umzusehen, einem Posten im Staatsdienst, der »einfache Frequenz« bot,[18] das heißt, Arbeitszeiten von 8 bis 14 Uhr, und die Nachmittage zur freien Verfügung ließ. Eine Bewerbung bei der Prager Post scheiterte,[19] Kafkas Bewerbung bei der Arbeiter-Unfall-Versicherungs-Anstalt (AUVA) hingegen hatte Erfolg, dank der Hilfe seines ehemaligen Klassenkameraden Ewald Přibram, dessen Vater Otto Präsident der Anstalt war. Am 30. Juli 1908 trat Kafka als »Aushilfsbeamter« in die versicherungstechnische Abteilung der AUVA ein.

Dieser neue Posten war besser, sehr viel besser als der alte bei der »Generali«, aber immer noch ein Übel, nicht als solcher, sondern weil die berufliche Tätigkeit Zeit beanspruchte, Kräfte verschliß und die Tage so zusammenstrich, daß der Versuch, das Leben dennoch auf das Schreiben hin zu organisieren, zu einem zermürbenden »Kunststück« wurde. (➤ Gäste vertreiben) Zu schreiben, wie es für ihn nötig war, gelang Kafka nämlich, wenn überhaupt, nur nachts. »Schreiben heißt ja sich öffnen bis zum Übermaß. [...] Deshalb kann man nicht genug allein sein, wenn man schreibt, deshalb kann es nicht genug still um einen sein, wenn man schreibt, die Nacht ist noch zu wenig Nacht.«[20] Er mußte also nachmittags schlafen, sich anschließend durch Turnen und Spaziergänge auffrischen, um dann, nach dem späten Abendessen, die Nacht, in der das Lärmen der Welt endlich zur Ruhe kam, zum Schreiben nutzen zu können. Nahm ihn das Schreiben auf, schrieb er bis in die frühen Morgenstunden und hetzte anschließend, idealerweise nach einem Kurzschlaf, der sich indessen kaum jemals einstellte, in die AUVA. »Natürlich ist es dann kein besonderes Wunder«, erklärte er Felice Bauer, »wenn ich im Bureau am Morgen gerade knapp noch mit dem Ende meiner Kräfte zu arbeiten anfange«.[21] Eines Morgens gelang auch das nicht, und Kafka entwarf, zur Erklärung, folgenden Brief an den Leiter seinen Abteilung (den er allerdings nicht abschickte): »Wie ich heute aus dem Bett steigen wollte bin ich einfach zusammengeklappt. Es hat das einen sehr einfachen Grund, ich bin vollkommen überarbeitet. Nicht durch das Bureau aber durch meine sonstige Arbeit. Das Bureau hat nur dadurch einen unschuldigen Anteil daran, als ich, wenn ich nicht hinmüßte, ruhig für meine Arbeit leben könnte und nicht diese 6 Stunden dort täglich verbringen müßte [...]. Schließlich das weiß ich ja ist das nur Geschwätz, schuldig bin ich und das Bureau hat gegen mich die klarsten und berechtigsten Forderungen. Nur ist es eben für mich ein schreckliches Doppelleben, aus dem es wahrschein-

lich nur den Irrsinn als Ausweg gibt.«[22] Die Kontrastierung von »Arbeit« und »Bureau« wirkt bizarr, aber Kafka meint es so. »Das Bureau« ist keine Arbeit, es ist Last und bietet bei allem Engagement, das Kafka vor allem im Bereich der Unfallverhütung zeigte (➤ Versicherungsfälle), keine Möglichkeit der Identifikation und demzufolge auch keinen Boden, auf dem beruflicher Ehrgeiz hätte gedeihen können. Kafka fehlte jedes Interesse an Karriere, nur dem Gehalt galt sein Augenmerk, wie aus dem Umstand hervorgeht, daß von seinen achtunddreißig erhaltenen Schreiben an verschiedene Gremien der AUVA sieben Ersuche um Gehaltserhöhung sind.

Am 1. Oktober 1909 rückt Kafka zum »Praktikanten« der AUVA auf, ein halbes Jahr später, am 23. April 1910, wird er gemeinsam mit Dr. Emanuel Hanzal und Josef Krätzig[23] zum »Concipisten« der Anstalt ernannt. Die Mitteilung darüber erhält Kafka am 27. April, einen Tag später erfolgt die feierliche Ernennung durch den Präsidenten der Anstalt, Hofrat Prof. Dr. Otto Přibram, Ritter des Leopold-Ordens,[24] einen so hoch in die Wolken der Repräsentation entrückten Mann, daß ihm manche Angestellten der AUVA in ihrem Berufsleben niemals persönlich begegneten.[25] Die Ernennung zum Konzipisten ist nicht nur in der anstaltsinternen Hierarchie, sondern auch auf der Gehaltsleiter ein großer Schritt nach oben. Kafkas Gehalt steigt von 1 000 auf 1 800 Kronen, das »Quartiergeld« von 300 auf 540 Kronen, und die »Teuerungszulage« erhöht sich von 130 auf 234 Kronen, was insgesamt einem Gehaltszuwachs von achtzig Prozent entspricht.[26] Kafka erreicht diese Stufe nach nicht einmal zwei Dienstjahren, zudem ist er einer der jüngsten »Konzeptbeamten« der AUVA. Für jeden anderen wären das gute Gründe, die feierliche Ernennung in Demut und Würde über sich ergehen zu lassen. Für Kafka nicht.

»Du hättest Dich gegen den Erfolg wehren sollen«, sagte ich mir

Schon als er hinter Dr. Hanzal und dem Kollegen Krätzig den Saal betritt, ist er »in einer sehr unbeherrschbaren Laune«. Er weiß nicht wohin, kann man sich vorstellen, sucht einen Platz für seine langen, unruhigen Hände, das stets freundlich-zurückhaltende Lächeln verrutscht ein wenig, womöglich wünscht er, wie Eduard Raban in den »Hochzeitsvorbereitungen auf dem Lande«,[27] er hätte an diesem Tag nur seinen Körper schicken können. Kafka will diese Feierlichkeit nicht, er kann sie nicht wollen. Schließlich ist die Tätigkeit bei der AUVA nicht sein wirklicher Beruf, sie ist eine Nebenwirkung, ein Akzidens, nicht die Substanz seines Lebens. Die Ernennung zum Konzipisten bleibt für Kafka ein ebenso beiläufiger Vorgang, wie es sein Abitur, sein Jura-Studium oder seine Promotion gewesen war: etwas, das zu seiner Verblüffung gelingt, ihn aber nicht weiter berührt. Verbesserungen im Akzidentellen nimmt man hin, man begeht sie nicht. Die Inszenierung am 28. April 1910 sieht für ihn eine Rolle vor, die er nicht spielen kann. Eigentlich steht er gar nicht auf der Bühne, eigentlich sitzt er im Zuschauerraum, wartet, daß die Nebengeräusche verebben und der Vorhang sich hebt. Im Zuschauerraum darf man lachen, wenn Komödie gespielt wird.

Und Komödie wird gespielt. Eingangs hält Dr. Hanzal im Namen der drei Ernannten eine Dankrede, »kurz, vernünftig, schneidig«. Übrigens sollte er Kafka Jahre später im Traum erscheinen (➤ Bregenz), wo er »langsam und genau [...] einen klaren Gedankengang« ausführte.[28] Hanzals Rede ginge noch an, wäre da nicht der Präsident, der den klaren Worten, die eine trockene Erledigung unter Männern nahelegen, in einer »urkomischen Stellung« lauscht. »Die Beine leicht gekreuzt, die linke Hand zur Faust geballt auf die äußerste Tischecke gelegt, den Kopf gesenkt, so daß sich der weiße Vollbart auf der Brust einbiegt und zu alledem den nicht allzu großen aber immerhin vortretenden Bauch ein wenig schaukelnd.« Und dann ergreift er das Wort, hält »diese übliche, längst vorher bekannte, kaiserlich schematische, von schweren Brusttönen begleitete, ganz und gar sinnlose und unbegründete Rede«, die die Komik seiner »Audienzhaltung« noch überbietet. Damit aber nicht genug. Kaum hat der Präsident geendet, fühlt sich, ohne Sinn und Verstand, ein bisher als Statist agierender »fester Biertrinker«, der erwähnte Josef Krätzig, ein Mann »mit rundem kindischen aber bärtigen Gesicht«, zu einer gänzlich deplazierten, aber desto entschiedener vorgetragenen

Meinungsäußerung aufgerufen, die er »mit schwingenden Handbewegungen« begleitet.

Kafka beschreibt das alles mit so viel Sinn für die Details, daß man ihn beinahe schon zur Parodie ansetzen sieht, die linke Hand zur Faust geballt auf die äußerste Tischecke gelegt, den Kopf gesenkt, den imaginären Vollbart auf der Brust einbiegend, die hagere Gestalt etwas einknickend, um den Ansatz eines Bauches hervortreten und ein wenig schaukeln zu lassen. Daß Kafka auch »im Bureau« zur Nachahmung immer bereit war, läßt sich einer ein Jahr später notierten Tagebucheintragung entnehmen: »Kunstloser Übergang von der gespannten Haut der Glatze meines Chefs zu den zarten Falten seiner Stirn. Eine offenbare, sehr leicht nachzuahmende Schwäche der Natur, Banknoten dürften nicht so gemacht sein.«[29] Der hier genannte Chef ist nicht der Präsident, sondern Kafkas direkter Vorgesetzter Eugen Pfohl, dennoch wird die Tendenz klar: die Physiognomie und das Gebaren der höheren Herren ist nicht fälschungssicher. Er könne zwar, hat Kafka später notiert, das »Grobe, auffallend Charakteristische in seinem ganzen Umfange [...] nicht nachahmen«, zur Nachahmung von »Details des Groben« habe er jedoch »einen entschiedenen Trieb: die Manipulationen gewisser Menschen mit Spazierstöcken, ihre Haltung der Hände, ihre Bewegung der Finger nachzuahmen drängt es mich und ich kann es ohne Mühe«.[30] Den Präsidenten zu parodieren, hätte möglicherweise der Abfuhr seiner Lachlust dienen können, nur gab es dies Ventil eben nicht. Kafka hatte dazustehen, im feierlichen Anzug, faktisch als Darsteller, seinem Gefühl nach als Zuschauer dieser Komödie. Und er ist der geborene Zuschauer, jede Klimax des Komischen bringt er kongenial zum Ausdruck: »kleine Lachanfälle« präludieren, es folgt ein Lachen »aus vollem Halse«, das ein »so lautes, rücksichtsloses Lachen« wird, »wie es vielleicht in dieser Herzlichkeit nur Volksschülern in ihren Schulbänken gegeben ist«, bis alles in einem kaum noch als menschliche Äußerung zu erkennenden »Heulen« endet.

Solch ein Lachen ist absolut geworden, sein Maß ist es selbst, ein Außen, durch das es gesteuert werden könnte, existiert nicht mehr, auch die Androhung der Todesstrafe trüge in solchen Fällen nichts aus. Die Wirklichkeit trifft erst wieder, wenn das Stück zu Ende, der Vorhang gefallen ist. »Unbesiegt, mit großem Lachen, aber todunglücklich stolperte ich als erster aus dem Saal.« Wie Kafka die restlichen Bürostunden verbracht hat, mag man sich nicht vorstellen. Abends jedenfalls taumelt er in die Schalengasse zu seinem Freund Max Brod. Gemeinsam entwerfen sie »einen Entschuldigungsbrief« an den Präsidenten.[31]

Der Brief ist nicht erhalten, so daß man nur mutmaßen kann, welche Erklärung Kafka für sein Verhalten vorbrachte. Ein Brief im Duktus dessen, den er für seinen Abteilungsleiter vorgesehen hatte, an dem Morgen, als er »zusammengeklappt« war, kam verständlicherweise nicht in Betracht. Auf Überarbeitung oder gar die ihm vor seinem Ausscheiden bei der »Generali« ärztlich bescheinigte »Nervosität verbunden mit großer Erregbarkeit des Herzens«[32] konnte Kafka sich schon aus taktischen Gründen kaum berufen. Und die Möglichkeit, seinen Ausbruch als Folge eines unglücklichen Erbteils auszugeben, die ja immer besteht, wird er schon aus Anstand nicht erwogen haben.

Allerdings scheint er sich, einige Jahre später, gerade diese Variante ein wenig auszumalen. Eine Stelle des *Proceß*-Romans läßt sich nämlich als Anspielung auf seinen unseligen Auftritt vor dem Präsidenten deuten. Der auf unklare Weise angeklagte Prokurist Josef K. wird von seinem herbeigereisten Onkel Albert zu einem Advokaten gebracht, der seinen Fall vertreten soll. Der Advokat empfängt die Klienten im Bett, und während des Gesprächs taucht aus einer Ecke des halbdunklen Zimmers ein hoher Gerichtsbeamter auf, der »Herr Kanzleidirektor«. »Er neigte den Kopf leicht gegen den Onkel, der von der neuen Bekanntschaft sehr befriedigt schien, aber infolge seiner Natur Gefühle der Ergebenheit nicht ausdrücken konnte und die Worte des Kanzleidirektors mit verlegenem aber lautem Lachen begleitete. Ein häßlicher Anblick!«[33] Die Annahme, Onkel Alberts unbotmäßiges Belachen der Worte des Kanzleidirektors spiegele Kafkas Heiterkeitsanfall während der Rede des Präsidenten, liegt nahe. Für sie spricht nicht nur die szenische Ähnlichkeit – vier Männer, drei ungefähr gleichen Ranges, einer höhergestellt –, sondern auch der in diesem Kontext seltsam unpassend wirkende Kommentar des Erzählers. Zwar hatte Kafka keinen Onkel Albert, immerhin aber einen Onkel Alfred, dem eine gewisse Indolenz Titeln und Rängen gegenüber durchaus eigen war.[34] Und es ist denkbar, daß er seinen gelegentlich durchbrechenden Hang zur Insubordination auf den Madrider Onkel Alfred Löwy zurückführte.

Wie auch immer, diese Verbindung konnte, sollte Kafka sie denn hergestellt haben, lediglich innerer Aufklärung dienen, nicht offizieller Entschuldigung. In seinem Brief an Otto Přibram wird Kafka, so darf man vermuten, zerknirscht, aber nicht allzu unterwürfig aufgetreten sein. Vielleicht hat er auf seine generelle Unfähigkeit, Feierlichkeiten zu ertragen, verwiesen, vielleicht äußere Gründe, wie die immer lauernden Kopfschmerzen, herangezogen, vielleicht auch offen seine Eigenheit bekannt, gerade in würdigen beruflichen Situationen neben sich zu stehen. Jedenfalls erfüllte der Brief seinen Zweck; der Präsident verzieh und erwies sich dabei, wie Max Brod schreibt, »als ein einsichtsvolles und nicht humorloses Exemplar«.[35]

---

1 An Felice Bauer, 8./9. Januar 1913 (BaF, 237–240). / **2** KChr, 57; vgl. auch Brod FK, 92 f. / **3** *Das Schloß*, 433. / **4** Vgl. Alois Gütling, »Kollege Kafka« – in: EFK, 94; ASchr, 23 f. / **5** Vgl. z. B. Hugo Bergmann, »Schulzeit und Studium« – in: EFK, 25. / **6** NSuF II, 211; vgl. 192. / **7** Vgl. NSuF II, 175, 183 u. 185 ff. / **8** NSuF II, 192. / **9** NSuF II, 196 f. / **10** NSuF II, 196 u. 198. / **11** An Felice Bauer, 1.11.1912 (BaF, 65). / **12** Vgl. z. B. den Entwurf seines Briefes an Eugen Pfohl (Tb, 29). **13** Tb, 147. / **14** An Felice Bauer, 1.11.1912 (BaF, 65). / **15** Tb, 569 f.; vgl. NSuF II, 211 f. / **16** An Hedwig Weiler, Anfang Oktober 1907 (Br, 49). / **17** An Felice Bauer, 18.11.1912 (BaF, 102 f.). **18** Vgl. Brod FK, 84; vgl. den Brief von Julie Kafka an Felice Bauer vom 16.11.1912 (BaF, 100). / **19** Vgl. Kafkas Brief an Max Brod, Ende 1907 (BKB, 38). / **20** An Felice Bauer, 14./15.1.13 (BaF, 250). / **21** An Felice Bauer, 1.11.1912 (BaF, 67 f.). / **22** Tb, 29. / **23** Die Namen der Kollegen werden genannt von Alois Gütling (EFK, 93 f.); für die genauen Daten vgl. ASchr, 406. / **24** Die Angaben nach: Binder KW, 181. / **25** Vgl. V. K. Krofta, »Im Amt mit Franz Kafka« – in: EFK, 97. / **26** ASchr, 406. / **27** Vgl. NSuF I, 17. / **28** Tb, 792. / **29** Tb, 75. / **30** Tb, 329. / **31** Brod FK, 93. / **32** KChr, 46. / **33** *Der Proceß*, 138. / **34** Vgl. Tb, 434 f. – Für weitere Informationen über Alfred Löwy und Kafkas Verhältnis zu ihm vgl. Anthony Northey, *Kafkas Mischpoche*. Berlin 1988, 31 ff. / **35** Brod FK, 93. / Hervorgehobenes Zitat aus einem Brief Kafkas an Felice Bauer, 26.11.1912, Beilage (BaF, 132).

ZUKUNFTSAUSSICHTEN

Sollte ich das 40te Lebensjahr erreichen, so werde ich wahrscheinlich ein altes Mädchen mit vorstehenden, etwas von der Oberlippe entblößten Oberzähnen heiraten. Die obern Mittelzähne des Frl. Kaufmann, die in Paris u. London war, sind gegeneinander verschoben, wie Beine, die man in den Knien flüchtig kreuzt. Vierzig Jahre alt werde ich aber kaum werden, dagegen spricht z. B. die Spannung, die sich mir über die linke Schädelhälfte öfters legt, die sich wie ein innerer Aussatz anfühlt und die auf mich, wenn ich von den Unannehmlichkeiten absehe und nur betrachten will, den gleichen Eindruck macht wie der Anblick der Schädelquerschnitte in den Schullehrbüchern oder wie eine fast schmerzlose Sektion bei lebendem Leibe, wo das Messer [...] blätterdünne Hüllen ganz nahe an arbeitenden Gehirnpartien noch weiter teilt.[1]

»Sie fragen nach meiner Verlobung. Ich war zweimal (wenn man will, dreimal, nämlich zweimal mit dem gleichen Mädchen) verlobt, also dreimal nur durch paar Tage von der Ehe getrennt«, schreibt Kafka Ende April 1920 an seine spätere Geliebte Milena Jesenská.[2] Trockene Bilanz seiner gescheiterten Versuche, »das Äußerste« zu erreichen, »das einem Menschen überhaupt gelingen kann«.[3] Im April 1914 hatte er sich mit der Berlinerin Felice Bauer verlobt, einer entfernten Verwandten seines Freundes Max Brod. Die Auflösung der Verlobung erfolgte drei Monate später; die erneute, im Juli 1916 geschlossene Verlobung löste Kafka im Dezember 1917. Etwas mehr als ein Jahr darauf lernte er während eines Kuraufenthalts Julie Wohryzek kennen, mit der er sich im September 1919 verlobte. Von ihr trennte er sich im Juli 1920 wegen Milena, die allerdings verheiratet war und, wie Kafka bald einsah, von ihrem Mann nicht loskommen würde. Die Beziehung zu Milena endete im Januar 1921. Aber Kafka näherte sich der Ehe noch ein viertes Mal: im Mai 1924 hielt er um die Hand von Dora Diamant an, der Gefährtin seines letzten Lebensjahres. Deren Vater reiste mit dem Brief, den Kafka ihm geschickt hatte, zu einem Rabbi, dessen Autorität er vertraute. »Der Rabbi las den Brief, legte ihn weg und sagte nichts als ein kurzes ›Nein‹.«[4] Dieses Nein blieb das letzte Wort. Kafka heiratete nicht, und daß er mit Grete Bloch, der Freundin Felice Bauers, einen unehelichen Sohn gehabt habe, ist nur ein Gerücht.[5]

Das vierzigste Lebensjahr, diese Lebensschwelle, die er sich mit halbem Ernst in der oben zitierten Tagebuchnotiz vom 9. Oktober 1911 gesetzt hatte, überschritt er tatsächlich um nicht einmal ein Jahr. Das Wissen um Kafkas späteres Leiden, die Lungentuberkulose, die zunächst günstig verlief, aber durch die spanische Grippe, an der Kafka im Herbst 1918 erkrankte, wieder und diesmal unaufhaltsam zum Ausbruch kam,[6] der jahrelange Verfallsprozeß, die Kehlkopftuberkulose als qualvolle Komplikation in den letzten Lebensmonaten, läßt die stille Komik des Eintrags erstarren. Man muß dies Wissen einklammern, um sie zur Wirkung zu bringen, und man darf es, weil Kafka, als er die Betrachtung aufschrieb, ein zwar unter Verstopfung, nervösen Magenbeschwerden und Schlafstörungen leidender, im übrigen aber gesunder junger Mann war. Ein gesunder, hypochondrischer junger Mann, folgt man seiner Selbstbeschreibung. »In den Sanatorien war ich nur wegen des Magens und der allgemeinen Schwäche und nicht zu vergessen der in sich selbst verliebten Hypochondrie«, gesteht er Felice Bauer.[7] Kafkas Hypochondrie bestätigt auch Max Brod, und er fügt hinzu, sein Freund sei selbst darin noch »einfallsreich und unterhaltend« gewesen.[8]

Kafkas angespannte Aufmerksamkeit auf die physiologischen Vorgänge in seinem Kopf wirkt indessen eher manisch, und seine Art, diese Vorgänge zu beschreiben, skurril:

3. Oktober 1911: »Beim Einschlafen ein vertikal gehender Schmerz im Kopf über der Nasenwurzel, wie von einer zu scharf gepreßten Stirnfalte.«[9]

4. Oktober 1911: »Gestern vor dem Einschlafen hatte ich links oben im Kopf ein flackerndes kühles Flämmchen. Über meinem linken Auge hat sich eine Spannung schon eingebürgert.«[10]

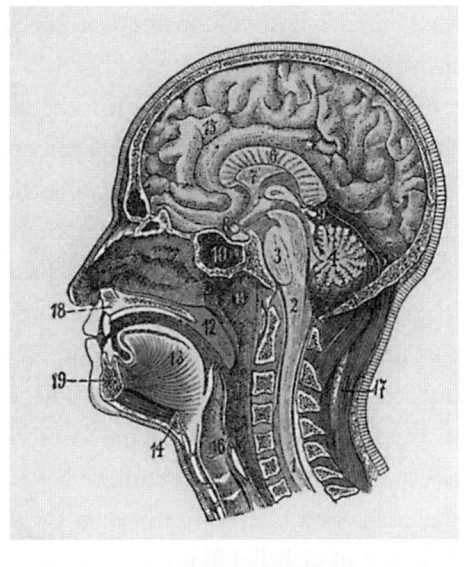

Fig. 4. Kopflängsschnitt des Menschen. Verkleinert. Das Nervensystem gelb, die Muskeln roth, die äußere Haut quergestrichelt, die Knochen punktiert. 1. Rückenmark, 2. verlängertes Mark, 3. Varolsbrücke, 4. Kleinhirn, 5. Hirnzelt, 6. Balken, 7. Gewölbe, 8. Sehnerv, 9. Zirbeldrüse, 10. Keilbeinhöhle, 11. Mündung der Ohrtrompete, 12. weicher Gaumen, 13. Zunge, 14. Zungenbein, 15. Großhirn, 16. Stimmritze, 17. Nackenmuskeln, 18. Oberkiefer (mit dem harten Gaumen), 19. Unterkiefer. — Zu S. 24, 25, 26, 38 und 40.

Anfang November 1911: »in der l[inken] Stirnecke fühlte ich eine Spannung wie von einem schmerzlosen Flintenschuß.«[11]

14. November 1911: »Nachmittag, beim Einschlafen. Als hätte sich die feste Schädeldecke, die den schmerzlosen Schädel umfaßt tiefer ins Innere gezogen und einen Teil des Gehirnes draußen gelassen im freien Spiel der Lichter und Muskeln.«[12]

21. November 1911: »im Kopf zuckt es zum Erstaunen«.[13]

Der einschlägig informierte medizinische Laie mag geneigt sein, Spannungskopfschmerzen zu diagnostizieren, die sich mit ein, zwei Aspirin oder ähnlichem hätten abtun lassen – hätte Kafka denn Kopfschmerzmittel genommen. Das tat er jedoch aus Prinzip nicht, seit er im Frühjahr 1911 zur Naturheilkunde konvertiert war (➤ Empörende Ärzte), und vorher hatte er es aus unbestimmtem Mißtrauen pharmazeutischen Produkten gegenüber nicht getan. Die Empfehlung, auf Medikamente zu setzen, hätte er gewiß mit der Bemerkung beschieden, dadurch würden allenfalls die Unannehmlichkeiten gemildert, die Ursachen aber gar nicht berührt. »Weg mit dem Pyramidon und allen solchen Dingen!« ermahnt er Felice Bauer, die unter ähnlichen, freilich ungleich gröber beschriebenen Symptomen litt und zu Tabletten griff. »Auf die Gründe der Kopfschmerzen losgehn, statt in die Apotheke!«[14]

Die Gründe der Kopfschmerzen werden in der Tagebuch-Betrachtung nicht weiter erforscht. Hier geht es um einen Blick in die Zukunft. Die Alternative ist klar: entweder streckt ihn das hinter den Kopfzuständen vermutete Leiden vor Erreichen des vierzigsten Lebensjahrs nieder, oder er heiratet »ein altes Mädchen mit vorstehenden, etwas von der Oberlippe entblößten Oberzähnen«. Im Code des Tagebuchs reichen diese beiden Attribute aus, um das Bild der zukünftigen Ehefrau zu fixieren. Ein Gegenbild, offensichtlich. Die Frau seiner Alpträume. Obwohl namentlich nur ein nicht näher zu bestimmendes »Frl. Kaufmann« erwähnt wird, hat für dieses Schreckbild wohl Kafkas Ex-Freundin Hedwig Weiler Modell gestanden. Im Traum hatten ihn seinerzeit zwar ihre »verkürzten dicken Beine« verfolgt, seine Einwände galten indessen ihrem Gesicht, in dem ihm die »ununterbrochen und grenzenlos« geröteten Wangen aufstießen, vor allem aber die Mundpartie: »ihre obern Vorderzähne sind groß und erlauben dem Mund nicht, sich zu schließen, und dem Unterkiefer nicht, klein zu sein«.[15]

Scheint Kafka zunächst eindeutig, wie sich das Ganze entscheiden muß – »Vierzig Jahre alt werde ich […] kaum werden« –, nimmt er nach und nach, vielleicht ermutigt dadurch, daß die Kopfschmerzen sich phasenweise mildern, auch die zweite Alternative in den Blick. Sein Werben um Felice Bauer könnte man, mit ein wenig bösem Willen, als Versuch deuten, diese andere Möglichkeit beim Schopfe zu packen. Zwar war Kafka beim verhaltenen Beginn der Werbung erst neunundzwanzig, aber die vier Jahre jüngere Felice durfte schon als »altes Mädchen« durchgehen: eine Stenotypistin, die bei einem Berliner Grammophon- und Parlographen-Hersteller dank ihres Fleißes und ihrer Umsicht rasch in eine verantwortliche Position aufgerückt war, trotz regelmäßigen Turnens und einer Leidenschaft für Tango jedoch eine gewisse Ältlichkeit nicht verbergen und mit Mühe einen oder zwei Verehrer vorweisen konnte. Auch sonst machte Kafka sich keine Illusionen. Nach der ersten Begegnung im August 1912 notiert er über »Frl. Felice Bauer: Knochiges leeres Gesicht, das seine Leere offen trug. […] Fast zerbrochene Nase. Blondes, etwas steifes, reizloses Haar, starkes Kinn.«[16] Und dann ihre Zähne – ihre Zähne waren ein Kapitel für sich.

Kafkas erster Brief an Felice ist auf den 20. September 1912 datiert, den Brief, in dem er sie um ihre Hand bat, schrieb er am 16. Juni 1913. In den neun Monaten, die dazwischen lagen, hatten sich beide dreimal gesehen. Am 1. Juli 1913 nahm Felice seinen Heiratsantrag an. In der Folgezeit wucherten bei Kafka die Zweifel, was sich Felice gegenüber in Forderungen und Vorwürfen äußerte. Kein Wunder, daß die geradlinige und eher praktisch orientierte Frau immer ratloser wurde und an Trennung dachte. In ihrer Not bat sie ihre Freundin Grete Bloch, die geschäftlich nach Aussig zu reisen hatte, auf der Rückfahrt in Prag Station zu machen und sich mit Kafka zu treffen. Grete Blochs genaue Rolle war unklar, und weil Kafka ihr offensichtlich gefiel, wurde diese noch schwieriger. Ihn wollte sie nicht kränken, das Vertrauen der Freundin nicht enttäuschen, und so suchte sie Felices Verhalten, statt es zu verteidigen, zu entschuldigen, wobei sie familiäre Turbulenzen anführte – und Felices »Zahnleiden«.

Kafka wird, wie es seine Art war, freundlich und teilnehmend zugehört haben. Der Kommentar folgte später in einem Brief, in dem er das Treffen mit Grete Bloch noch einmal Revue passieren läßt. Er hätte, schreibt Kafka, »ein älteres Fräulein mit mütterlichem Sinn erwartet, das auch groß und stark sein würde. Aber dann kamen Sie und waren ein zartes, junges, gewiß etwas merkwürdiges Mädchen«. Diese Diskrepanz zwischen Erwartung und Auftritt habe ihn so irritiert, daß er statt zusammenhängender Rede »nur elende Bruchstücke« hätte herausbringen können, »die Sie zum Teil überhörten, zum Teil gerechterweise belanglos fanden«. Da von ihm nichts kam, habe sie schließlich das Wort ergriffen, jedoch keine glückliche Hand bewiesen: »Sie suchten den Grund unseres Unglücks zuerst in ganz falscher Richtung; Sie erzählten ferner ausführlich von dem Zahnleiden F.'s und mir ist (was Sie allerdings nicht wissen konnten [...]) Krankheit der Zähne eines der widerlichsten Gebrechen, von denen ich nur bei den liebsten Menschen und selbst dort nur zur Not absehn kann; Sie erzählten mir von der Auflösung der Verlobung von F.'s Bruder und machten mir dadurch die ganze Familie, vor der ich mich in jedem Sinne fürchte und die ich am liebsten vergessen möchte, auf's äußerste lebendig«.[17]

Gretes Blochs Briefe an Kafka sind, mit einer Ausnahme,[18] nicht erhalten; aus seinen Briefen an sie läßt sich jedoch einiges von dem, was sie schrieb, rekonstruieren. Ihre Antwort auf den zitierten Brief Kafkas war wohl gereizt. Unter anderem warf sie ihm vor, er habe sie in die Irre geführt: im Hotel »Das schwarze Roß« habe er ihren Erzählungen scheinbar teilnehmend gelauscht, jetzt behaupte er, sie seien für ihn qualvoll gewesen. Kafka: »Ich habe nicht Interesse geheuchelt, als Sie von F.'s Zahnschmerzen und von des Bruders Entlobung erzählten. Das hat mich ja außerordentlich interessiert, ich hätte gar nichts anderes hören wollen, Sie haben für meinen Geschmack viel zu wenig davon erzählt, so bin ich und darin bin ich doch nicht besonders merkwürdig, die Eiterung unter der Brücke, das stückweise Abbrechen der Brücke, das alles hätte ich mit jeder Einzelheit erfahren wollen [...]. Die Lust, Schmerzliches möglichst zu verstärken, haben Sie nicht? Es scheint mir für instinktschwache Menschen oft die einzige Möglichkeit, Schmerz auszutreiben; man brennt eben die wunde Stelle aus, so wie es die von allen guten Instinkten verlassene Medicin tut. Natürlich ist damit nichts Endgültiges getan, aber der Augenblick – und für mehr zu sorgen haben schlechte, schwache Instinkte keine Zeit – ist fast lustvoll verbracht.«[19]

Das war starker Tobak und führte dazu, daß das Thema Zähne einstweilen ruhte. Erst ein Vierteljahr später kommt Kafka darauf zurück. Er hatte Felice zwischenzeitlich in Berlin besucht, und Grete Bloch scheint sich nach dem Verlauf des Treffens und Felice erkundigt zu haben. Er wisse nicht genau, beginnt Kafka, »welche Einzelheiten« Fräulein Bloch über Felice erfahren wolle. Welche er mitteilen will, weiß er: »F. sieht sehr wechselnd aus, an der Luft meist sehr frisch, im Zimmer manchmal müde, gealtert mit fleckiger, rauher Haut. Ihre Zähne sind noch in schlechterem Zustand, alle, durchwegs alle plombiert. Diesen Montag begann für sie wieder eine Reihe von Besuchen beim Zahnarzt, der ihr neue Goldkronen machen wird.«[20] Diesmal hütete Grete Bloch sich anscheinend, den Ball zurückzuspielen. Sie ging auf das Thema nicht mehr ein – bis sie selbst Zahnschmerzen bekam. Davon erzählte sie Kafka, und der ließ sich die Chance nicht entgehen. Er beginnt mit einem Präludium kleiner Fragen: »Wie behandeln Sie eigentlich Ihre Zähne? Putzen Sie sie [...] nach jedem Essen? Was sagen die verfluchten Zahnärzte?« Und dann kommt es: »Ich glaube, F. hat mit ihrem fast vollständigen Goldgebiß verhältnismäßige Ruhe. [...] In der ersten Zeit mußte ich, um die Wahrheit zu sagen, vor F.'s Zähnen die Augen senken, so erschreckte mich dieses glänzende Gold (an dieser unpassenden Stelle ein wirklich höllenmäßiger Glanz) und das graugelbe Porzellan. Später sah ich, wenn es nur anging, absichtlich hin, um nicht daran zu vergessen, um mich zu quälen und um mir schließlich zu glauben, daß das alles wirklich wahr sei.«[21]

Daß Kafka sich, als er diese Taktlosigkeiten zu Papier brachte, noch an seinen zweieinhalb Jahre alten Tagebuch-Eintrag erinnerte, darf man vermuten. Wenn er es tat, wird »das alles«, von dessen Wahrheit er sich durch den Blick in Felices dentales Inferno überzeugte, auch die damalige Prophezeiung umfaßt haben. Sie konnte jetzt »wirklich wahr« werden. Er war seit einem Monat mit Felice Bauer verlobt, was, bei normalen Verlauf, hieß, daß er sie heiraten würde, die Frau mit dem »fast vollständigen Goldgebiß«, der Überbietung des im Tagebuch als Modell zitierten Frl. Kaufmann, bei der lediglich »die obern Mittelzähne [...] gegeneinander verschoben« gewesen waren. So mußte es kommen, also sollte es so kommen. Im Einklang mit der alten Einsicht, daß das Schicksal den Zustimmenden leitet, den Widerstrebenden aber fortreißt, scheint Kafka bereit, zuzustimmen. Er sei ja, fügt er den oben zitierten Zeilen an Grete Bloch hinzu, mit Felices Gebiß schon »fast ganz ausgesöhnt«. Die Goldzähne erschienen ihm mittlerweile »fast passend«, seien sie doch »ein ganz deutlicher, freundlicher, immer aufzuzeigender, für die Augen niemals wegzuleugnender, menschlicher Fehler, der mich vielleicht F. näher bringt, als es ein, im gewissen Sinn auch fürchterliches, gesundes Gebiß imstande wäre«.[22] Wie auch immer, festzuhalten ist, daß Felices Zähne für das Scheitern der ersten Verlobung nicht ursächlich waren. Thema blieben sie dennoch. Wenige Wochen nach der zweiten Verlobung, im August 1916, erstellte Kafka eine Tabelle, in der links die Aspekte des Junggeselle-Seins stehen, rechts die des Ehemann-Seins. Und dort findet sich, nicht weiter kommentiert, aber für jeden, der die Vorgeschichte kennt, sprechend genug, der Eintrag »Zähne«.[23]

Zu erwähnen bleibt, daß Kafka, bevor er die Akte Felice öffnete, doch einen, wenngleich seltsam zurückgenommenen Versuch gewagt hatte, das mit Zahngebrechen drohende Schicksal herauszufordern. Von September 1911 bis Ende Januar 1912 gastierte in Prag eine ostjüdische Theatertruppe aus Lemberg, die Kafka begeisterte und mit deren Leiter Jizchak Löwy er sich anfreundete.[24] Er besuchte fast jede Vorstellung und verliebte sich bald in eine der Schauspielerinnen, Amalie

Tschissik, die statt Problemzähnen einen »muskulösen Mund«[25] besaß und zwar älter war als er, aber kein altes Mädchen, sondern verheiratet. Rund ein Dutzend Tagebuch-Einträge sind »Frau Tschissik« gewidmet; Kafka beobachtete und beschrieb sie in jeder Lage, beim Sprechen, Singen, Tanzen, Stehen, selbst »während des Gansbratenessens«.[26] Am 6. November 1911 unterbrachen die Schauspieler ihren Prager Aufenthalt für ein Gastspiel in Brünn; es gab ein Abschiedstreffen im Café »Savoy«. Kafka besorgte einen Blumenstrauß für die Angebetete, den er aber nicht selbst überreichen mochte, sondern Löwy gab. Auch ins »Savoy« traute er sich nicht hinein. Schließlich kam Frau Tschissik heraus, die andern Schauspieler folgten, man diskutierte auf der Straße, ob man nicht besser nach Nürnberg statt nach Brünn fahren sollte. Dort sei leichter ein Saal zu bekommen, das Interesse größer und im übrigen sei die Reise bequem. »Unter diesen Argumenten giengen wir ins Lokal und setzten uns an einen Tisch, ich Frau Tsch. gegenüber.« Er habe sie aber »nicht ernst« ansehen können. »Denn das hätte geheißen, daß ich sie liebe. Und dieses Bekenntnis«, fährt Kafka fort, »wäre wirklich unerhört gewesen. Ich ein junger Mensch den man allgemein für 18 Jahre alt hält [er war 28 Jahre alt], erklärt vor den Abendgästen des Café Savoy, im Kreis der herumstehenden Kellner, vor der Tischrunde der Schauspieler einer 30jährigen Frau, die kaum jemand auch nur für hübsch hält, die 2 Kinder von 10 u. 8 Jahren hat, deren Mann neben ihr sitzt, die ein Muster von Ehrbarkeit und Sparsamkeit ist – erklärt dieser Frau seine Liebe, der er ganz verfallen ist, und – jetzt kommt das eigentlich Merkwürdigere, das allerdings niemand mehr bemerkt hätte – verzichtet sogleich auf die Frau, so wie er selbst dann auf sie verzichten würde, wenn sie jung und ledig wäre.«[27] Auch die Blumen, sinniert er in dem Zusammenhang wehmütig, seien ein Mißgriff gewesen. »Ich hatte gehofft, durch den Blumenstrauß meine Liebe zu ihr ein wenig zu befriedigen, es war ganz nutzlos. Es ist nur durch Litteratur oder durch den Beischlaf möglich.« Und Kafka fügt, entschuldigend fast, hinzu: »Ich schreibe das nicht, weil ich es nicht wußte, sondern weil es vielleicht gut ist Warnungen oft aufzuschreiben.«[28]

1 Tb, 69 f. / 2 An Milena Jesenská, Ende April 1920 (BaM, 10). / 3 NSuF II, 200. / 4 Brod FK, 220; vgl. dazu auch Binder KW, 674. / 5 Vgl. dazu Brod FK, 254 ff.; Reiner Stach, *Kafka. Die Jahre der Entscheidungen.* Frankfurt a. M. 2003, 495 ff.; BaF, 469 f. / 6 Vgl. dazu Wilfried Witte, *Tollkirschen und Quarantäne.* Die Geschichte der Spanischen Grippe. Berlin 2008, 43 ff. / 7 An Felice Bauer, 5.11.1912 (BaF, 75). / 8 Brod FK, 105. / 9 Tb, 52. / 10 Tb, 54 – Die nebenstehende Abbildung stammt aus dem Bilder-Atlas zu einem Leitfaden der Zoologie, nach dem Kafka auf dem Gymnasium unterrichtet wurde. / 11 Tb, 108. Dies Zitat stammt aus einem fiktionalen Text Kafkas, spiegelt aber gewiß eigene Erfahrung wider. / 12 Tb, 248. / 13 Tb, 262. / 14 An Felice Bauer, 16.11.1912, Beilage (BaF, 99). / 15 An Max Brod, August 1907 (BKB, 32 f.). / 16 Tb, 432. / 17 An Grete Bloch, 10.11.1913 (BaF, 472 f.). / 18 Grete Bloch an Franz Kafka, 3.7.1914 (BaF, 607 f.). 19 An Grete Bloch, 18.11.1913 (BaF, 478). / 20 An Grete Bloch, 4.3.1914 (BaF, 511). / 21 An Grete Bloch, 16.5.1914 (BaF, 575 f.). / 22 An Grete Bloch, 16.5.1914 (BaF, 576). / 23 NSuF II, 25. 24 Vgl. Tb, 79 ff.; ferner an Felice Bauer, 3.11.1912 (BaF, 72 f.). / 25 Tb, 98. / 26 Tb, 96. / 27 Tb, 234. / 28 Tb, 231.

NICHT NACH WIEN

Kafka an Milena Jesenská, Meran, 30. Mai 1920

Morgen schreibe ich wieder und werde erklären, warum ich, soweit ich für mich bürgen kann, nicht nach Wien kommen werde und werde mich nicht früher damit beruhigen, ehe Sie sagen: Er hat recht.

Meran, 31. Mai 1920

Ich will nicht (Milena, helfen Sie mir! Verstehen Sie mehr, als ich sage!) ich will nicht (das ist kein Stottern) nach Wien kommen, weil ich die Anstrengung geistig nicht aushalten würde. […]

Ich tue es nicht, schon äußerlich ist es unsinnig, nicht den kurzen Weg über München zu nehmen, sondern den doppelt so langen über Linz und dann gar auch noch weiter über Wien. […]

Ich komme ganz bestimmt nicht, sollte ich aber doch – es wird nicht geschehn – zu meiner schrecklichen Überraschung in Wien sein, dann brauche ich weder Frühstück noch Abendessen, sondern eher eine Bahre auf der ich mich ein Weilchen niederlegen kann. […]

Nun fahre ich aber zweifellos nicht über Wien, sondern Montag über München, wohin weiß ich nicht, Karlsbad, Marienbad, jedenfalls allein. Schreiben werde ich Ihnen vielleicht.

Meran, 1. Juni 1920

Wahrscheinlich werde ich aus verschiedenen Gründen Montag noch nicht fahren, sondern erst ein wenig später. Dann fahre ich aber direkt nach Prag, es gibt neuestens einen direkten Schnellzug Bozen–München–Prag.

Meran, 2. Juni 1920

Erstens wird Milena wenn Du sagst daß Du kommst vielleicht gar nicht mehr wollen daß Du kommst, nicht etwa aus Wankelmütigkeit, sondern aus natürlicher Müdigkeit, sie wird Dich gerne und erleichtert reisen lassen, wie Du willst.

Zweitens aber fahre wirklich nach Wien! Milena denkt nur an das Sich-öffnen der Tür. Die wird sich allerdings öffnen aber dann? Dann wird dort ein langer magerer Mensch stehn, freundlich lächeln (das wird er immerfort tun, er hat das von einer alten Tante, die auch immerfort gelächelt hat, beide aber machen es nicht aus Absicht, nur aus Verlegenheit) und wird sich dann setzen, wohin man zeigen wird. Damit wird eigentlich die Feierlichkeit zuende sein, denn reden wird er kaum […].

[…] Ja, das wollte ich noch sagen: wenn Sie gegen Ende der 14 Tage noch so fest wie Freitag es wollen, daß ich komme, dann komme ich.

Meran, 3. Juni 1920

[…] die Aussicht aus dem offenen Fenster […] auf Tannen, Sonne, Berge, Dorf und über allem eine Ahnung von Wien.

Meran, 5. Juni 1920

Einem Gerücht nach – ich kann es nicht glauben – hört heute Abend infolge Strikes der Eisenbahnverkehr mit Tirol auf.

Meran, 6. Juni 1920

Dann kam Ihr liebes liebes Telegramm […]. Das aber, Milena, kann ich gegenüber dem Telegramm sagen: wenn ich, von allem andern abgesehn, nach Wien gekommen wäre und Sie hätten jene Rede […] von Aug zu Aug zu mir gesprochen […] dann wäre ich mit einem Schlag der Länge nach hingefallen und Sie hätten mich durch keinen Krankenschwesterndienst wieder auf die Beine gebracht. Und wäre es nicht so geschehn, hätte es nur noch schlimmer werden können.

Meran, 11. Juni 1920

Letzthin habe ich wieder von Ihnen geträumt, es war ein großer Traum […]. Ich war in Wien

Meran, 12. Juni 1920

Ob ich nach Wien komme, kann ich heute noch nicht sagen, ich glaube aber, ich komme nicht.

Meran, 14. Juni 1920

Heute früh kurz vor dem Aufwachen, es war auch kurz nach einem Einschlafen hatte ich einen abscheulichen um nicht zu sagen fürchterlichen […] Traum. […] Es war in Wien, ähnlich wie ich es mir in Wachträumen für den Fall daß ich hinfahren sollte, vorstelle

Meran, 23. Juni 1920

So war es gestern, heute würde ich z. B. sagen, daß ich sicher nach Wien kommen werde, da aber heute heute und morgen morgen ist lasse ich mir noch die Freiheit. Überraschen werde ich Dich keinesfalls, auch nicht nach Donnerstag kommen. Komme ich nach Wien, schreibe ich Dir einen Rohrpostbrief

Meran, 24. Juni 1920

Hast Du Donnerstag noch keinen Rohrpostbrief, dann bin ich nach Prag gefahren. Übrigens käme ich wie ich höre doch am Westbahnhof an – gestern schrieb ich, glaube ich, Südbahnhof –, nun das ist ja gleichgültig. Ich bin auch nicht allzusehr über dem allgemeinen Höchstmaß unpraktisch, untransportabel, nachlässig (vorausgesetzt daß ich ein wenig geschlafen habe), darin mußt Du keine Sorge haben, steige ich in den Wagen, der nach Wien fährt so steige ich höchstwahrscheinlich auch in Wien wieder aus, nur das Einsteigen macht allerdings Umstände. Also auf Wiedersehn (aber es muß nicht in Wien, kann auch in Briefen sein)

Meran, 25. Juni 1920

Dienstag bin ich, wenn nichts unerwartetes innen oder außen geschieht, in Wien. Es wäre ja sehr vernünftig, wenn ich […] heute schon sagen würde, wo ich Dich erwarten will, aber ich würde bis dahin ersticken, wenn ich heute jetzt einen Ort nennen würde und ich diesen Ort drei Tage und drei Nächte sehen würde, wie er leer ist und wartet daß ich ihn Dienstag um eine bestimmte Stunde betrete.

Wien, 29. Juni 1920

[…] ich bin […] in Wien, sitze in einem Kaffeehaus am Südbahnhof […] Es fällt mir nichts besseres ein: ich erwarte Dich Mittwoch von 10 Uhr Vormittag ab vor dem Hotel. Bitte Milena überrasche mich nicht durch Von-der-Seite oder Von-Rückwärts-Herankommen, ich will es auch nicht tun.[1]

Eine Art verbaler Slapstick, den Kafka da aufführt. Ein Gefuchtel mit verschränkten Negationen und halben Möglichkeiten, dessen Ausschlag der jeweiligen Tagesform überlassen zu sein scheint: »So war es gestern, heute würde ich z.B. sagen […], da aber heute heute und morgen morgen ist lasse ich mir noch die Freiheit.« Eine Haltung, die, dränge sie ins allgemeine Bewußtsein, das Angebot von Frühbucherrabatten obsolet machen würde. Was jemand, der Kafka nur lesen, aber nicht auf ihn warten muß, als komisch empfinden kann, wird für die Adressatin der Briefe, Milena Jesenská, eine temperamentvolle, spontane junge Frau, die rasch »in erotische Krise« geriet,[2] unverständlich und daher quälend gewesen sein. Kafka war zur Kur in Meran, wollte von da aus für ein paar Tage nach Karlsbad und Franzensbad reisen. Sie hatte ihn gebeten, stattdessen zu ihr nach Wien zu kommen. Was sprach dagegen? Warum wollte Kafka nicht nach Wien fahren?

Weil er zunächst auch äußere Gründe vorschiebt – es ist zu weit, es ist ein Umweg, es ist zu anstrengend –, scheint Milena Kafkas pedantische Umständlichkeit für das Hin und Her verantwortlich gemacht zu haben. Wie sie diese Umständlichkeit erlebte in den fünf Tagen, die beide schließlich doch gemeinsam in Wien verbrachten, hat sie später Max Brod geschildert: »Waren Sie einmal mit ihm in einem Postamt? Wenn er ein Telegramm stilisiert und kopfschüttelnd ein Schalterfensterchen sucht, das ihm am besten gefällt, wenn er dann, ohne im geringsten zu begreifen, warum und weswegen, von einem Schalter zum nächsten wandert, bis er an den richtigen gerät, und wenn er zahlt und Kleingeld zurückbekommt, zählt er nach, was er erhalten hat, findet, daß man ihm eine Krone zu viel herausgegeben hat, und gibt dem Fräulein hinter dem Fenster die Krone zurück. Dann geht er langsam weg, zählt nochmals nach und auf der letzten Stiege unten sieht er nun, daß die zurückerstattete Krone ihm gehört hat. Nun, jetzt stehen Sie ratlos neben ihm, er tritt von einem Fuß auf den andern und denkt nach, was zu tun wäre. Zurückgehen, das ist schwer, oben drängt sich ein Haufen von Menschen. ›Also laß es doch sein‹, sage ich. Er schaut mich ganz entsetzt an. Wie kann man es lassen? Nicht daß ihm um die Krone leid wäre. Aber gut ist es nicht. Da ist um eine Krone zu wenig. Wie kann man das auf sich beruhen lassen?« Wenn ihn schon in solch simplen Dingen Unregelmäßigkeiten nahezu paralysierten, wieviel mehr mußte dann die spontane Änderung eines Reiseplanes eine Herausforderung für ihn bedeuten. »Ach nein«, resümiert Milena, »diese ganze Welt ist und bleibt ihm rätselhaft. […] Etwas, was er nicht zu leisten vermag und was er mit rührender reiner Naivität hochschätzt, weil es ›geschäftstüchtig‹ ist.«[3]

Keine Frage: Kafka war ein Pedant, Kafka war umständlich, Kafka war spontanen Entschlüssen und ihren Folgen abgeneigt – »es gibt keine angenehmen Überraschungen«, schrieb er der Verlobten seines Freundes Max Brod, als diese einen Besuch in Aussicht stellte,[4] und schon »ein angemeldeter Besuch« bot für ihn »Überraschung genug«.[5] Aber Kafka war auch ein erfahrener Reisender. Als er erwog, nach Wien zu Milena zu fahren, hatte er tausende von Bahnkilometern hinter sich, war an die Nordsee gereist, nach Frankreich, nach Italien, nach Weimar, in ein halbes Dutzend Sanatorien und zahlreiche böhmische Städte, in denen er für die Arbeiter-Unfall-Versicherungs-Anstalt (AUVA) Fabriken zu inspizieren hatte. Reisen mit dem Zug machten ihm nicht allzu viel aus, er scheint sogar Gefallen daran gefunden zu haben, gaben sie ihm doch Gelegenheit zu zahlreichen literarisch verwertbaren Beobachtungen. Auch die Aussicht, ein paar Tage in einem Wiener Hotel zu verbringen, wird ihn kaum geschreckt haben. »Hotelzimmer habe ich gerne, in Hotelzimmern bin ich gleich zu Hause, mehr als zu Hause wirklich«, erklärte er Max Brod, und an anderer Stelle heißt es, das Wohnen in Hotelzimmern gebe ihm »den Hauch eines Gefühls einer neuen, unverbrauchten, zu Besserem bestimmten [...] Existenz«.[6]

Spielten vielleicht unerfreuliche Erinnerungen eine Rolle? Kafka hatte die Stadt schon einmal im September 1913 besucht. Es war eine Dienstreise gewesen; Kafka gehörte zur Delegation der AUVA, die am »11. Internationalen Kongreß für Rettungswesen und Unfallverhütung« teilnahm. In seiner freien Zeit war er auf dem gleichzeitig stattfinden-den »XI. Internationalen Zionistenkongreß« gewesen und hatte Prager Bekannte getroffen, mit denen er auf den Prater und in Literatencafés gegangen war. Eines so trostlos wie das andere. »Die Tage in Wien möchte ich aus meinem Leben am liebsten ausreißen«, schrieb er an Brod, »und zwar von der Wurzel aus«.[7] Etwas Nutzloseres als einen Unfallverhütungskongreß könne man sich kaum vorstellen, auf dem Zionistenkongreß habe er gesessen »wie bei einer gänzlich fremden Ver-anstaltung«, von der literarischen Gesellschaft wisse er nichts zu sagen. Und »Wien, dieses absterbende Riesendorf«,[8] gefiel ihm schon gar nicht. – Aber diesmal ging es ja weder um Kongresse noch um Wien, es ging um Milena, und auch der durch lokale Einflüsse leicht erschüt-terbare Kafka war gewiß in der Lage, beides zu unterscheiden.

Es gab indessen noch eine andere, ältere Verbindung Kafkas mit Wien, die eher dazu angetan war, ein ungutes Gefühl hervorzurufen. Im August 1907 hatte Kafka während der Sommerferien, die er bei sei-nem Onkel, dem Landarzt Dr. Siegfried Löwy, in Triesch verbrachte, eine Wiener Studentin namens Hedwig Weiler kennengelernt. Obwohl er sich zunächst nicht eben positiv über sie äußerte – sie sei »klein und dick« und ihr Mund stehe, der großen Vorderzähne wegen, immer offen[9] –, entwickelte sich eine engere Beziehung und schließlich der Wunsch zusammenzuleben. Kafka erwog, entweder nach Wien zu gehen und sein Studium an der dortigen Exportakademie fortzusetzen, oder Hedwig in Prag eine Anstellung zu verschaffen.[10] Daraus wurde

jedoch nichts, und die Beziehung ging einige Monate später zu Ende. Kafka mag befürchtet haben, daß nach Wien zu Milena zu fahren bedeuten könnte, etwas zu wiederholen, das schon einmal gescheitert war. – Indessen war Helene Weiler längst Vergangenheit, und mit Milena lagen die Dinge doch anders.

Ernster zu nehmen sind zwei andere Aspekte der Reise. Nach Wien zu fahren, schloß erstens die Möglichkeit ein, etwas zu tun, was Kafka noch nie getan hatte: nämlich Ehebruch zu begehen. Milena war seit 1918 mit Ernst Pollak verheiratet, einem schreibgehemmten, aber sehr einflußreichen Literaten, den Kafka aus Prag kannte und wohl auch schätzte. Milena hatte zwar in den vorangegangenen Briefen hier und da Trennungsabsichten geäußert, aber es gab ebenso Indizien dafür, daß sie ihrem Mann nach wie vor verbunden war. Und selbst wenn nicht: sie war eine verheiratete Frau, und das zählte für Kafka durchaus. Zweitens bedeutete die Fahrt nach Wien, daß Kafka seine Noch-Verlobte Julie Wohryzek hinterging. Er hatte Julie Anfang 1919 kennengelernt und sich mit ihr im September verlobt. Die für November angesetzte Hochzeit hatte Kafka in buchstäblich letzter Minute abgesagt, ohne sich allerdings von Julie zu trennen. Gegenüber Milena äußerte er, seine Beziehung mit Julie lebe zwar noch, »aber ohne jede Aussicht auf Ehe, lebt also eigentlich nicht oder lebt vielmehr ein selbständiges Leben auf Kosten der Menschen«.[11] Die Beziehung war jedenfalls noch insofern lebendig, als Kafka sich in Karlsbad, wohin er im Anschluß an den Meran-Aufenthalt zu fahren plante, mit Julie treffen wollte. Mitten in seine Wien-Erwägungen platzte denn auch ein Telegramm von ihr, in dem sie an die Verabredung erinnerte und um »schriftliche Verständigung« ersuchte.[12]

Zwei gute Gründe, nicht nach Wien zu fahren – zumindest zwei gute Gründe, Bedenken zu hegen und zu zögern. Doch obwohl Kafka beide Milena gegenüber nennt und erwägt, waren sie nicht wirklich entscheidend. Das Hin und Her zwischen Unentschlossenheit und Erträumen hatte einen tieferen Grund. Um diesen zu erkennen, muß man in Kafkas Biographie sieben Jahre und einige Monate zurückblättern, bis zum 13. August 1912.

An diesem Tag lernte Kafka in der Wohnung der Eltern seines Freundes Max Brod die Berlinerin Felice Bauer kennen. Es war alles andere als Liebe auf den ersten Blick (→ Zukunftsaussichten), aber doch eine Begegnung, die ihn beschäftigte. Am 20. September 1912 schrieb er ihr den ersten Brief, jeden Tag folgte ein weiterer, bald schrieb Kafka zweimal pro Tag (→ Im Zoo gesessen). Beide gingen rasch zum Du über, gaben sich Kosenamen und Kafka gestand, sein Leben von der Beziehung zu Felice nicht mehr trennen zu können. Mitte März 1913 schlug Kafka Felice vor, sie am Ostersonntag oder -montag in Berlin zu besuchen. Es sollte das erste absichtliche Treffen, das erste Treffen zu zweit werden. – Eine Dramaturgie, die sich mit Milena in fast identischen Szenen wiederholte. Auch sie hatte er in Prag kennengelernt, in einem Kaffeehaus, und die Begegnung war so flüchtig gewesen, daß er einräumen mußte, sich an Milenas Gesicht »eigentlich in keiner bestimmten Einzelnheit erinnern« zu können.[13] Auch die Beziehung zu ihr entwickelte sich erst in Briefen, auch ihr schickte er nahezu jeden Tag einen, ging bald zum Du über, schrieb »Du gehörst zu mir«, einen Satz, der ihm so wichtig war, daß er ihn unterstrich, nannte sie »Mädchen« und schließlich »milenka«, Geliebte.[14] Der Vorschlag, sich wiederzusehen, ging zwar von Milena aus, aber auch hier galt, daß die Fahrt nach Wien im Sommer 1920, ebenso wie die Fahrt nach Berlin Ostern 1913, das erste absichtliche Treffen sein sollte, das erste Treffen zu zweit. Wirklich verblüffend werden die Parallelen jedoch erst, wenn man die Briefe, die Kafka im Vorfeld der Reise nach Wien schickte, mit denen vergleicht, die Felice im selben Zusammenhang bekam.

Am 17. März, einen Tag nach dem Brief, der den Vorschlag enthielt, nach Berlin zu kommen, schreibt er: »Ich weiß nicht, ob ich werde fahren können. Heute ist es noch unsicher, morgen kann es schon gewiß sein. Vom Grund will ich nicht reden, ehe es entschieden ist.« Am 18. März: »*An und für sich* besteht das Hindernis meiner Reise noch und wird, fürchte ich, weiter bestehn, als *Hindernis* aber hat es seine Bedeutung verloren und ich könnte also, soweit dieses in Betracht kommt, fahren.« Am 19. März: »Sollte ich doch noch an der Fahrt verhindert werden, würde ich Dir bis spätestens Samstag telegraphieren.« Am 20. März führt er »neuerdings auftretende Drohungen möglicher Hindernisse der kleinen Reise« ins Feld. »Jetzt Ostern gibt es gewöhnlich – ich hatte nicht daran gedacht – Kongresse aller möglichen Vereinigungen, wo über Unfallversicherung gesprochen wird und Vertreter der Anstalt irgendetwas vortragen oder wenigstens bei der Debatte dabeisein müssen. Und heute sind tatsächlich 2 solcher Einladungen gekommen. Der Verband der tschechischen Müllereigenossenschaften hat Montag in Prag eine Versammlung, die tschechischen Baumeister der Sudetenländer am Dienstag in Brünn.« Obwohl er dieses Hindernis dann eher wieder herunterspielt, weil er, da es tschechische Kongresse seien, als Vertreter der AUVA eigentlich nicht in Frage käme, heißt es am 21. März, es sei »noch gar nicht sicher«, ob er fahren könne; »erst morgen vormittag entscheidet es sich, die Müllerversammlung droht noch immer«. Am 22. März: »Noch immer unentschieden.«[15] Wenige Stunden später stieg Kafka in den Zug nach Berlin.

Es ist in beiden Fällen exakt dasselbe Muster. Auch Milena erhält kurz vor dem vereinbarten Treffen einen Brief, der alles offenläßt, und der nächste, den sie bekommt, ist schon in einem Kaffeehaus am Wiener Südbahnhof geschrieben. Kafkas Zögern, das Offenhalten der Entscheidung bis zum letzten Moment, hat nichts damit zu tun, daß er den »Übergang vom Flug der Imagination zur Mühsal der Realität« scheute.[16] Im Gegenteil, die Konfrontation von Brief-Du und Brief-Ich mit den Menschen aus Fleisch und Blut, die die Briefe geschrieben hatten, hat er gerade gesucht. Er wollte die Probe aufs Exempel: »Ich fahre nach Berlin zu keinem andern Zweck, als um Dir, der durch Briefe Irregeführten, zu sagen und zu zeigen, wer ich eigentlich bin«, schreibt er an Felice.[17] Milena gegenüber äußert er sich, in der Form eines Selbstgesprächs, ähnlich: »Milena kennt Dich nicht, ein paar Geschichten und Briefe haben Sie verblendet [...]. Daß Deine wirkliche Anwesenheit sie nicht mehr verblenden wird, dessen kannst Du sicher sein.«[18] Die folgende Frage: »Willst Du, zarte Seele am Ende deshalb nicht kommen, weil Du gerade das fürchtest?« ist rhetorisch, weil er längst betont hatte, daß die »einzige Probe auf die Wahrhaftigkeit« das persönliche Sich-gegenüber-stehen sei.[19] Und so räumt er auch ein, daß er »100 andere innere Gründe« habe, nicht zu kommen. Aber auch das ist Rhetorik. Kafkas Zögern ist nicht die Summe zahlreicher kleiner Widerstrebungen. Es hat nur einen Grund, der lediglich vervielfacht erscheint, weil er nicht benannt, aber immer wieder neu erwogen und gewälzt wird.

Was sein Zögern erzeugt, ja geradezu erzwingt, ist allein die Struktur der Situation, in der er sich befindet. Die Struktur der dialogischen Entscheidungssituation, die darin besteht, sich jemandem gegenüber auf die Zukunft hin festlegen zu müssen. Dazu war Kafka schlechterdings nicht in der Lage. Gegen jede Festlegung über einen Zeitraum hin, und seien es wenige Tage, wehrte er sich mit Händen und Füßen.

»Bis zum Fünfzehnten sind noch etwa zehn Nächte«, erklärte Kafka seinem Freund Oskar Baum, als dieser ihn im Juli 1922 nach Georgental eingeladen hatte, »und selbst wenn ich gleich fahren wollte, wären es doch drei oder vier, das könnte ich nicht aushalten, ich kann also nicht fahren«.[20] Obgleich man Kafka sicherlich Entscheidungsschwäche attestieren kann, geht es hier nicht um die Furcht, zu einer einmal getroffenen Entscheidung nicht stehen zu können. Der Schrecken betrifft nicht das Sich-entscheiden-müssen – Kafka wollte ja aller sittlichen und sonstigen Bedenken ungeachtet, nach Wien, so wie er sieben Jahre zuvor nach Berlin gewollt hatte, und nach Georgental wollte er auch –, der Schrecken betrifft die Umwandlung, der Raum und Zeit durch die Entscheidung unterworfen werden. Dadurch, daß er sich festlegte, Milena an einem bestimmten Ort zu treffen, dort aber jetzt noch nicht war, wurde diese Raumstelle entleert – dadurch, daß er sich festlegte, Milena zu einer bestimmten Zeit zu treffen, die Zeit aber noch nicht gekommen war, erstarrte dieser Zeitpunkt. Die raum-zeitliche Wirklichkeit hört auf, ein Freiraum zu sein. Objektiv wird die Freiheit, sich durch Raum und Zeit zu bewegen, durch einen auf die Zukunft bezogenen Entschluß nicht angetastet, subjektiv sehr wohl. Die Entscheidung verändert die Konstellation, biegt ihre in alle Richtungen laufenden Linien gleichsam zu Stäben zusammen, die kein Durchkommen mehr gestatten. Obwohl an sich noch offen, hat sich die Konstellation hier für den, der gemeint ist, schon geschlossen.

Wenn man sich festgelegt hatte, am Dienstag, dem 29. Juni, in Wien zu sein, und jetzt war Freitag – wie sollte man die Tage dazwischen durchleben? Alles fror gewissermaßen ein durch einen solchen Entschluß. Der Ort, an dem man sich treffen würde, wurde zu einem Ort, an dem man jetzt noch nicht war, eine gleichsam aus der Zeit genommene Raumstelle, die keine Gegenwart mehr hatte, weil sie nun durch eine noch ferne, aber schon fixierte Zukunft definiert wurde. »Es wäre ja sehr vernünftig, wenn ich […] heute schon sagen würde, wo ich Dich erwarten will, aber ich würde bis dahin ersticken, wenn ich heute jetzt einen Ort nennen würde und ich diesen Ort drei Tage und drei Nächte sehen würde, wie er leer ist und wartet daß ich ihn Dienstag um eine bestimmte Stunde betrete.«[21] Die Stunde, zu der man sich treffen würde, wurde zu einem Termin, einem aus dem kontinuierlichen Fluß der Zeit herausgenommenen Punkt, auf den sie zwar noch zulief, aber in äußerster Verlangsamung. »Gibt es überhaupt Milena auf der Welt soviel Geduld, wie für mich nötig ist?«[22]

Nur eine Krümmung der Zeit oder des Raums hätte die Unerträglichkeit aufheben können, daß nicht augenblicklich da war, wozu man sich unter Fixierung einer Raum- und Zeitstelle entschlossen hatte. Ein Beispiel für solche Krümmung der Zeit findet sich in Kafkas Erzählung »Ein Landarzt«. Der Landarzt muß in ein zehn Meilen entferntes Dorf, wo ein Schwerkranker auf ihn wartet, hat jedoch kein Pferd. Eines zu leihen ist aussichtslos, und die Wetterbedingungen scheinen eine rechtzeitige Überwindung der Distanz ohnehin unmöglich zu machen: »starkes Schneegestöber füllte den weiten Raum zwischen mir und ihm«. Da findet sich plötzlich im Schweinestall ein Knecht, der zwei Pferde präsentiert, »mächtige flankenstarke Tiere«. Der Knecht spannt an, »der Wagen wird fortgerissen, wie Holz in der Strömung; […] dann sind mir Augen und Ohren von einem zu allen Sinnen gleichmäßig dringenden Sausen erfüllt. Aber auch das nur einen Augenblick, denn, als öffne

Ein Käfig ging einen Vogel fangen.

sich unmittelbar vor meinem Hoftor der Hof meines Kranken, bin ich schon dort.«[23] Die Krümmung der Zeit biegt den Raum zusammen: was, bei gleichförmigem Verlauf, Distanz ist, die zu durchmessen Zeit kostet, wird durch das Herholen der Zukunft ununterscheidbar von der Raumstelle, an der man steht. Ausgangs- und Zielpunkt fallen zusammen.

Ein Beispiel für die kafkasche Krümmung des Raums findet sich in der nachgelassenen Erzählung »Beschreibung eines Kampfes«. Der Erzähler und sein Freund treten aus dem Hausflur, vor ihnen liegt ein Fluß, es ist Nacht, der Himmel leicht bewölkt. »Einige zerstoßene Wölkchen blies mein Freund weg, so daß sich jetzt die ununterbrochene Fläche der Sterne uns darbot. [...] Da wurde alles von Schnelligkeit ergriffen und fiel in die Ferne. [...] Dabei dehnten sich die Ufer dieses Flusses ohne Maß und doch berührte ich das Eisen eines in der Entfernung winzigen Wegzeigers mit der Fläche meiner Hand.«[24] Die Distanzen zwischen vorher weit voneinander entfernten Punkten erscheinen wie aufgehoben; wenn alles fern ist, ist es einander, als Fernes, zugleich nah.

Was sich der dichterischen Imagination beugt, ist in der Wirklichkeit unverfügbar. Die Zeit bleibt in ihren Intervallen, der Raum in seinen Koordinaten. Verfügbar ist in der Wirklichkeit allein der Entschluß. Ich kann eine Absicht affirmieren oder nicht, ich kann etwas wollen, diesen Willen aber jetzt oder später erklären. Den Gedanken, die Zeit- und Raumerfahrung hänge von einer auf Zeit und Raum bezogenen Absicht ab, hat Kafka beispielsweise in »Das nächste Dorf« gestaltet, einer Miniatur aus dem *Landarzt*-Band. »Mein Großvater pflegte zu sagen: ›Das Leben ist erstaunlich kurz. Jetzt in der Erinnerung drängt es sich mir so zusammen, daß ich zum Beispiel kaum begreife, wie ein junger Mensch sich entschließen kann ins nächste Dorf zu reiten, ohne zu fürchten, daß – von unglücklichen Zufällen ganz abgesehen – schon die Zeit des gewöhnlichen, glücklich ablaufenden Lebens für einen solchen Ritt bei weitem nicht hinreicht.‹«[25] Das nächste Dorf wird nicht allzu weit entfernt, die Strecke, die von ihm trennt, zu bewältigen sein, sobald man jedoch beginnt, sie zu durchmessen, dehnt sie sich, und was die Aufgabe eines Tages oder weniger Stunden gewesen wäre, ist nun womöglich in einer Lebensspanne nicht mehr zu bewältigen.

Den Unterschied macht der Entschluß, die Affirmation der Absicht: was nahe scheint, solange es nur absichtslos gesehen wird, wird unerreichbar, sobald die Absicht sich darauf richtet. Dieselbe Erfahrung macht K. im *Schloß*-Roman. Am Morgen will er vom Wirtshaus aus ins Dorf gehen, dabei nähert er sich dem Schloß, als er sich jedoch entschließt, »seinen Spaziergang [...] bis zum Eingang des Schlosses auszudehnen«, wird es unmöglich, das Vorhaben auszuführen. »Die Straße nämlich, diese Hauptstraße des Dorfes führte nicht zum Schloßberg, sie führte nur nahe heran, dann aber wie absichtlich bog sie ab und wenn sie sich auch vom Schloß nicht entfernte, so kam sie ihm doch auch nicht näher.«[26] Auch hier macht die erklärte Absicht den Unterschied. Als Station auf einem unbestimmten Weg kommt das Schloß in die Nähe, sobald K. es sich als Ziel setzt, wird es für ihn unerreichbar. Es liegt in der Logik dieser Erfahrung, daß das Ziel nur erreicht werden kann, wenn man die Absicht, es zu erreichen, bis zu dem Moment offen läßt, in dem man, scheinbar absichtslos, dort angelangt ist.

Wenn dies der Gedanke sein sollte, der Kafkas Lavieren in der Wien-Frage bestimmte, hätte das Hin und Her seine Wurzel nicht in der eher banalen Psychologie des Pedanten, sondern in der Wirklichkeitserfahrung des Künstlers. Für Kafka war die Welt nicht rätselhaft, wie Milena meint – für ihn war die Welt anders. Man darf als später, von Kafkas Briefen nicht adressierter Leser darüber lachen, wie er zögert, zurückzieht, Hindernisse vorschützt und bis zum letzten Moment seine Unentschiedenheit behauptet. Will man Kafka verstehen, sollte es beim Lachen nicht bleiben.

1 BaM, 27, 29–33, 35, 37–39, 43, 46, 48, 54 f., 55, 6 f., 76, 77, 80, 81. / 2 Vgl. Reiner Stach, *Kafka. Die Jahre der Erkenntnis*. Frankfurt a. M. 2008, 357. / 3 Milena Jesenská an Max Brod, Anfang August 1920 (BaM, 363 ff.). / 4 An Elsa Taussig, 18.9.1912 (BKB, 111). Ganz ähnlich äußert er sich gegenüber Minze Eisner (Br, 349). / 5 An Max Brod, 6.11.1917 (BKB, 187). / 6 An Max Brod, 2.9.1908 (BKB, 45); an Felice Bauer, 3.11.1912 (BaF, 71). / 7 An Max Brod, 16.9.1913 (BKB, 128). / 8 An

Grete Bloch, 8.4.1914 (BaF, 545). / **9** An Max Brod, Mitte August 1907 (BKB, 32 f.). / **10** Vgl. dazu KChr, 41 f. / **11** An Milena Jesenská, Ende April 1920 (BaM, 10). / **12** Kafka zitiert den Text von Julies Telegramm in seinem Brief an Milena Jesenská vom 31.5.1920 (BaM, 30). – Zu Julie Wohryzek vgl. auch: Josef Čermák, »*Ich habe seit jeher einen gewissen Verdacht gegen mich gehabt.*« *Franz Kafka. Dokumente zu Leben und Werk*. Berlin 2010, 106 f. / **13** An Milena Jesenská, April 1920 (BaM, 5). / **14** An Milena Jesenská, 12.6.1920 (BaM, 57) und 24.6.1920 (BaM, 78). / **15** BaF, 341– 345. / **16** So aber Reiner Stach, *Kafka. Die Jahre der Entscheidungen*. Frankfurt a. M. 2003, 378. Vgl. auch Elias Canetti, *Der andere Prozeß*. München/Wien 1976, 41 f. / **17** An Felice Bauer, 19.3.1913 (BaF, 343). / **18** An Milena Jesenská, 2.6.1920 (BaM, 37). / **19** An Milena Jesenská, 29.5.1920 (BaM, 20). / **20** An Oskar Baum, 5.7.1922 (Br, 387). / **21** An Milena Jesenská, 25.6.1920 (BaM, 80). / **22** Ebd. / **23** DzL, 252. / **24** NSuF I, 111 (»Beschreibung eines Kampfes«, Fassung A). / **25** DzL, 280; vgl. auch NSuF II, 35. / **26** *Das Schloß,* 21. / Hervorgehobenes Zitat aus NSuF II, 44.

KLANG EINER KAMINUHR

Montag, den 16. war ich mit Löwy im Nationalteater bei »Dubrovnická trilogie«. Stück und Aufführung war trostlos. Im Gedächtnis bleibt nur aus dem ersten Akt der schöne Klang einer Kaminuhr; das Singen der Marseillaise einziehender Franzosen vor dem Fenster, immer wieder wird das verhallende Lied von den neu Herankommenden aufgenommen und steigt an; ein schwarzgekleidetes Mädchen zieht ihren Schatten durch den Lichtstreifen, den die untergehende Sonne auf das Parkett legt. Aus dem 2ten Akt bleibt nur der zarte Hals eines Mädchens, der aus rotbraunbekleideten Schultern zwischen Puffärmeln zum kleinen Kopf sich dehnt und spannt. Aus dem dritten Akt der zerdrückte Kaiserrock, die dunkle Phantasieweste mit quergezogener Uhrkette eines alten gebückten Nachkommen der früheren Gosparen. Viel ist das also nicht. Außerdem gestand mir L. seinen Tripper [...][1]

Er wisse »vom Theater nicht das geringste«, erklärt Kafka in einem Brief an Felice Bauer,[2] und die Behauptung scheint er ernst zu meinen. Dabei konnte er im Herbst 1912, als er den Brief schrieb, als erfahrener Theatergänger gelten. In Prag hatte er zu dieser Zeit schon mehr als vierzig Aufführungen gesehen, auf seinen Dienstreisen jede Möglichkeit für einen Besuch im Schauspiel genutzt und er war in Paris, Mailand und Berlin im Theater gewesen. Nach vielen seiner Theaterbesuchen hatte er seine Eindrücke im Tagebuch festgehalten, im Fall der Lemberger Theatertruppe, die von September 1911 bis Januar 1912 in Prag gastierte, sogar die Handlung einiger Stücke und die auftretenden Schauspieler seitenlang minutiös beschrieben.[3] Zudem hatte ihn der Leiter dieser ostjüdischen Truppe, Jizchak Löwy, mit dem er sich anfreundete, hinter die Kulissen sehen lassen, so daß Kafka auch mit einigen technischen und ökonomischen Aspekten des Theaters vertraut war. Und er hatte sich als Schüler und noch in seiner Studienzeit selbst als

Dramatiker versucht, wenn auch nur im familiären Rahmen. Zu den Geburtstagen seiner Eltern und anderen festlichen Anlässen verfaßte Kafka Einakter, die seine Schwestern und die Gouvernante unter seiner Regie aufzuführen hatten.[4] Die Texte haben sich nicht erhalten, nur drei Titel sind überliefert: »Der Gaukler«, »Georg von Podiebrad« und »Photographien reden«. Vier Jahre, nachdem er Felice Bauer erklärt hatte, er wisse vom Theater nicht das geringste, begann Kafka dann noch einmal ein dramatisches Projekt, das, nach den Erinnerungen seines Freundes Oskar Baum, »die *Grotte* oder die *Gruft*« heißen sollte und Einflüsse Shakespeares zeigt.[5] Dieser Versuch blieb Fragment; Kafka zeigte den Text niemandem, las, entgegen seiner Gewohnheit, auch seinen Freunden nicht daraus vor und erklärte Oskar Baum: »Das einzig Nicht-Dilettantische an dem Stück ist, daß ich es *nicht* vorlese.«[6]

Diese Bemerkung war, ungeachtet der Komik der Formulierung, wohl ebenfalls ernst gemeint. Im dramatischen Fach hielt sich Kafka trotz allem für einen Dilettanten. Und als Dilettant ging er auch ins Theater. Er saß da nicht als Autor, erst recht nicht als Kollege des Dramatikers, sondern als Mensch, der ergriffen und fortgerissen werden wollte, wenn es sein mußte »bis in den Unsinn«.[7] Bei Lesungen und Rezitationen trat die erhoffte Wirkung gelegentlich ein. Am 11. November 1911 hörte Kafka den französischen Dichter Jean Richepin, der über »La légende de Napoléon« sprach. »Ich spürte eine Wirkung Richepins auf mich«, notiert er am nächsten Tag, »wie sie Salomo hat spüren müssen, als er junge Mädchen ins Bett nahm.«[8] Und nach einer Rezitation Franz Werfels am 24. August 1912 heißt es im Tagebuch: »Ein Ungeheuer! [...] Wie zerworfen und erhoben ich nach dem Anhören [...] war!«[9]

Das waren Effekte persönlicher Authentizität und Vortragskunst, die sich im Theater kaum erreichen ließen. Dort mußte ein komplexes Ganzes gelingen, die Vermittlung eines Stoffes durch Inszenierung und schauspielerische Leistung, und Kafka bestand zudem darauf, daß ein Drama im wörtlichen Sinne gespielt zu sein hatte – die Grenzen der Nachahmung sollten erkennbar bleiben.[10] Die Schauspiele, die er sah, genügten diesem Anspruch so gut wie nie. Die vielleicht einzige Aus-nahme von der Regel war ein »Hamlet« am 6. Dezember 1910 im Deut-schen Theater in Berlin. Das Stück über jeden Zweifel erhaben, die Inszenierung von Max Reinhardt, Gertrud Eysoldt als Ophelia, in der Titelrolle Albert Bassermann. »Max«, schreibt Kafka drei Tage später seinem Freund Brod, »ich habe eine Hamletaufführung gesehn oder besser den Bassermann gehört. Ganze Viertelstunden hatte ich bei Gott das Gesicht eines andern Menschen, von Zeit zu Zeit mußte ich von der Bühne weg in eine leere Loge schauen, um in Ordnung zu kommen.«[11]

Zumeist aber scheitert Kafkas Hoffnung auf Erhebung bereits am Stück (was bei der Auswahl, die er traf, allerdings nicht immer ver-wundert). Im Februar 1911 sieht er im Stadttheater Reichenberg die Ope-rette »Miss Dudelsack«: »Vom dritten Akt ab Niedergang des Stückes, als sei ein Feind dahinter her.« Im Oktober 1911 notiert er zu einer Auf-führung der Löwy-Truppe: »›Kol-Nidre‹ von Scharkansky ziemlich schlechtes Stück.« Am 11. Dezember 1911 spielt die Truppe »Der Schnei-der als Gemeinderat«: »Schlechtes Stück von Richter.« Einen Tag später sieht Kafka im Neuen Deutschen Theater Gerhart Hauptmanns »Der Biberpelz« in einer Aufführung des Berliner Lessing-Theaters: »Lük-kenhaftes, ohne Steigerung abflauendes Stück. [...] Trauriger Paralle-lismus der 4 Akte. Im ersten Akt wird gestohlen, im 2ten ist das Gericht, ebenso im 3tten und 4. Akt.« Fünf Tage später, Uraufführung des Dra-mas »Hippodamie« von Jaroslav Vrchlický im Tschechischen National-theater: »Elendes Stück. Ein Herumirren in der griechischen Mytholo-gie ohne Sinn und Grund.«[12] Kafka konzediert zwar im Anschluß an den Besuch des Lustspiels »Fräulein Josette – meine Frau«, es gebe »natür-lich auch in dem schlechtesten Stück Stellen, an denen man menschlich hängen bleibt«, und er hätte »an einem andern Tage« »Fräulein Josette« vielleicht »bis zum Ende ausgehalten«.[13] Aber dieser andere Tag kommt nicht; oft genug verläßt Kafka das Theater vorzeitig.

Sagt ihm das Stück einmal zu, ist die Aufführung schlecht – das Re-sultat bleibt dasselbe. Im Februar 1912 sieht er im Neuen Deutschen Theater Jacques Offenbachs »Orpheus in der Unterwelt«: »Die Aufführung war so schlecht, Beifall und Lachen um mich im Stehparterre so groß, daß ich mir nur dadurch zu helfen wußte, daß ich nach dem 2. Akt weglief und dadurch alles zum Schweigen brachte.«[14] Niederdrückende Erlebnisse, die seine Theaterbegeisterung nach und nach abflauen ließen. Für das Jahr 1913 verzeichnet die Kafka-Chronik[15] noch sechs Theaterbesuche, für 1914 keinen, für 1915 einen. Ende Mai 1916 wagt Kafka, nach mehr als einjähriger Pause, einen erneuten Versuch: er sieht im Neuen Deutschen Theater Franz Werfels Drama »Die Troerinnen des Euripides«. »Werfels Arbeit ist außerordentlich, darüber kein Wort«, schreibt er anschließend Felice Bauer, »dagegen bin ich nach dem Eindruck der Aufführung (Lessingtheater) ohne Zögern bereit, für den Rest meines Lebens auf den Besuch des Theaters zu verzichten, wie ich es ja schon lange geübt habe«.[16] Eine Ankündigung, die er, von wenigen Rückfällen in späteren Jahren abgesehen, wahr machte.

Schlechte Stücke oder schlechte Aufführungen – beim Besuch des Tschechischen Nationaltheaters am 16. Oktober 1911, den Kafka im eingangs zitierten Text schildert, kam beides zusammen: »Stück und Aufführung war trostlos.« Schlimmer ging es nicht. Das Stück, das gegeben wurde, war die »Dubrovnická trilogie« des gefeierten kroatischen Dramatikers Ivo Vojnović. Vojnovićs Thema, der Fall der Stadtrepublik Ragusa während der napoleonischen Kriege und die damit einsetzende Götterdämmerung der Aristokratie Dubrovniks, geht an Kafka offensichtlich vorbei. Auch über Inszenierung und schauspielerische Leistung fällt kein Wort. Was bleibt, sind Requisiten und einige eher absichtslos sich einstellende Effekte: »der schöne Klang einer Kaminuhr«, die irgendwo im Bühnenbild steht; die Marseillaise, die die Soldaten Napoleons singen, mit jeder vorbeiziehenden Gruppe verhallt sie, jede ankommende Gruppe nimmt sie wieder auf; der Schatten, den ein schwarzgekleidetes Mädchen auf das Parkett wirft; der »zarte Hals« eines rotbraungekleideten Mädchens; »der zerdrückte Kaiserrock«; schließlich »eine dunkle Phantasieweste mit quergezogener Uhrkette«. Verlorene Details, Augenblicke flüchtigen sinnlichen Glanzes, bar jedes dramatischen Zusammenhanges, zu wenig, um gepackt oder gar erhoben zu werden. Kein Trost. Das Äußere, Prosaische behält seine Präsenz. Als Jizchak Löwy, mit dem Kafka das Stück sieht, ihm »seinen Tripper« gesteht, man weiß nicht, ob während der Aufführung oder in einer Pause, ist es um seine Aufmerksamkeit endgültig geschehen; er wendet sich ab. Während auf der Bühne die Republik Ragusa untergeht, denkt er, daß dem unter finanziellen Engpässen leidenden Löwy mit dem Gegenwert der teuren Theaterkarten in bar besser geholfen gewesen wäre. »Kurz ich hatte wieder das Unglück bewiesen, da[s] alle Unternehmungen haben, die ich allein anfange. Während ich aber sonst mich mit diesem Unglück untrennbar vereinige, alle frühern Unglücksfälle zu mir herauf, alle späteren zu mir herunterziehe, war ich diesmal fast vollständig unabhängig, ertrug alles als etwas einmaliges ganz leicht und fühlte sogar zum erstenmal im Teater meinen Kopf als einen Zuschauerkopf aus dem gesammelten Dunkel der Fauteuils und Körper in ein besonderes Licht hochgehoben, unabhängig von der schlechten Veranlassung dieses Stückes und der Aufführung.«[17]

1 Tb, 93. / 2 An Felice Bauer, 24.10.1912 (BaF, 52). / 3 Vgl. Tb, 57 ff., 79 ff., 195 ff. / 4 Vgl. EFK, 67 f.; Brod FK, 19. / 5 NSuF I, 276 ff. Baums Erinnerung zit. nach: Brod PK, 152. Zur Frage möglicher Shakespeare-Einflüsse vgl. Peter-André Alt, *Franz Kafka. Der ewige Sohn.* München 2008, 439 f. / 6 Aus den Erinnerungen Oskar Baums; zit. nach: Brod PK, 153. / 7 Tb, 308 (über die Wirkung der Gedichte Werfels); vgl. Kafkas Brief an Felice Bauer vom 12.12.1912 (BaF, 178). / 8 Tb, 246. / 9 Tb, 433. / 10 Vgl. dazu seine Reflexionen über Nachahmungstrieb und Schauspielerei (Tb, 329 ff.) sowie seine Kritik an Brods Vortrag »Axiome über das Drama« (Tb, 203 ff.). / 11 An Max Brod, 9.12.1910 (BKB, 82). Zu Kafkas Bewunderung für Gertrud Eysoldt vgl. seinen Brief an Felice Bauer vom 16.1.1913 (BaF, 252 f.). / 12 Tb, 940; 96; 290; 289 f.; 298. / 13 An Felice Bauer, 5./6.2.1913 (BaF, 286). / 14 Tb, 368. / 15 KChr (alle Angaben über Kafkas Theaterbesuche folgen dieser Zusammenstellung). / 16 An Felice Bauer, 28.5.1916 (BaF, 659 f.). / 17 Tb, 94.

DURCHGANGSZIMMER

Zunächst wollte er ruhig und ungestört aufstehen, sich anziehen und vor allem frühstücken, und dann erst das Weitere überlegen, denn, das merkte er wohl, im Bett würde er mit dem Nachdenken zu keinem vernünftigen Ende kommen. [...] Die Decke abzuwerfen war ganz einfach; er brauchte sich nur ein wenig aufzublasen und sie fiel von selbst. Aber weiterhin wurde es schwierig, besonders weil er so ungemein breit war. Er hätte Arme und Hände gebraucht, um sich aufzurichten; statt dessen aber hatte er nur die vielen Beinchen, die ununterbrochen in der verschiedensten Bewegung waren und die er überdies nicht beherrschen konnte. Wollte er eines einmal einknicken, so war es das erste, daß es sich streckte; und gelang es ihm endlich, mit diesem Bein das auszuführen, was er wollte, so arbeiteten inzwischen alle anderen, wie freigelassen, in höchster, schmerzlicher Aufregung. »Nur sich nicht im Bett unnütz aufhalten«, sagte sich Gregor.

Zuerst wollte er mit dem unteren Teil seines Körpers aus dem Bett hinauskommen, aber dieser untere Teil, den er übrigens noch nicht gesehen hatte und von dem er sich auch keine rechte Vorstellung machen konnte, erwies sich als zu schwer beweglich; es ging so langsam; und als er schließlich, fast wild geworden, mit gesammelter Kraft, ohne Rücksicht sich vorwärtsstieß, hatte er die Richtung falsch gewählt, schlug an den unteren Bettpfosten heftig an, und der brennende Schmerz, den er empfand, belehrte ihn, daß gerade der untere Teil seines Körpers augenblicklich vielleicht der empfindlichste war.

Er versuchte es daher, zuerst den Oberkörper aus dem Bett zu bekommen, und drehte vorsichtig den Kopf dem Bettrand zu. Dies gelang auch leicht, und trotz ihrer Breite und Schwere folgte schließlich die Körpermasse langsam der Wendung des Kopfes. Aber als er den Kopf endlich außerhalb des Bettes in der freien Luft hielt, bekam er Angst, weiter auf diese Weise vorzurücken, denn wenn er sich schließlich so fallen ließ, mußte geradezu ein Wunder geschehen, wenn der Kopf nicht verletzt werden sollte. Und die Besinnung durfte er gerade jetzt um keinen Preis verlieren; lieber wollte er im Bett bleiben.

Aber als er wieder nach gleicher Mühe aufseufzend so dalag wie früher, und wieder seine Beinchen womöglich noch ärger gegeneinander kämpfen sah und keine Möglichkeit fand, in diese Willkür Ruhe und Ordnung zu bringen, sagte er sich wieder, daß er unmöglich im Bett bleiben könne und daß es das Vernünftigste sei, alles zu opfern, wenn auch nur die kleinste Hoffnung bestünde, sich dadurch vom Bett zu befreien. Gleichzeitig aber vergaß er nicht, sich zwischendurch daran zu erinnern, daß viel besser als verzweifelte Entschlüsse ruhige und ruhigste Überlegung sei. In solchen Augenblicken richtete er die Augen möglichst scharf auf das Fenster, aber leider war aus dem Anblick des Morgennebels, der sogar die andere Seite der engen Straße verhüllte, wenig Zuversicht und Munterkeit zu holen.[1]

Sich eines Morgens in seinem Bett »zu einem ungeheueren Ungeziefer verwandelt« zu finden, sollte für jeden normal Veranlagten ein Schock sein, den die begleitende Gewißheit, das sei »kein Traum«, wohl geisteszerrüttend oder tödlich werden ließe.[2] Gregor Samsa hingegen, der junge Reisende in Tuchwaren, dem diese Verwandlung widerfährt, bewahrt die Ruhe. Irritiert ist er, schockiert nicht. Die umstürzende Veränderung seines Körpers – er hat keine Arme und Hände mehr, stattdessen ungezählte Beinchen, einen »panzerartig harten Rücken« und einen »gewölbten, braunen, von bogenförmigen Versteifungen geteilten Bauch« – registriert er eher beiläufig, und daß die Veränderung seiner Stimme, »die wohl unverkennbar seine frühere war, in die sich aber, wie von unten her, ein nicht zu unterdrückendes, schmerzliches Piepsen mischte«, nichts anderes sei als »der Vorbote einer tüchtigen Verkühlung«, der »Berufskrankheit der Reisenden«, hält er für ausgemacht, glaubt sogar, er könne »um acht Uhr tatsächlich auf dem Bahnhof sein«, um die nächste Verkaufsreise anzutreten. Die abgründige Verwandlung bleibt für Samsa Oberfläche; es ist eine Mißhelligkeit, wie sie vorkommen kann. Die »geschäftlichen Aufregungen« des Reisens treffen über kurz oder lang eben jeden; der eine wird heiser, der andere ein ungeheures Ungeziefer. »Gregor suchte sich vorzustellen, ob nicht auch einmal dem Prokuristen etwas Ähnliches passieren könnte, wie heute ihm; die Möglichkeit dessen mußte man doch eigentlich zugeben.«

Samsa scheint, wie sein Bruder im Geiste, der ältere Junggeselle Blumfeld, nach der Maxime zu verfahren: »Auch das Ungewöhnliche muß Grenzen haben«.[3] Das Ungewöhnliche hat Grenzen, nur sind sie eben nicht im Gewöhnlichen gezogen. Das Lehrstück dazu bietet »Der goldne Topf« von E.T.A. Hoffmann[4] (aus dessen Werken Kafka später seiner Lebensgefährtin Dora Diamant vorlas[5]). In Hoffmanns Märchen interagiert das Phantastische mit dem Philisterhaften, aber aus eigenem Recht; verkennen läßt es sich, abweisen nicht. In Kafkas *Verwandlung* gibt es zwar keinen Archivarius Lindhorst, keine goldenen Schlänglein, kein Atlantis, dennoch ist auch hier der Versuch, das Nichtalltägliche mit den Mitteln pedantischer Alltäglichkeit niederhalten zu wollen, ein Griff in den Nebel. Samsa merkt es nicht.

Es paßt ins Bild, daß seine einzige Zerstreuung »Laubsägearbeiten« sind, der Prokurist seine Leistungen im Außendienst als »sehr unbefriedigend« beurteilt, seine einzige Bewerbung um eine Frau »ernsthaft, aber zu langsam« verlief, daß er das selbst in Laienohren unzureichende Geigenspiel seiner Schwester für konservatoriumswürdig hält und die von ihm ausgesuchte, ebenso schlecht gelegene wie unpraktisch geschnittene Wohnung für schön und angemessen. Ein realitätsblinder Biedersinn, von Dummheit kaum noch zu unterscheiden. Gregor Samsa ist ein Trottel. Ein über die Maßen schlichtes Gemüt, von seiner Familie in finanziellen Dingen hintergangen, von seinem Chef mit den Schulden des Vaters erpreßt, von seinen Kollegen in Abwesenheit verleumdet. Daß Vater, Mutter und Schwester auf seine Kosten zu Hause »Ferien« machen, erscheint beinahe gerecht. Der Vater, der »viel Fett angesetzt« hat, frühstückt stundenlang, wobei er sich an »der Lektüre verschiedener Zeitungen« erfreut, die Mutter verbringt »jeden zweiten Tag in Atembeschwerden auf dem Sopha beim offenen Fenster«, die

Lebensweise der Schwester besteht darin, »sich nett zu kleiden, lange zu schlafen [...] und vor allem Violine zu spielen«.

Gewiß bietet die Figur des Gregor Samsa auch Identifikationsmöglichkeiten. Jeder wird getreten im Leben, jeder muß einmal für Dinge einstehen, die er nicht zu verantworten hat, jeder kann sich hier und da wie Ungeziefer fühlen. Wer jedoch nicht von vornherein auf tragische Erschütterung gestimmt ist, weil ihm der Name Kafka eben dafür zu bürgen scheint, wird die Identifikation schwerlich durchhalten. Samsa ist ein Opfer, aber kein tragisches. Letzten Endes bekommt er die Rolle, die ihm paßt, er findet sich ja auch besser in sie ein, als es die meisten andern täten. Und diese Rolle hat ihre komischen Aspekte. Wenn man die Erzählung so lesen kann, wird sie, wie Gregors Methode, sich aus dem Bett zu schaukeln, »mehr ein Spiel als eine Anstrengung«. Ein Spiel, das Kafkas kinematographische Phantasie[6] auf einer mit biographischen Requisiten bestückten Bühne inszeniert.

Eine der Nebenwirkungen gewerblichen Reisens besteht darin, daß der Reisende zu Hause überzählig ist und daher hemmend wirkt. Seine Funktion ist, nicht da zu sein; zwar gibt es einen Platz für ihn, nur wird der in seiner Abwesenheit anderweitig genutzt und betreten. So führen auch die täglichen Wege der Familie Samsa durch Gregors Zimmer hindurch, welches das Zimmer seiner Schwester mit dem Wohnzimmer verbindet und eine weitere Tür zum Flur hat. Dieser Durchgang ist nun blockiert. Da alle Türen von innen verschlossen sind und im Bett etwas liegt, das nicht aufschließen kann, ist aus der sonst temporären Unzugänglichkeit des Zimmers eine dauernde geworden. Von der einen zur anderen Seite besteht nur noch akustische Verbindung. Ließe die fremde Biologie es zu, könnte Gregor sich dazwischenschalten; so bleiben seine Versuche, sich mitzuteilen, ein intermediäres Rauschen, ein Piepsen in der Leitung. Kafka hat, wie schon im *Urteil,* auch den Bühnenaufbau der *Verwandlung* der elterlichen Wohnung in der Niklasstraße nachempfunden.[7] Sein Zimmer war ein Durchgangszimmer und zudem seiner gequälten Empfindung nach das »Hauptquartier des Lärms der ganzen Wohnung«.[8] Für Gregors Zimmer gilt, nach der Verwandlung,

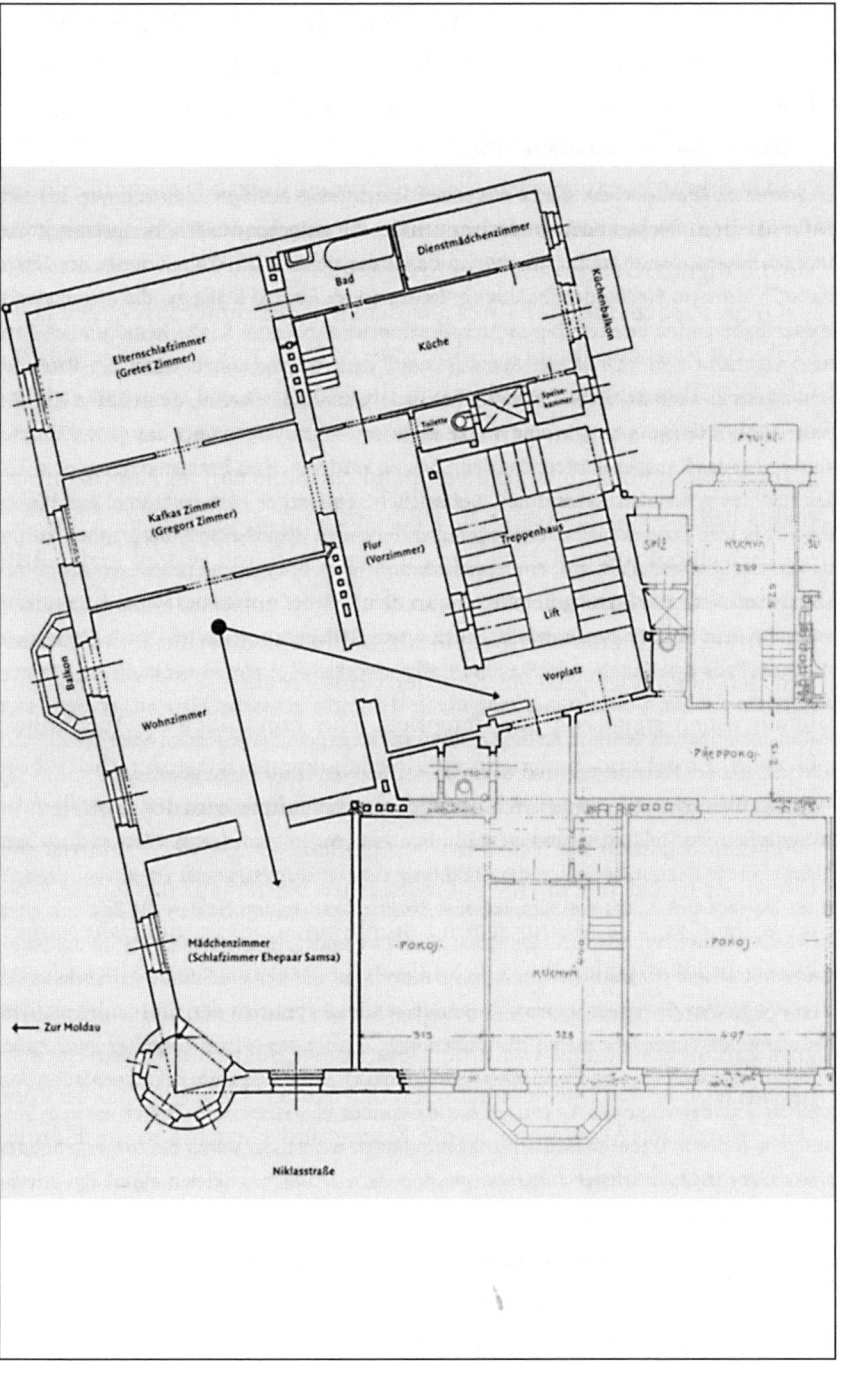

Dienstmädchenzimmer

Bad

Elternschlafzimmer
(Gretes Zimmer)

Küche

Küchenbalkon

Toilette

Speise
kammer

Kafkas Zimmer
(Gregors Zimmer)

Flur
(Vorzimmer)

Treppenhaus

Balkon

Lift

Wohnzimmer

Vorplatz

Mädchenzimmer
(Schlafzimmer Ehepaar Samsa)

← Zur Moldau

-POKOJ-

-Pokoj-

KUCHYÑ

Niklasstraße

Entsprechendes. Kafka will nicht kommunizieren (‣ Gäste vertreiben), Samsa kann es nicht; die resultierende Sprachlosigkeit wirkt in beiden Fällen als Resonanzraum, der das von links und rechts Herandrängende verstärkt und nachhallen läßt.

»Da drin ist etwas gefallen‹, sagte der Prokurist im Nebenzimmer links. Aus dem Nebenzimmer rechts flüsterte die Schwester, um Gregor zu verständigen: ›Gregor, der Prokurist ist da.‹

›Gregor‹, sagte nun der Vater aus dem Nebenzimmer links, ›der Herr Prokurist ist gekommen […]. Wir wissen nicht, was wir ihm sagen sollen.‹ […] ›Ihm ist nicht wohl‹, sagte die Mutter zum Prokuristen, während der Vater noch an der Tür redete.

Im Nebenzimmer links trat eine peinliche Stille ein, im Nebenzimmer rechts begann die Schwester zu schluchzen.

›Aber Herr Prokurist‹, rief Gregor außer sich und vergaß in der Aufregung alles andere, ›ich mache ja sofort, augenblicklich auf. Ein leichtes Unwohlsein, ein Schwindelanfall, haben mich verhindert aufzustehen. Ich liege noch jetzt im Bett. Jetzt bin ich aber schon wieder ganz frisch. Eben steige ich aus dem Bett. Nur einen kleinen Augenblick Geduld! Es geht noch nicht so gut, wie ich dachte. Es ist mir aber schon wohl. Wie das nur einen Menschen so überfallen kann!‹

›Haben Sie auch nur ein Wort verstanden?‹ fragte der Prokurist die Eltern, ›er macht sich doch wohl nicht einen Narren aus uns?‹ ›Um Gottes willen‹, rief die Mutter schon unter Weinen, ›er ist vielleicht schwer krank und wir quälen ihn. Grete! Grete!‹ schrie sie dann. ›Mutter?‹ rief die Schwester von der anderen Seite. Sie verständigten sich durch Gregors Zimmer. […] ›Das war eine Tierstimme‹, sagte der Prokurist, auffallend leise gegenüber dem Schreien der Mutter. ›Anna! Anna!‹ rief der Vater durch das Vorzimmer in die Küche und klatschte in die Hände, ›sofort einen Schlosser holen!‹«

Des Schlossers bedarf es dann nicht. Gregor gelingt es, einen der Schlüssel mit Insektenkiefern zu drehen, die Tür öffnet sich, die Verwandlung wird sichtbar. Stumm weicht der Prokurist zurück, »als vertreibe ihn eine unsichtbare, gleichmäßig fortwirkende Kraft«, die Mutter fällt »inmitten ihrer rings um sie herum sich ausbreitenden Röcke nieder, das Gesicht ganz unauffindbar zur Brust gesenkt«, der Vater ballt die Faust, »als wolle er Gregor in sein Zimmer zurückstoßen«. Gregor bleibt in der Tür stehen und sieht, über alles hinweg, aus dem Fenster des Wohnzimmers. Der Morgennebel hat sich gelichtet, »klar stand auf der anderen Straßenseite ein Ausschnitt des gegenüberliegenden, endlosen, grauschwarzen Hauses – es war ein Krankenhaus«.

Da er den Prokuristen am Verlassen der Wohnung hindern will, dringt Gregor schließlich ins Wohnzimmer vor. Die Mutter schreckt aus ihrer Ohnmacht hoch, neigt den Kopf, »als wolle sie Gregor besser sehen, lief aber, im Widerspruch dazu, sinnlos zurück; hatte vergessen, daß hinter ihr der gedeckte Tisch stand; setzte sich, als sie bei ihm angekommen war, wie in Zerstreutheit, eilig auf ihn; und schien gar nicht zu merken, daß neben ihr aus der umgeworfenen Kanne der Kaffee in vollem Strome auf den Teppich sich ergoß«. Der »Anblick des fließenden Kaffees« löst bei Gregor einen Schnappreflex aus, der die Mutter dem Vater in die Arme und den Prokuristen endgültig in die Flucht treibt: »er machte einen Sprung über mehrere Stufen und verschwand; ›Huh!‹ aber schrie er noch, es klang durchs ganze Treppenhaus«. Gregor wird vom Vater mithilfe des zurückgelassenen Stocks des Prokuristen zurückgetrieben, die Mutter reißt, um sich Luft zu schaffen, das Fenster auf, die Zugluft wirbelt alles durcheinander, Gregor aber kann erst, nachdem er sich, unter fortwährendem »Zischen des Vaters«, mit unendlicher Langsamkeit umgedreht hat, wieder in Richtung seines Zimmers steuern.

Slapstick, und Samsa muß, hier wie in den folgenden Szenen, viel einstecken. Er stößt sich den »unteren Teil« seines Körpers am Bettpfosten an, reißt seine zahnlosen Kiefer am Türschlüssel auf, reibt sich die Flanke an der Türöffnung wund, erhält vom Vater einen Stoß, der ihn, »heftig blutend, weit in sein Zimmer hinein« fliegen läßt, eins seiner Beinchen wird so beschädigt, daß es »leblos« nachschleppt, er wird durch Glassplitter im Gesicht verletzt, von Flüssigkeiten verätzt und mit Äpfeln bombardiert, von denen einer in seinen Rücken eindringt, wo er steckenbleibt, bis er verfault. Als Gregor sich schließlich in das ihm bis dahin verbotene Territorium des Wohnzimmers vorwagt, »ganz staubbedeckt; Fäden, Haare, Speisereste schleppte er auf seinem Rücken und an den Seiten mit sich herum«, erweckt er nicht nur den Eindruck eines alten müden Kriegers – Kafka benutzt auch ein Wort aus der Militärsprache, um sein Vordringen zu beschreiben: er habe, trotz seines Zustandes, keine Scheu gehabt, ins Wohnzimmer »vorzurücken«.

Dieser Ausbruch ist Samsas letzte Initiative. Ansonsten bleibt er in seinem zumeist abgesperrten Zimmer, bekriecht die Wände, hängt an der Decke und ernährt sich von Küchenabfällen, die die Schwester ihm hinschiebt. Seine Möbel hat man entfernt, nur das gerahmte Bild einer »in lauter Pelzwerk gekleideten Dame« ist der Räumung entgangen, weil er darübergekrochen war und seinen »heißen Bauch« auf das Glas gepreßt hatte. Schließlich wird das ehemalige Durchgangszimmer als Rumpelkammer genutzt. Die nach der Flucht der Köchin eingestellte Bedienerin, eine »alte Witwe, die in ihrem langen Leben mit Hilfe ihres starken Knochenbaues das Ärgste überstanden haben mochte«, schleudert alles hinein, was »im Augenblick unbrauchbar« ist, und Gregor zieht seine Spur durch das Gerümpel, »zuerst gezwungen, weil kein sonstiger Platz zum Kriechen frei war, später aber mit wachsendem Vergnügen«.

Er lebt noch in der Wohnung, aber gleichsam exterritorial, ein geduldetes Übel, das mehr und mehr als soziales Hemmnis wahrgenommen wird, als »Untier«, mit dem die Familie geschlagen ist. Die ohnehin nur aus äußeren Gründen unterstellte Identität des Insekts mit dem Sohn und Bruder wird bestritten und seine Beseitigung erwogen: »Weg muß es‹, rief die Schwester, ›das ist das einzige Mittel, Vater. Du mußt bloß den Gedanken loszuwerden suchen, daß es Gregor ist. Daß wir es solange geglaubt haben, das ist ja unser eigentliches Unglück. Aber wie kann es denn Gregor sein?‹« Gregor ist schon tot, bevor er stirbt, und zum Tier geworden, kann er von der ungerührten Bedienerin hinausgekehrt werden wie irgendein Kadaver. Nur die Einzelheiten der Entsorgung wollen Samsas nicht hören, was die Alte so erbittert, daß sie »unter fürchterlichem Türezuschlagen« die Wohnung verläßt.

Zurück bleiben drei »Zimmerherren«, die Samsas als Untermieter aufgenommen hatten, um einen Teil von Gregors Verdienstausfall zu decken. »Diese ernsten Herren – alle drei hatten Vollbärte […] – waren peinlich auf Ordnung, nicht nur in ihrem Zimmer, sondern, da sie sich nun einmal hier eingemietet hatten, in der ganzen Wirtschaft, also insbesondere in der Küche bedacht. Unnützen oder gar schmutzigen Kram ertrugen sie nicht.« Man stellt sie sich als Drillinge vor, dieselbe Statur, dieselbe Mimik, dieselben Anzüge, synchron streichen sie die Bärte, synchron schwenken sie die Stöcke, synchron verbeugen sie sich, synchron setzen sie sich, synchron stehen sie auf, synchron wagen sie sich vor, synchron wird der Rückzug angetreten. Knallchargen wie aus dem Kabarett, es fehlt, daß sie Couplets singen. Dennoch markieren sie die äußerste Grenze der Erniedrigung, zu der Gregors Verwandlung die Familie nötigt. Obgleich die Herren Randexistenzen sind, die sich zu dritt ein bescheidenes Zimmer teilen müssen, führen sie sich auf wie Eminenzen, deren huldvolle Präsenz Familie Samsa im Staub zu würdigen habe. Während einer von ihnen – »der, welcher in der Mitte saß und den anderen zwei als Autorität zu gelten schien« – ein Stück Fleisch zerschneidet, »um festzustellen, ob es mürbe genug sei«, essen Vater, Mutter und Schwester demütig in der Küche. Mit Gregors Tod aber schlägt alles um. Den Zimmerherren gegenüber haben Samsas sich erniedrigt, an ihnen richten sie sich auf. »›Verlassen Sie sofort meine Wohnung!‹ sagte Herr Samsa und zeigte auf die Tür […]. ›Wie meinen Sie das?‹ sagte der mittlere der Herren etwas bestürzt und lächelte süßlich. Die zwei anderen hielten die Hände auf dem Rücken und rieben sie ununterbrochen aneinander, wie in freudiger Erwartung eines großen Streites, der aber für sie günstig ausfallen mußte. ›Ich meine es genau so, wie ich es sage‹, antwortete Herr Samsa und ging in einer Linie mit seinen zwei Begleiterinnen auf den Zimmerherrn zu.« Die Zimmerherren weichen, und Samsas haben ihre stabile Formation gefunden. Als ob abgezählt würde: drei Türen in Georgs Zimmer, drei Zimmerherren, drei Samsas. Vier waren einer zuviel.

1 DzL, 120–123 *(Die Verwandlung).* / 2 Die zahlreichen Zitate aus *Die Verwandlung* (DzL, 115–200) werden nicht einzeln nachgewiesen; sie sind in der Erzählung leicht aufzufinden. / 3 NSuF I, 238. / 4 E. T. A. Hoffmann, »Der goldne Topf. Ein Märchen aus neuer Zeit« (1823), z. B. in: ders., *Fantasie- und Nachtstücke.* Darmstadt 1979, 179–255. / 5 Vgl. Dora Diamant, »Mein Leben mit Franz Kafka« – in: EFK, 202. / 6 Vgl. dazu Peter-André Alt, *Kafka und der Film. Über kinematographisches Erzählen.* München 2009. / 7 Vgl. dazu Hartmut Binder, *Kafkas »Verwandlung«. Entstehung– Deutung–Wirkung.* Frankfurt a. M.–Basel 2004, 117 ff. / 8 DzL, 441; vgl. Kafkas Brief an Max Brod, 17.12.1910 (BKB, 84).

HÖLLISCHE LESUNG

Bernhard Kellermann hat vorgelesen: einiges ungedruckte aus meiner Feder, so fieng er an. Scheinbar ein lieber Mensch, fast graues stehendes Haar, mit Mühe glatt rasiert, spitze Nase, über die Bakkenknochen geht das Wangenfleisch oft wie eine Welle auf und ab. Er ist ein mittelmäßiger Schriftsteller mit guten Stellen (ein Mann geht auf den Korridor hinaus, hustet und sieht herum, ob niemand da ist) auch ein ehrlicher Mensch, der lesen will, was er versprochen hat, aber das Publikum ließ ihn nicht, aus Schrecken über die erste Nervenheilanstaltgeschichte, aus Langweile über die Art des Vorlesens giengen die Leute trotz schlechter Spannungen der Geschichte immerfort einzeln weg mit einem Eifer, als ob nebenan vorgelesen werde. Als er nach dem ⅓ der Geschichte ein wenig Mineralwasser trank, gieng eine ganze Menge Leute weg. Er erschrak. Es ist gleich fertig, log er einfach. Als er fertig war, stand alles auf, es gab etwas Beifall, der so klang als wäre mitten unter allen den stehenden Menschen einer sitzen geblieben und klatschte für sich. Nun wollte aber Kellermann noch weiterlesen eine andere Geschichte, vielleicht noch mehrere. Gegen den Aufbruch öffnete er nur den Mund. Endlich nachdem er beraten worden war sagte er: Ich möchte noch gerne ein kleines Märchen vorlesen, das nur 15 Minuten dauert. Ich mache 5 Minuten Pause. Einige blieben noch, worauf er ein Märchen vorlas, das Stellen hatte, die jeden berechtigt hätten, von der äußersten Stelle des Saales mitten durch und über alle Zuhörer hinauszurennen.[1]

Franz Kafka hat vorgelesen: einige Gedichte von meinem Freund Max Brod, so fing er an. Dann las er seine unveröffentlichte Erzählung »In der Strafkolonie«. »Kafka saß auf einer Rampe am Vortragspult, schattenhaft, dunkelhaarig, bleich, eine Gestalt, die ihre Verlegenheit über die eigene Erscheinung nicht wirklich zu bannen wußte. [...] Wie er sprach, habe ich vergessen. Mit den ersten Worten schien sich ein fader Blutgeruch auszubreiten, ein seltsam fader und blasser Geschmack legte sich mir auf die Lippen. Seine Stimme mochte entschuldigend klingen, aber messerscharf drangen seine Bilder in mich ein, Eisnadeln voller abgründiger Quälerei. Nicht nur wurden ein Marterwerkzeug und eine Marter beschrieben in den Worten gedämpfter Ekstase des Peinigers und Vollstreckers. Auch der Hörer wurde in diese Höllenqualen hineingerissen, auch er lag als Opfer auf dem wippenden Marterbrett, und jedes neue Wort ritzte als ein neuer Stachel die langsame Hinrichtung in seinen Rücken. Ein dumpfer Fall, Verwirrung im Saal, man trug eine ohnmächtige Dame hinaus. Die Schilderung ging inzwischen fort. Zweimal noch streckten seine Worte Ohnmächtige nieder. Die Reihen der Hörer und Hörerinnen begannen sich zu lichten. Manche flohen im letzten Augenblick, bevor die Vision des Dichters sie überwältigte.«[2]

Zwei Lesungen, die eine am 27. November 1910 im »Deutschen Kasino« in Prag, die andere am 10. November 1916 in der »Galerie Neue Kunst Hans Goltz« in München. Beide Male werden verstörende Geschichten gelesen, beide Male flieht das Publikum. Die Behauptung des zitierten Schweizer Schriftstellers Max Pulver, bei Kafkas Lesung seiner Erzählung »In der Strafkolonie« hätten Damen das Bewußtsein verloren, gehört zwar ins Reich der Fabel,[3] unbestritten ist jedoch, daß sich auch in München die Zahl der Zuhörer beträchtlich verringerte.[4] Kafka konnte nicht umhin, einen »großartigen Mißerfolg« zu konstatieren.[5]

Späte Rache, möchte man meinen. Rache für die ebenso witzige wie boshafte Schilderung des Kellermannschen Schiffbruchs, die Kafka als schadenfroher Zuschauer gegeben hatte. Nun, sechs Jahre später, war er in München selbst untergegangen. Die Spiegelung ging bis in die Besprechungen. Kafka hatte geurteilt, Kellermann sei »ein mittelmäßiger Schriftsteller«; ein Rezensent der Münchner Lesung vernahm eine »wenig günstige Probe« Kafkaschen Schaffens. Kafka hatte festgestellt, das Prager Publikum sei auch »aus Schrecken« über die »Nervenheilanstaltgeschichte« geflohen; er wird nach der Münchner Lesung als

»Lüstling des Entsetzens« bezeichnet. Kafka hatte Kellermanns »Art des Vorlesens« kritisiert; in einer Besprechung der Münchner Lesung heißt es, »den Rezitationen Dr. Kafkas« hafteten »Mängel« an.[6] Dennoch wird man vorderhand geneigt sein, Kellermanns Mißerfolg Kellermann, den Kafkas aber dem zimperlichen und unverständigen Münchner Publikum zuzuschreiben. Denn wer, bitte, war Kellermann?

Bernhard Kellermann, vier Jahre älter als Kafka, war ein Erfolgsautor. Als er Ende November 1910 nach Prag kam, lagen von ihm vier Romane und ein Reisebericht vor, die beiden ersten Romane, *Yester und Li* (1904) und *Ingeborg* (1906), hatten bereits mehrere Auflagen erlebt, der vierte, *Das Meer* (1910), wurde wenig später verfilmt. Drei Jahre nach seinem Prager Auftritt gelang Kellermann mit dem Science fiction-Roman *Der Tunnel* ein Welterfolg: das Buch wurde in fünfundzwanzig Sprachen übersetzt, die Gesamtauflage überschritt eine Million Exemplare.[7] Kafka wußte um Kellermanns Erfolg. Ende Januar 1910 hatte Max Brod einen Vortrag über die »Grenzen des Darstellbaren in der Kunst« gehalten, Kafka hatte das Bestehen dieser Grenzen bestritten und darauf verwiesen, daß die beim Publikum erfolgreichen Autoren offenbar darstellen könnten, was darzustellen sei. Zu den in diesem Sinne erfolgreichen Autoren seiner Zeit rechnete er, auf einer Liste, die er Brod zuschob, neben Schnitzler, Sudermann und Ewers auch Bernhard Kellermann.[8] Daß Kafka zu dieser Zeit, bevor ihm sein eigenes Profil als Schriftsteller deutlich geworden war, literarischer Publikumserfolg interessierte, läßt sich ebenfalls an seiner Lektüre ablesen, zu der beispielsweise die Romane *Die Straße der Verlassenheit* von W. Fred (dem Pseudonym Alfred Wechslers) und *Eheleute* von Martin Beradt gehörten.[9] Der Erfolgsautor Kellermann fügte sich in diese Reihe, wenngleich er ein höheres Niveau markierte. Zu einer Lesung von Alfred Wechsler, dem er »Energie in der Mißhandlung des eigenen Talentes« bescheinigte,[10] wäre Kafka wohl kaum gegangen. Denn während er sich auf der Bühne schon mal Zweifelhaftes wie eine Herrenimitatorin oder »Miss Dudelsack« zumutete (➤ Klang einer Kaminuhr),[11] war er bei der Auswahl der Vorträge und Lesungen, die er besuchte, durchaus wählerisch.

Die Liste der Schriftsteller, Forscher und Rezitatoren, die er in den Jahren 1910 bis 1913 hörte, liest sich wie ein Auszug aus dem »Who is Who« des frühen 20. Jahrhunderts: Karl Kraus, Adolf Loos, Rudolf Steiner, Albert Einstein, Hugo von Hofmannsthal, Alexander Moissi, Maximilian Harden, Franz Werfel, Gertrud Eysoldt und Martin Buber.

Auf Kellermanns Programm stand die Erzählung »Die Heiligen«; später las er vor stark ausgedünnter Hörerschaft noch »Die Geschichte von der verlorenen Wimper der Prinzessin«.[12] »Die Heiligen« spielt in einer Nervenheilanstalt, und wir lernen in kleinen Szenen zunächst die Protagonisten kennen. Da ist der Advokat, der seit dem Tod seiner Frau, deren letzte Worte dem Begießen der Blumen und dem Füttern der Vögel galten, in der Sorge um kindliche Blumen und imaginäre Vögel aufgeht. Dann der Offizier Petroff, der unablässig Zeitungen auf »Fälle« durchsucht und Memoranden an Regierungen vorbereitet, einmal im Jahr aber eine eigene Zeitung drucken läßt, deren Artikel sich mit immer derselben Frage beschäftigen: »Ist die Internierung Michael Petroffs, Kapitän der russischen Armee, berechtigt?«[13] Dritter Insasse ist der Schuhmacher Engelhardt, der, Tag und Nacht vor seiner Schusterkugel sitzend, an dem »wunderlichen und entsetzlichen Wahn« leidet, der Mittelpunkt des Universums zu sein und alles im Gleichgewicht halten zu müssen. Eine Idee, die äußerste Anspannung seiner Kräfte erfordert, weshalb ihn die geringsten kosmischen Störungen zermürben. »Im Winter hatte er vierzehn Tage schlaflos verbracht, da ein heranschwirrendes Gestirn an ihm zerrte; merkwürdigerweise war in dieser Zeit ein Komet aufgetaucht, dessen Erscheinen die ganze astronomische Welt überraschte. Damals war unter merkwürdigen Erscheinungen der Pfleger Schwindt gestorben, und Engelhardt hatte – nach seiner eigenen Aussage – dessen Seele in sich gesaugt, so daß er zu neuen Kräften kam, die den ganzen Frühling und Sommer anhielten. Jetzt aber ermattete er wiederum von Tag zu Tag mehr unter seiner Aufgabe, und die Kräfte verfielen rapid. Die Sternschnuppen und Meteorschwärme rissen an ihm, so daß ihn Schwindel erfaßte, und besonders der Mond hatte in dieser Zeit schreckliche Macht über ihn. Er saugte an seinen

Kräften, und Engelhardt hatte das Empfinden, als ob jeden Augenblick der Boden unter ihm einsinken könne und er in die Tiefe sause und das Weltall über ihm zusammenstürze.«[14]

Mit dem zitierten Absatz ist etwa das erste Drittel der Geschichte beendet, zugleich bildet er einen Einschnitt, möglich also, daß dies die Stelle war, an der Kellermann »ein wenig Mineralwasser trank«. Eine Unterbrechung, die laut Kafka »eine ganze Menge Leute« nutzten, um den Saal zu verlassen. Jeden, der Kellermanns Erzählung liest, wird diese Reaktion verblüffen. Mißvergnügen oder Langeweile kommt bei der Lektüre nicht auf, im Gegenteil, man liest gern und interessiert weiter. Die einsetzende Abwanderung des Publikums kann kaum am Text gelegen haben. Kafka mutmaßt, neben dem Thema sei »Langeweile über die Art des Vorlesens« der Grund gewesen. Daß Kellermann kein begnadeter Vorleser war, bestätigt zwar auch der Rezensent des »Prager Tagblatts« – der Autor habe »leise und eintönig« gesprochen, heißt es[15] –, als Leser hat man jedoch den Eindruck, der Spannungsbogen der Erzählung müßte selbst einem matten Vortrag widerstehen können. Schuster Engelhardt braucht eine Seele, das ist klar, einer aus der Anstalt wird sich opfern müssen oder geopfert werden, und man möchte wissen, wie und zu welchem Ende das geschieht. Möglicherweise war der Grund dafür, daß die Prager Zuhörer es nicht wissen wollten, weder der Text noch die Art, in der er vorgelesen wurde – möglicherweise war der Grund einfach, daß dieser Text zum Vorlesen nicht taugt, daß er über die Augen, in selbstbestimmter Lektüre, aufgenommen werden muß statt über die Ohren.

So könnte es sechs Jahre später auch in der Galerie Goltz in München gewesen sein, obgleich die Umstände andere waren. Kafka hatte nicht den Nimbus des Erfolgsautors und kam an diesem »Abend für neue Literatur« lediglich aufgrund der Vermittlung Max Brods zum Zuge,[16] seine »Strafkolonie« überbietet Kellermanns »Heilige« jedoch in nahezu jeder Hinsicht. Das gilt auch und gerade in bezug auf das Verstörungspotential beider Geschichten. Kellermanns Irre sind nach dem Punkt hinter dem letzten Satz abgetan, wir waren gebannt, vielleicht erschüttert, jetzt aber ist die Sache zu Ende. Kafkas Szenen und Figuren haben hingegen Widerhaken. Den Offizier, der nach dem Grundsatz »Die Schuld ist immer zweifellos« verfährt, den alten Kommandanten, der eine Tötungsart ersonnen hat, die auf das Gesicht des Verurteilten einen »Ausdruck der Verklärung« wirft, und nun unter einem Tisch des Teehauses begraben liegt, oder den Verurteilten, der ebenso eifriges wie unverständiges Interesse an der Maschine zeigt, die ihn töten soll, bekommt kein Leser so rasch wieder aus dem Kopf.[17] Und anders als Kellermanns Erzählung, in der das Grauen moderat und wie hinter Verschluß bleibt, hat Kafkas »Strafkolonie« Stellen, die nicht nur ein Galerie-Publikum schockieren können. Dazu gehört die Erklärung der »Egge«, die dem auf einem Wattebrett liegenden Delinquenten den Urteilsspruch vielfach verziert mit langen Nadeln ins Fleisch schreibt, während daneben angebrachte kurze Nadeln Wasser ausspritzen, »um das Blut auszuwaschen und die Schrift immer klar zu erhalten«, oder die Beschreibung des Moments, in dem die Egge den Verurteilten schließlich, nach zwölfstündiger Tortur, vollständig aufspießt und in die Grube wirft, »wo er auf das Blutwasser und die Watte niederklatscht«.[18]

Diese und andere Schreckbilder werden von Kafka jedoch nicht um des Schockeffekts willen eingesetzt. Es sind vielmehr aus der inneren Logik der Geschichte entwickelte Elemente, eingefaßt in eine klare, fast sanfte Prosa. Im übrigen hatte ja auch das zeitgenössische Kinematographen-Theater Schrecken und Verstörung zu bieten. Der Text allein kann daher die Fluchtreaktionen der Münchner Hörer kaum erklären. Ein weiterer Grund könnte sein, daß Kafka von einer grausamen »maschinellen Hinrichtungsart«[19] erzählt, während an der Somme und bei Verdun gekämpft wird. Es gibt hunderte von Toten täglich, und es sind technische Tötungen. Die Möglichkeit, einen Bezug zwischen der »Strafkolonie« und dem Kriegsgeschehen herzustellen, war offensichtlich. Kafkas Verleger Kurt Wolff sah sich aus diesem Grund genötigt, die Publikation der Erzählung auszusetzen, und der Münchner Veranstalter hatte Kafkas Lesung, um Schwierigkeiten mit der bayerischen Zensur zu vermeiden, unter dem unverfänglichen Titel »Tropische

Münchhausiade« angekündigt.[20] Man wird jedoch annehmen können, daß Kafka seine Geschichte nicht wegen, sondern trotz des Krieges, oder besser, unabhängig vom Krieg gelesen hat. So haben sie die Rezensenten und sicherlich die meisten Zuhörer auch gehört.

Daß Kafkas Art, die Geschichte vorzutragen, das Publikum in die Flucht trieb, ist ebenfalls unwahrscheinlich. Kafka war ein talentierter und leidenschaftlicher Vorleser. Er lese »höllisch gerne« vor, bekannte er Felice Bauer, »Menschen kommandieren oder wenigstens an sein Kommando zu glauben – es gibt kein größeres Wohlbehagen für den Körper«.[21] Kafkas Vortragstalent scheint sich im privaten Rahmen allerdings freier entfaltet zu haben als bei öffentlichen Auftritten. Er selbst war der Meinung, nur vor seinen Schwestern »tatsächlich bewundernswert« vorzulesen, weil er vor ihnen mit dem gelesenen Text »in eins verfließen« könne.[22] »Lese ich aber vor Brod oder Baum oder andern, muß jedem mein Lesen schon infolge meiner Ansprüche auf Lob entsetzlich schlecht vorkommen [...], hier sehe ich daß der Zuhörer die Sonderung zwischen mir und dem Gelesenen aufrecht erhält, ich darf mich mit dem Gelesenen nicht gänzlich verbinden ohne [...] lächerlich zu werden, ich umfliege das Vorzulesende mit der Stimme, versuche, weil man es will, hie und da einzudringen, beabsichtige es aber nicht ernstlich, weil man es von mir gar nicht erwartet; das was man aber eigentlich will, ohne Eitelkeit ruhig und entfernt zu lesen und leidenschaftlich nur zu werden, wenn es meine Leidenschaft verlangt, das kann ich nicht leisten«.[23] Auch im Freundeskreis hat er jedoch als Vorleser beeindruckt. Der erwähnte blinde Schriftsteller Oskar Baum, der mit Kafka, Max Brod und Felix Weltsch den von Brod so genannten »Engeren Prager Kreis« bildete, lobt im besonderen Kafkas Artikulation, den »Ausdruck des einzelnen Worts bei voller Klarheit jedes Lauts«, sowie die »musikalische Breite« seiner Phrasierung.[24] Öffentlich trat Kafka nur dreimal als Vorleser auf. Am 4. Dezember 1912 las er auf dem Autorenabend der Prager Herder-Vereinigung *Das Urteil*, ein Jahr später, am 11. Dezember 1913, im Festsaal des Jüdischen Rathauses in Prag den Anfang von Kleists *Michael Kohlhaas*. Mit seiner Vorlesung des *Urteils* war er offenbar zufrieden – »Ich habe sie [...] tüchtig angebrüllt und die Musik, die von den Nebensälen her mir die Mühe des Vorlesens abnehmen wollte, [...] einfach fortgeblasen«[25] –, mit seiner Kleist-Lesung hingegen nicht. »Ganz und gar mißlungen. Schlecht ausgewählt, schlecht vorgetragen, schließlich sinnlos im Text herumgeschwommen.«[26] In welcher Verfassung er in München bei seinem dritten und letzten öffentlichen Auftritt war, läßt sich nur vermuten. Kafka selbst hat im Rückblick behauptet, seine »schmutzige Geschichte in vollständiger Gleichgültigkeit« gelesen zu haben: »kein leeres Ofenloch kann kälter sein«.[27] Das ist gewiß übertrieben. Max Pulvers Bemerkung, Kafkas Stimme habe »entschuldigend« geklungen, läßt auf Zurückhaltung, aber nicht auf Gleichgültigkeit schließen, und die »Mängel«, die ein anderer Rezensent ausmacht, waren wohl auf Kafkas Rezitation der Gedichte Max Brods beschränkt, mit der er, bescheiden genug, den Münchner Abend begann.

Daß die Reihen seiner Zuhörer sich lichteten, lag anscheinend, wie bei Kellermanns Auftritt in Prag, weder am Text, der gelesen wurde, noch an der Art des Vorlesens. Die beste Erklärung für das Fluchtverhalten des Publikums scheint hier wie da die Annahme zu sein, daß der Text, der vorgetragen wurde, sich zum Vortrag schlicht nicht eignete. »Hätte man die Erzählung in Buchform vor sich liegen«, schreibt der Rezensent des *Prager Tagblatts* zum Kellermann-Abend, »so würde man sich über die Feinheit freuen, mit der die Eigenart des Dichters darin ausgeprägt ist; über die ins Innerste dringende Seelen-Analyse, [...] über die aus lyrischem Empfinden geschöpfte Liebe zu verkrüppelten Geistern, deren Unterhaltungen aus dämmerndem Bewußtsein emporklingen. So aber, da man es aus dem Munde des leise und eintönig sprechenden Dichters hörte, drängten sich die den Ansprüchen eines Vortragsabends widerstreitenden Eigenschaften der Dichtung lästig in den Vordergrund.«[28] Ähnlich äußert sich der Rezensent der *München-Augsburger Abendzeitung* zu Kafkas Lesung: »Die Idee – die Rache der mißverkannten, neu heraufziehenden Kulturperiode – und ihre Durchführung in symbolischer Verbrämung ist gut; aber zum Vorlesen ist die Geschichte zu lang [...].

Es mag bei solchen Rezitationen wie bei manchen Aufführungen von Tendenzstücken auf der Bühne gehen; beachtenswerte, literarische Leistungen, aber nichts für Aug und Ohr.«[29]

Die Situation des Zuhörers einer Lesung trägt ja durchaus den Charakter von Wehrlosigkeit und Ausgeliefertsein. Der Vortragende zwingt den Rhythmus auf; die beim Lesen eines gedruckten Textes gegebene Möglichkeit, das Tempo selbst zu bestimmen, die Lektüre zu unterbrechen oder auch abzubrechen, das Gelesene in Gedanken zu bewegen und zu verarbeiten, entfällt. Ein Text wie »In der Strafkolonie« braucht diese Möglichkeit aber, um erträglich zu sein. Wer ihn vorgelesen bekommt, der kann tatsächlich, wie Max Pulver schreibt, über das Maß des Aushaltbaren hinaus in ein kaltes und blutiges Grauen »hineingerissen« werden. Um diese emotionale Verstrickung zu vermeiden, muß man über die Fähigkeit zur ästhetischen Distanzierung verfügen, eine robuste Veranlagung mitbringen oder aber die Methode des selektiven Zuhörens beherrschen.

Unangefochtene Meisterin dieser Disziplin war Felice Bauer, eine Berlinerin, mit der Kafka damals zum zweiten Mal verlobt war. Gegenüber seiner späteren Briefgeliebten Milena Jesenská bezeichnet er sie als »unzerbrechlich, preussisch-jüdische Mischung, eine starke sieghafte Mischung«.[30] Vor allem aber war sie praktisch veranlagt. Wenige Monate vor München hatte Kafka ihr in Marienbad seine Erzählung »Blumfeld ein älterer Junggeselle« vorgelesen. Man muß sich die Szene, die im noblen Hotel »Schloß Balmoral und Osborne« spielt, plastisch vorstellen. Felice und Kafka werden in Kafkas Zimmer sitzen, es ist größer, schöner, heller und vor allem ruhiger als ihres. Felice stickt oder strickt,[31] Kafka holt eines seiner Schreibhefte hervor und beginnt: »Blumfeld ein älterer Junggeselle stieg eines Abends zu seiner Wohnung hinauf, was eine mühselige Arbeit war, denn er wohnte im sechsten Stock. Während des Hinaufsteigens dachte er, wie öfters in der letzten Zeit daran, daß dieses vollständig einsame Leben recht lästig sei, daß er jetzt diese sechs Stockwerke förmlich im Geheimen hinaufsteigen müsse um oben in seinem leeren Zimmer anzukommen, dort wieder förmlich im Geheimen den Schlafrock anzuziehn, die Pfeife anzustekken, in der französischen Zeitschrift«[32] – »Wir wollten doch Zeitung kaufen«, ruft Felice. Ein harmloser Einwurf, gewiß, praktisch eben, der Kafka aber mit der ganzen Boshaftigkeit des Banalen trifft. Indessen bewahrt er die Fassung, liest weiter, als er fertig ist, entringt Felice ihm das Heft, um es zuzuklappen. Über die eben gehörte Erzählung verliert sie kein Wort. »Hat Eile Tee trinken zu gehn«, notiert Kafka im Tagebuch, wo er diesen Nachmittag festhält, »hat es schon während des Vorlesens angekündigt«.[33]

An dieser Frau prallt ab, was Kafka schreibt und vorträgt, sie liest stattdessen Unterhaltungsromane,[34] vielleicht sogar *Yester und Li* von Kellermann oder Beradts *Eheleute,* wer weiß. So unerreichbar sie für die Komik der »Blumfeld«-Erzählung blieb, so wenig werden sie womöglich die Schrecken der »Strafkolonie« berührt haben. Immerhin hatte Felice, um ihren Verlobten in München lesen zu hören, eine vielstündige Zugfahrt auf sich genommen. Inmitten des kleinen, aber illustren Publikums – wichtige Kritiker und Vertreter der lokalen literarischen Szene waren gekommen, der Lyriker Gottfried Kölwel war da, der Rilke-Biograph Eugen Mondt, möglich, daß auch Rilke selbst anwesend war – wird sie jedoch verloren gesessen haben, abgelenkt, mit halbem Ohr bei der Sache. Und man kann sich ausmalen, was ihr einfiel, als Kafka die Beschreibung der Egge vorlas, die dem Delinquenten sein Urteil ins Fleisch sticht: ihre Werbebriefe für den Parlographen, die Diktiermaschine, mit deren Vertrieb sie beruflich befaßt gewesen war.[35] (➤ 25 harte Eier) Dies sinnreiche Gerät grub die Worte des Diktierenden nämlich mit Nadeln in eine Wachswalze. – Das allerdings wäre eine Assoziation gewesen, die Kafka hätte gefallen können. Denn man ist versucht zu glauben, der von ihm gefürchtete Parlograph habe für den »Apparat« der »Strafkolonie« Pate gestanden. Beides sind Maschinen, die das gesprochene Wort in ein technisches Medium überführen, ihre Stimmen sind Nadeln, beide töten, der Apparat im wörtlichen, der Parlograph im uneigentlichen Sinn, insofern er lebendige Schreibmaschinisten durch einen Mechanimus ersetzt.[36]

Lothar Müller hat in seinem Buch *Die zweite Stimme. Vortragskunst von Goethe bis Kafka* mit der Phantasie gespielt, in einem verschollenen Archiv des Parlographen-Herstellers Lindström fände sich eine Wachswalze, deren Einritzungen, hörbar gemacht, als Stimme Kafkas identifiziert werden könnten.[37] Daß Kafka Felice Bauer in ihrem Berliner Büro besucht hat, läßt sich belegen. Die Vorstellung, er habe bei einem dieser Besuche in den Parlographen der Carl Lindström AG gesprochen, ist hingegen bizarr. Seine Stimme auf einer Wachswalze zu wissen, wäre für Kafka wohl dem Grauen einer Exekution in der Strafkolonie gleichgekommen.

1 Tb, 127 f. / **2** Max Pulver, »Spaziergang mit Franz Kafka« – in: EFK, 142 f. / **3** Max Brod bestreitet die Vorfälle entschieden, und er kann sich darauf berufen, daß Kafka nichts dergleichen erwähnte, als er ihm direkt nach seiner Rückkehr von der Lesung erzählte (Brod FK, 257 f.). / **4** In einer Besprechung der *Münchener Zeitung* heißt es, das Publikum habe »zum Teil die übermäßige Nervenanspannung nicht durchhalten« können, ein anderer Zuhörer berichtet, »daß verschiedene Frauen aufstanden und den Raum verließen« (Jürgen Born (Hg.), *Franz Kafka. Kritik und Rezeption zu seinen Lebzeiten 1912–1924*. Frankfurt a. M. 1979, 120 f.). / **5** An Felice Bauer, 7.12.1916 (BaF, 744). Vgl. zu den Umständen der Lesung auch Reiner Stach, *Kafka. Die Jahre der Erkenntnis*. Frankfurt a. M. 2008, 149 ff.; Peter-André Alt, *Franz Kafka. Der ewige Sohn*. München 2008, 476 ff.; Binder KW, 505. / **6** Born, a.a.O., 120 ff. / **7** Zu den genannten Romanen Kellermanns vgl. Rolf Vollmann, *Die wunderbaren Falschmünzer. Ein Roman-Verführer*. Frankfurt a. M. 1997, 746 ff., 763 f., 805, 839 f. / **8** Vgl. Brod FK, 107. / **9** Tb, 132 u. 144 f. / **10** Tb, 132. / **11** Vgl. Tb, 57 f. u. 940. / **12** Tb Komm, 42. – »Die Heiligen« wird zitiert nach folgender Ausgabe: Bernhard Kellermann, *Schwedenklees Erlebnis. Die Heiligen. Säng. Jang-Tse-Kiang*. Berlin 1960. / **13** »Die Heiligen«, 214. / **14** »Die Heiligen«, 222 f. / **15** Zitiert nach Tb Komm, 41. / **16** Vgl. Kafkas Brief an Felice Bauer, 19.9.1916 (BaF, 703). / **17** Vgl. DzL, 212 u. 226. / **18** DzL, 215 u. 220. / **19** DzL, 228. / **20** Alt, a.a.O., 476 f. – *In der Strafkolonie* erschien erst 1919, nach dem Ende des Ersten Weltkriegs. / **21** An Felice Bauer, 4./5.12.1912 (BaF, 155); vgl. Tb, 214. / **22** Tb, 345; vgl. 427. / **23** Tb, 345 f.; vgl. Tb, 280 f. u. 396. / **24** EFK, 73; zu Kafkas Interesse an der zeitgenössischen Rezitationskunst vgl. Lothar Müller, *Die zweite Stimme. Vortragskunst von Goethe bis Kafka*. Berlin 2007, 107 ff. / **25** An Felice Bauer, 4./5.12.1912 (BaF, 155). / **26** Tb, 610. / **27** An Gottfried Kölwel, 1.1.1917 (Br, 153). / **28** Zitiert nach Tb Komm, 41. / **29** Born, a.a.O., 122. / **30** An Milena Jesenská, 31.5.1920 (BaM, 30). / **31** Vgl. Tb, 794. / **32** NSuF I, 229. / **33** Tb, 794. / **34** Zu Kafkas daraus resultierender Eifersucht: Elias Canetti, *Der andere Prozeß*. München 1976, 18 ff. / **35** Den Konventionen entsprechend, hatte Felice ihre leitende Position bei dem Phono- und Parlographen-Hersteller Lindström im Anschluß an die Verlobung mit Kafka gekündigt. Seit dem Scheitern der ersten Ehepläne war sie in einem Zulieferbetrieb für Feinmechanik tätig (vgl. Reiner Stach, *Kafka. Die Jahre der Erkenntnis*. Frankfurt a. M. 2008, 19 f.). / **36** Vgl. Kafkas Briefe an Felice Bauer, 2.11.1912 und 9./10.1.1913 (Baf, 69 u. 241). / **37** Müller, a.a.O., 87.

CASINELLI

Vor der Auslage von Casinelli drückten sich 2 Kinder herum, ein etwa 6 Jahre alter Junge, ein 7 Jahre altes Mädchen, reich angezogen, sprachen von Gott und von Sünden. Ich blieb hinter ihnen stehn. Das Mädchen vielleicht katholisch hielt nur das Belügen Gottes für eine eigentliche Sünde. Kindlich hartnäckig fragte der Junge, vielleicht ein Protestant, was das Belügen des Menschen oder das Stehlen sei. »Auch eine sehr große Sünde« sagte das Mädchen »aber nicht die größte, nur die Sünden an Gott sind die größten, für die Sünden an Menschen haben wir die Beichte. Wenn ich beichte steht gleich wieder der Engel hinter mir; wenn ich nämlich eine Sünde begehe, kommt der Teufel hinter mich, nur sieht man ihn nicht.« Und des halben Ernstes müde, drehte sie sich zum Spaße auf den Haken um und sagte: »Siehst Du niemand ist hinter mir.« Ebenso drehte sich der Junge um und sah dort mich. »Siehst Du« sagte er ohne Rücksicht darauf, daß ich es hören mußte, aber auch ohne daran zu denken »hinter mir steht der Teufel.« »Den sehe ich auch« sagte das Mädchen »aber den meine ich nicht«[1]

Auslagen von Buchhandlungen übten eine unwiderstehliche Anziehungskraft auf Kafka aus, nicht nur die der Buchhandlung und Leihbücherei Hermann Casinellis[2] in der Husgasse 4. Selbst auf Dienstreisen blieb er »oftmals zu allen Tageszeiten« vor den Fenstern der Buchläden stehen.[3] Seltener ging er hinein und jedenfalls mit geringerem Vergnügen. Der Schulfreund Hugo Bergmann berichtet, Kafka habe, als sie einmal am Auslagefenster der Buchhandlung neben dem Prager Rathaus vorbeigekommen seien, vorgeschlagen, ihn zu prüfen. »Ich schließe die Augen und Du wirst mir die Titel der ausgestellten Bücher nennen und ich rate den Verfasser.« Diese Prüfung habe Franz in glänzender Weise bestanden.[4] Daß Kafka den Inhalt der Bücher in entsprechender Fehlerlosigkeit hätte nennen können, darf man ausschließen. Sein Interesse ging nicht auf das, was die ausgelegten Bücher boten oder bieten konnten, es beschränkte sich darauf, daß es sie gab, dieses Buch von diesem Autor und jenes von jenem. »Zweifellos ist in mir die Gier nach Büchern«, notiert er im November 1911. »Nicht eigentlich sie zu besitzen oder zu lesen, als vielmehr sie zu sehn, mich in der Auslage eines Buchhändlers von ihrem Bestand zu überzeugen. Sind irgendwo mehrere Exemplare des gleichen Buches freut mich jedes einzelne. Es ist so, als ob diese Gier vom Magen ausgienge, als wäre sie ein irregeleiteter Appetit. [...] Das Verlangen sie zu besitzen ist ein unvergleichlich kleineres, es fehlt fast.«[5]

Welche Buchhandlung die Kulisse der folgenden, von Oskar Baum mitgeteilten Kafka-Anekdote bildete, ist unbekannt, aber es hindert nichts, sich auch diese Szene in der Husgasse vorzustellen. Als Kafka an seinem später »Die Gruftwächter« betitelten Drama schrieb, berichtet Baum, kam er »an einer Buchhandlung vorbei, wo eine neue Shakespeare-Ausgabe im Schaufenster ausgelegt stand. Der Anfang des Hamlet war als Druckprobe aufgeschlagen, und da las er täglich die Reden des Horatio und seiner Freunde bis zu der Zeile, die das darunter stehende Buch verdeckte. Er zerbrach sich den Kopf darüber, wie es dort weiter hieß; er hätte es um alles in der Welt gern gewußt; er grub in seinem Gedächtnis nach, es verfolgte ihn, diesem Ideal dramatisch bewegter Rede nachzugehen – aber daheim in den Bücherschrank zu greifen – nein, das hätte ja jede Möglichkeit, nachzusinnen, vereitelt.«[6] Es ist, als lasse Kafka sich die Wege seiner Lektüre von der Auslage der Buchläden, deren Funktion auch Verlagskataloge übernehmen können, begrenzen. Sieht er nur Titel und Autor, bleibt es dabei, ist eine Seite aufgeschlagen, bleibt es bei dieser Seite; was darüber hinausgehen soll, muß ohne Buch geschehen. Das ist nicht nur Spiel. Es ist zugleich der Versuch einer »Abwehr jeder Schädigung«[7]: was Kafkas schriftstellerische Phantasie lähmen könnte, indem es sie durch zu weit gehende Lektüre überfüllte, beflügelt sie, bleibt es beim kurzen, durch zufällige Vorgaben bestimmten Blick.

Am 18. Februar 1920 gibt es nicht nur in Hermann Casinellis Auslage, sondern auch davor ein Angebot zum Nachsinnen. Ein Mädchen, »vielleicht katholisch«, und ein Junge, »vielleicht ein Protestant«, erörtern das achte Gebot. Es sei unter anderem »Mangel des [...] Gebotes, was ihm alles mißlingen oder nicht einmal mißlingen« lasse,[8] hatte Kafka zweieinhalb Jahre zuvor notiert, als er in Zürau über das Böse, das Gute und den Teufel nachdachte.[9] Und er fügte, den Mangel erklärend, hinzu: »Ich bin nicht von der allerdings schon schwer sinkenden Hand des Christentums ins Leben geführt worden wie Kierkegaard und habe nicht den letzten Zipfel des davonfliegenden jüdischen Gebetsmantels noch gefangen wie die Zionisten.«[10] Die vor Casinellis Büchern stehenden Kinder sind vom Schwinden der integrativen Kraft der Religionen unangekränkelt. In ihren wohlbehüteten Leben herrscht Fülle des Gebots, zugleich sind die Vorschriften systematisch differenziert und mit anderen Glaubensinhalten unterfüttert. Das Übertreten oder Einhalten des achten Gebots, lügen oder aufrichtig sein, wird zu einem dämonologischen Szenario, und Kafka, der dem Gespräch mit seiner oft geübten stillen, an den Wunsch der Unsichtbarkeit reichenden Zurückhaltung lauschen wird, gerät unversehens hinein. Daß der Junge ihn als Teufel identifiziert, ist ihm keinen Einwand wert, ebensowenig die trockene Feststellung des Mädchens, der hinter dem Jungen stehende dunkle, hochaufgeschossene Mann sei zwar ein, aber eben nicht der Teufel.

Allenfalls hätte Kafka einwenden können, daß seinem Verständnis nach zwischen einem sichtbaren und dem unsichtbaren Teufel kein Unterschied bestehe. »Es kann ein Wissen vom Teuflischen geben, aber keinen Glauben daran, denn mehr Teuflisches als da ist gibt es nicht.« Was zu sehen ist, ist schon alles. »Die Sünde kommt immer offen und ist mit den Sinnen gleich zu fassen.«[11] An ihr lassen sich, anders als bei den Büchern in der Auslage Casinellis, Einband und Inhalt nicht unterscheiden, da ist nichts aufzublättern und zu lesen, nichts, was erst nach dem letzten Wort und durch einen alles umschließenden Blick zu werten wäre. »Nur unser Zeitbegriff läßt uns das Jüngste Gericht so nennen, eigentlich ist es ein Standrecht.«[12] Es gehöre »ja alles zum Gericht«, erfährt Josef K. im *Proceß,* und das abschließende Urteil ergehe »in manchen Fällen unversehens [...] aus beliebigem Munde zu beliebiger Zeit«.[13] Darf man sagen, daß Kafka den Spruch des Jungen in dieser Weise hinnimmt, einverstandener noch als Georg Bendemann im *Urteil* den Spruch seines Vaters, der lautet, Georg sei zwar eigentlich ein unschuldiges Kind gewesen, »noch eigentlicher« aber sei er »ein teuflischer Mensch«?[14] Der auf die Casinelli-Szene direkt folgende Tagebuch-Eintrag spricht dafür, auch wenn Kafka ihn in der dritten Person notiert: »Er will keinen Trost, aber nicht deshalb weil er ihn nicht will – wer wollte ihn nicht – sondern weil Trost suchen heißt: dieser Arbeit sein Leben widmen, am Rande seiner Existenz, fast außerhalb ihrer immer zu leben, kaum mehr zu wissen, für wen man Trost sucht und daher nicht einmal imstande zu sein, wirksamen Trost zu finden (wirksamen, nicht etwa wahren, den es nicht gibt).«[15]

Ein Vierteljahr nach dem Gericht vor Casinellis Auslage fuhr Kafka nach Meran, wo er einen Briefwechsel mit Milena Jesenská begann, der nicht nur zu Liebesqualen führte (➤ Unmögliche Kündigung), sondern auch die Zürau-Themen wieder hochkommen ließ. Dabei fällt ein Satz, der wie Kafkas verspätete Entgegnung auf die dämonologische Ethik des vielleicht katholischen Mädchens wirkt. Er überbietet deren Unterscheidung zwischen Sündigkeit und Reinheit und hebt sie damit auf: »Niemand singt so rein, als die welche in der tiefsten Hölle sind; was wir für den Gesang der Engel halten, ist ihr Gesang.«[16] Der Himmel wäre demnach nicht der äußerste Gegensatz der Hölle, sondern gerade ihr Extrem – der Punkt, an dem beide zusammenfallen. Warum sollte man dann nicht auch ein Teufel sein.

1 Tb, 857 f. / 2 Tb Komm, 203. – Die Husgasse lag nur wenig abseits von Kafkas täglichem Weg in die Arbeiter-Unfall-Versicherungs-Anstalt; in seiner Gymnasialzeit führte ihn sein Nachhauseweg mit Brod durch diese Gasse (vgl. Binder KW, 111 u. 129). / 3 Tb, 938. / 4 Hugo Bergmann, »Schulzeit und Studium« – in: EFK, 27. / 5 Tb, 243 f. / 6 Oskar Baum in seinen 1929 veröffentlichen »Erinnerungen an Kafka«; zitiert nach: Brod PK, 153. / 7 Tb, 212. / 8 NSuF II, 9 f. Vgl. auch Kafkas Brief an Felice Bauer vom 16.9.1916 (BaF, 700). / 9 Vgl. NSuF II, 29 ff., sowie das »Aphorismen-Zettelkonvolut« (NSuF II, 113 ff.). / 10 NSuF II, 98. / 11 NSuF II, 93. / 12 NSuF II, 54. / 13 *Der Proceß*, 202 u. 268. / 14 DzL, 60. / 15 Tb, 858. / 16 An Milena Jesenská, 26.8.1920 (BaM, 228).

Fragebogen

Gewichtszunahme?   8 Kg

Totalgewicht?   über 65 Kg

Objektiver Lungen-   Geheimnis des
befund?   Arztes, angeblich
                               günstig

Temperaturen?   im allgemeinen
                    fieberfrei

Atmung?   nicht gut an kalten
                    Abenden fast wie im
                    Winter

Unterschrift: Die einzige Frage die mich
               in Verlegenheit bringt

KEINE UNTERSCHRIFT

Er hatte in Milenas Nähe fahren wollen. Ein Sanatoriumsaufenthalt war nötig, beide Lungenspitzen infiziert, der Amtsarzt der Arbeiter-Unfall-Versicherungs-Anstalt hatte ihn im Oktober 1920 untersucht und eine dreimonatige Kur empfohlen. Kafka schwankt zwischen den Sanatorien »Wiener Wald« und »Grimmenstein«, beide liegen unweit von Wien, wo Milena Jesenská lebt, seine Briefgeliebte, in deren Gestalt ihm das Leben die Hand gereicht hatte, vielleicht zum ersten Mal.[1] »Jetzt habe ich die Prospekte hier: Im Wiener Wald bekommt man ein Südzimmer mit Balkon erst <u>von 380 K- an</u>, in Grimmenstein kostet das teuerste Zimmer K 360. Der Unterschied ist zu groß, so widerlich teuer beides ist. Nun, die Möglichkeit von Injektionen will bezahlt sein, die Injektionen selbst sind dann eigens zu zahlen. Aufs Land würde ich gerne fahren, noch lieber in Prag bleiben und ein Handwerk lernen, am wenigsten gern fahre ich in ein Sanatorium. Was soll ich dort? Vom Chefarzt zwischen die Knie genommen werden und an den Fleischklumpen würgen, die er mir mit den Karbolfingern in den Mund stopft und dann entlang der Gurgel hinunterdrückt.«[2] Er muß fahren – »gegen meinen Willen bin ich vom Amtsarzt untersucht worden, gegen meinen Willen werde ich Urlaub bekommen«[3] –, tendiert zu Grimmenstein, braucht für den Aufenthalt dort allerdings eine behördliche Genehmigung. »Das Gesuch an die Landesregierung habe ich schon weggeschickt; wenn die Bewilligung kommt, geht dann das übrige (Zimmerbestellung und Paß) schnell und ich komme dann«, schreibt er Milena Mitte November.[4] Zwei Wochen später: »Heute ist Donnerstag. Bis Dienstag war ich aufrichtig entschlossen nach Grimmenstein zu fahren.«[5] Er fährt nicht, entscheidet sich stattdessen für Matliary, einen Lungenkurort in der Hohen Tatra, weit von Wien. »Ich habe nicht die Kraft zu fahren, die Vorstellung, daß ich vor Dir stünde, kann ich im voraus nicht ertragen, den Druck im Gehirn ertrage ich nicht.«[6]

(➤ Nicht nach Wien) Zwei Tage später schreibt er noch einmal und kündigt an, ihren Brief werde er »ungeöffnet zurückschicken«.[7]

Der nächste Brief, den Milena, fast anderthalb Jahre später, von Kafka erhält, ist dann eine auch für den späten, unberufenen Leser schmerzliche Verleugnung dessen, was war, nicht nur deshalb, weil Kafka zum »Sie« zurückkehrt und den Brief ohne Unterschrift läßt: »Nun habe ich Ihnen schon so lange nicht geschrieben Frau Milena, und auch heute schreibe ich nur infolge eines Zufalls.«[8]

Am 18. Dezember 1920 trifft Kafka abends in Matliary ein. Es ist sein achter Sanatoriumsaufenthalt[9] und wird der bei weitem längste; Kafka bleibt mehr als acht Monate. Er schreibt kaum etwas in dieser Zeit, Tagebuch führt er nicht mehr,[10] neue Geschichten entstehen nicht, auch von der Sucht nach Briefen ist er mit dem Ende der Beziehung zu Milena geheilt. Er schreibt zwar Briefe, an seinen Freund Max Brod, seine Schwester Ottla, seine Eltern und seine anderen Prager Freunde, aber mit deutlich geringerer Frequenz als in den sieben Milena-Monaten. Brod, der Einwände gegen den »seltsam unbekannten Ort« Matliary hatte und mutmaßte, Kafka sei »der Billigkeit wegen, also aus Geiz hingefahren«,[11] erhält im Durchschnitt einen Brief pro Woche. Brods Gegenbriefe sind, wo sie nicht von seinen Liebes- und Schriftstellererfolgen handeln, vorwiegend appellativ: Kafka soll weg aus Matliary, so schnell wie möglich. »Ich begreife nicht, wie du in einer Sache sparen kannst, die doch um Leben und Tod geht, wenn mans klar heraussagen darf. – Ich fühle, daß du es nicht sauber um dich hast. [...] Und man kocht dir zwar, was du willst, aber das ist eben das Falsche. Denn du müßtest auch wider deinen Willen gefüttert werden. [...] Nun weiß ich ja schon im voraus, was du einwenden wirst. Deine eigene Methode, dich zu kurieren, geht dir über alles. Prinzipiell gebe ich dir Recht. Hättest du nur mehr Erfolge aufzuweisen mit ihr! Da dies aber doch nicht der Fall ist, würde mich an deiner Stelle das Experiment reizen, einmal probeweise für eine Zeit den eigenen Willen auszuschalten und mich den Erfahrungen anderer, aber nur erstklassiger Ärzte und Institutionen, anzuvertrauen. Geht es nicht, kannst du ja wieder in die gewiß zugluftige, ärmliche Villa, die du jetzt bewohnst, zurückkeh-

ren.«[12] Er sei in diesen Tagen »nicht sehr geeignet Matliary zu verteidigen«, antwortet Kafka. Ihn bewegt anderes. Seine »augenblickliche
innere Situation«, schreibt er, erinnere »ein wenig an das alte Österreich.
Es gieng ja manchmal ganz gut, man [...] genoß irgendeinen Frieden,
aber es war nur irgendeiner, der eigene war es nicht«. Und dann sei da
die »Angst, Todesangst. So wie wenn einer der Verlockung nicht widerstehen kann in das Meer hinauszuschwimmen, glückselig ist so getragen zu sein, ›jetzt bist du Mensch, ein großer Schwimmer‹ und plötzlich richtet er sich auf, ohne besonders viel Anlaß und sieht nur
Himmel und Meer und auf den Wellen ist nur sein kleines Köpfchen
und er bekommt eine entsetzliche Angst, alles andere ist ihm gleichgültig, er muß zurück und wenn die Lunge reißt«.[13] Brod versteht
nicht – »Angst <u>wovor</u>? Das ist mir völlig unklar an dir«[14] – und erneu-
ert seinen Vorschlag, eine Alternative zu Matliary zu suchen. Kafka versucht, sich verständlich zu machen, schreibt Fortsetzungsbriefe, die er
Tag um Tag ergänzt, Briefe, die »kein Ende« haben, »auch keine Mitte,
nur Anfang, Anfang«.[15] Brod will von Kafkas Hausarzt erfahren haben,
daß Matliary »überhaupt nicht das Richtige« für ihn sei, und legt Mitte
März 1921 nach: »Mein Glauben an Matliary ist erschüttert. Ich bin, wie
ich dir schon schrieb, für ein strenges Sanatorium mit richtiger offizieller
Ärzte-Aufsicht. Daß du nackt im Sonnenschein liegst, offenbar nach deinem eigenen Rezept, gefällt mir nicht. [...] Wenn du es doch über dich
brächtest, versuchsweise für einige wenige Monate dich der Aufsicht von
<u>Fachleuten</u> zu unterordnen!!«[16]

Zwei Wochen schließt er einen Brief, der neben Neuigkeiten von seiner Liebschaft Nachrichten über die gemeinsamen Prager Freunde
Oskar Baum und Felix Weltsch enthält, mit der Bemerkung, er stelle
»absichtlich keine Detailfragen« – gemeint sind Fragen nach dem körperlichen Befinden und der medizinischen Versorgung –, hoffe aber auf
ein »Memorandum«.[17] Kafkas antwortet vage und versonnen: »Ich?
Wenn sie so aneinandergereiht sind die Nachrichten über Dich, Felix
und Oskar und ich mich damit vergleiche, so scheint es mir daß ich
umherirre wie ein Kind in den Wäldern des Mannesalters. [...] Hätte
ich 3 Wünsche frei, würde ich mir unter Vernachlässigung der dunklen

Begierden wünschen: annähernde Gesundung [...] dann ein fremdes, südliches Land (es muß nicht Palästina sein, im ersten Monat habe ich viel in der Bibel gelesen, auch damit ist es still geworden) und ein kleines Handwerk. Das heißt doch nicht viel gewünscht, nicht einmal Frau und Kinder sind darunter.«[18] Brod: »Ich [...] bat dich so sehr, mir über dein rein körperliches Befinden <u>Genaueres</u> zu schreiben. Du erwähnst aber gar nichts«.[19] Kafka antwortet allgemein, kritisiert die schulmedizinische Ansicht der Tuberkulose: »Es ist [...] glaubwürdig, daß die Tuberkulose eingeschränkt wird, jede Krankheit wird schließlich eingeschränkt. Es ist damit so wie mit den Kriegen, jeder wird beendet und keiner hört auf.«[20] Brod: »Wenn du schreibst, – bitte auch über dein körperliches Befinden!!!«[21] Kafka berichtet zum wiederholten Mal von Lärmbelästigungen, ein Handwerker singe und pfeife den ganzen Tag, im übrigen könne er nicht schlafen, bevor nicht »das letzte quietschende Stubenmädchen« im Bett sei, sinniert über Milena, alles in immer neuen Ansätzen geschrieben, anders ginge es nicht, wegen der Schlaflosigkeit, »morgen die Fortsetzung«.[22] Brod: »Von deinen Leuten hörte ich, daß du 8 kg zugenommen hast. Und trotzdem so nervös? Vielleicht solltest du etwas Ortsveränderung machen. Was hast du für Pläne? – Doch wozu frage ich, da du ja vor 3 Wochen nicht antwortest.«[23] Brod wartet zehn Tage. Als keine Antwort kommt und selbst die angekündigten »Fortsetzungszettel«[24] ausbleiben, sinnt er auf eine andere Maßnahme und sendet dem Freund, in der Hoffnung, daß der Beamte in Kafka auf Amtliches reagieren werde, am 12. Juni 1921 den eingangs abgebildeten »amtlichen Fragebogen«.[25]

»Gewichtszunahme? Totalgewicht? objektiver Lungenbefund? Temperaturen? Atmung?« Das sind die falschen Fragen. Brod hat noch immer nicht begriffen, daß Kafka über sein körperliches Befinden nicht mehr mitteilen möchte als eben nötig. Er würde gern anderes sagen, tut es auch in den angeführten Briefen, nicht nur zwischen den Zeilen. Der »einzige dunkle Punkt« seines Lebens sei Kafkas Krankheit, hatte Brod behauptet.[26] Aber Nachrichten aus der Tiefe, welche die Krankheit vielleicht hätten verständlich machen können, überliest er und beharrt stattdessen auf medizinischer Laien-Prosa. Kafka reagiert dennoch, schickt den Fragebogen, gewissenhaft ausgefüllt, kurze Zeit später nach Prag zurück:

»Gewichtszunahme? 8 kg
Totalgewicht? über 65 kg
objektiver Lungenbefund? Geheimnis des Arztes, angeblich günstig
Temperaturen? im allgemeinen fieberfrei
Atmung? nicht gut, an kalten Abenden fast wie im Winter«
Die Unterschrift aber verweigert er. »Die einzige Frage die mich in Verlegenheit bringt.«

Daß der eine die Unterzeichnung des quasi-amtlichen Fragebogens verlangt, der andere sie unterläßt, ist nicht bloß ein Spaß unter Freunden. Brod will nicht länger durch Dritte über Kafkas Befinden informiert werden, er will Informationen aus erster Hand, unterschrieben und damit beglaubigt. Für Kafka ist das Hinschreiben des eigenen Namens jedoch mehr als nur ein Schriftzug. Es wäre ein Aus-der-Deckung-kommen, ein Vorgeben von Authentizität, das Besetzen eines Platzes, an dem er eigentlich nicht ist.[27] Im Rahmen seiner beruflichen Tätigkeit scheine ihm »jede vermiedene Unterschrift [...] ein Gewinn«, hatte er Felice Bauer bereits neun Jahre zuvor gestanden: »ich unterschreibe auch alles (obwohl es eigentlich nicht sein darf) nur mit FK, als könne mich das entlasten«.[28] Der Widerwille, mit seinem Namen zu zeichnen, war jedoch allgemeiner. So versah Kafka auch seine Briefe an Felices Freundin Grete Bloch nur mit den Initialen »F. K.«, und als sie fragte, warum, antwortete er knapp: »Ich sehe meinen Namen nicht gern geschrieben.«[29] Seine ersten Briefe an Milena unterschrieb er mit »FranzK.«, was Milena als »Frank« interpretierte, wobei sie, auch nach Aufklärung des Mißverständnisses, blieb. Ob Kafka diese Namens-maske gefiel, ist ungewiß. Mit ihrer Übersetzung seiner Betrachtung »Das Unglück des Junggesellen« ins Tschechische sei er »ganz einver-standen«, schrieb er ihr einmal, nur verhalte sie sich »eben zum Text wie Frank zu Franz«[30] – eine Bemerkung, die man nicht unbedingt als Kompliment lesen muß. Jedenfalls unterzeichnete er seine Briefe an Milena fortan mit »F«, »Ihr F«, »Dein F« und schließlich mit »Dein«, was er in Parenthese folgendermaßen kommentierte: »nun verliere ich auch noch den Namen, immerfort ist er kürzer geworden und jetzt heißt er: Dein«.[31]

Ein halbes Jahr, nachdem er auf Brods Fragebogen die Unterschrift verweigert hatte, machte er eine weitere, fast surreale Erfahrung, die seine Skepsis hinsichtlich der Beharrungskraft seines Namens zu bestätigen schien. Am 27. Januar 1922 fuhr Kafka mit einem seiner Ärzte ins Riesengebirge, nach Spindelmühle, wo er im Hotel »Krone« abstieg. Daß er bei der Buchung seinen vollen Namen genannt hatte, blieb vergebene Mühe: »Trotzdem ich dem Hotel deutlich meinen Namen geschrieben habe, trotzdem auch sie mir zweimal schon richtig geschrieben haben, steht doch unten auf der Tafel Josef K. Soll ich sie aufklären oder soll ich mich von ihnen aufklären lassen?«[32] Inspirieren ließ er sich von ihnen, für seinen *Schloß*-Roman, den er in Spindelmühle begann. Im zweiten Kapitel nimmt K. – dessen Vornamen der Leser bis dahin nicht erfahren hat und auch im folgenden nicht erfährt –, nachdem seine Versuche, auf direktem Wege ins Schloß vorzudringen, gescheitert sind, telefonischen Kontakt mit der entrückten Behörde auf. »Es entwickelte sich folgendes Gespräch: ›Hier Oswald, wer dort?‹ rief es, eine strenge hochmütige Stimme, mit einem kleinen Sprachfehler, wie K. schien, den sie über sich selbst hinaus durch eine weitere Zugabe von Strenge auszugleichen versuchte. K. zögerte, sich zu nennen […]. K.s Zögern machte den Mann ungeduldig. ›Wer dort?‹ wiederholte er […]. K. meldete mit einem plötzlichen Entschluß: ›Hier der Gehilfe des Herrn Landvermessers.‹ […] ›Welcher Gehilfe?‹ ›Josef‹, sagte K.«[33]

Der Roman blieb unvollendet, die Literaturhistoriker nahmen scheinbar dennoch Notiz. Ende Juli 1922 erhielt Kafka von Brod ein gerade erschienenes Buch, Friedrich von der Leyens *Deutsche Dichtung in neuer Zeit*. Er blätterte bloß darin, fand aber, was er finden mußte: »Ich bin sogar gelobt, allerdings nur halb, als Franz Koffka […] der ein schönes Drama geschrieben haben soll.«[34]

1 »Als Ehrenstein letzthin bei mir war, sagte er etwa, in M. reiche mir das Leben die Hand« (an Max Brod, Anfang Mai 1921; BKB, 342). / **2** An Milena Jesenská, Oktober 1920 (BaM, 279 f.; die dort genannte Datierung ist nach KChr, 172 zu korrigieren). / **3** An Milena Jesenská, Oktober 1920 (BaM, 280). / **4** An Milena Jesenská, Mitte November 1920 (BaM, 288). / **5** An Milena Jesenská, November 1920 (BaM, 298).Vgl. Kafkas Brief an Max Brod, 13.12.1920 (BKB, 84). / **6** Ebd. / **7** An Milena Jesenská, November 1920 (BaM, 299). / **8** An Milena Jesenská, Ende März 1922 (BaM, 301). / **9** Im Sommer 1903 war Kafka in einem Naturheilsanatorium nahe Dresden, im Sommer 1905 und 1906 in einem Sanatorium in Zuckmantel, im Herbst 1911 im Naturheilsanatorium Erlenbach bei Zürich, im Sommer 1912 in der »Kuranstalt Jungborn« im Harz, im Herbst 1913 im »Sanatorium Dr. von Hartungen« in Riva und im Herbst 1915 im Sanatorium »Frankenstein« in Rumburg. Von Matliary sagt Kafka, es sei etwas, »was noch einen Anschein von Sanatorium hat und doch keines ist« (an Max Brod, 31.12.1920; BKB, 288). / **10** Kafka hatte zuletzt am 29.2.1920 eine Eintragung vorgenommen und nahm das Tagebuch erst am 15.10.1921 wieder auf (vgl. Tb, 862 f.). **11** Max Brod an Kafka, 27.12.1920 (BKB, 285). / **12** Max Brod an Kafka, 6.1.1921 (BKB, 293). / **13** An Max Brod, 13.1.1921 (BKB, 296 f. u. 298 f.) – Zu Kafkas »Angst« vgl. z.B. noch seine Briefe an Milena Jesenská vom 15.7.1920 (BaM, 115 f.) und an Oskar Baum vom 4.7.1922 (Br, 382). / **14** Max Brod an Kafka, 19.1.1921 (BKB, 302). / **15** An Max Brod, Anfang Februar 1921 (BKB, 314). / **16** Max Brod an Kafka, 9.3.1921 (BKB, 322) und 14.3.1921 (BKB, 328). / **17** Max Brod an Kafka, 3.4.1921 (BKB, 331). / **18** An Max Brod, Anfang April 1921 (BKB, 332 u. 333 f.). / **19** Max Brod an Kafka, 27.4.1921 (BKB, 337). / **20** An Max Brod, Ende April 1921 (BKB, 341). / **21** Max Brod an Kafka, 24.5.1921 (BKB, 348). / **22** An Max Brod, Ende Mai 1921 (BKB, 349 u. 354). / **23** Max Brod an Kafka, 31.5.1921 (BKB, 354). / **24** An Max Brod, Juni 1921 (BKB, 356). / **25** Max Brod an Kafka, 12.6.1921 (BKB, 356). – Ähnliches versuchte ein paar Monate später der Medizinstudent Robert Klopstock, dessen Fragebogen Kafka jedoch unausgefüllt ließ (Br, 358). / **26** Max Brod an Kafka, 3.4.1921 (BKB, 331). / **27** Vgl. Kafkas Briefe an Max Brod, 12.3.1910 und Ende Januar 1921 (BKB, 74 u. 313). / **28** An Felice Bauer, 20./21.12.1912 (BaF, 196). / **29** An Grete Bloch, 3.3.1914 (BaF, 510). / **30** An Milena Jesenská, 20.7.1920 (BaM, 133). / **31** An Milena Jesenská, 15.6.1920 (BaM, 67). / **32** Tb, 893. / **33** *Das Schloß*, 36 f. / **34** An Max Brod, 30.7.1922 (BKB, 395).

IM STRASSENGRABEN

Ich habe jetzt ein neues Vergnügen für die freie Zeit: im Gras liegen. Reicht Zeit und Lust nicht hin, vor die Stadt zu gehn (es ist doch sehr schön um Prag, wie es mir Sonntag schien), lege ich mich auf den Spielplätzen nieder, wo arme Leute mit ihren Kindern sitzen. [...] Letzthin lag ich dort fast im Straßengraben (das Gras ist heuer aber auch im Straßengraben hoch und dicht), als ein ziemlich vornehmer Herr, mit dem ich manchmal amtlich zu tun habe, zweispännig zu einem noch vornehmern Fest vorüberfuhr. Ich streckte mich und fühlte die Freuden (allerdings nur die Freuden) des Deklassiertseins.[1]

Deklassierung hat so viele Gesichter, wie es Klassen gibt. Faßt man den Begriff weit genug, gehörte Kafka in der Prager Arbeiter-Unfall-Versicherungs-Anstalt (AUVA), bei der er seit dem 30. Juli 1908 tätig war, drei Klassen an. Er gehörte erstens zu den Beamten mit Hochschulbildung, den »Konzeptbeamten«, die sich sowohl durch die Art ihrer Tätigkeit als auch ihrem Selbstverständnis nach von den »Kanzleibeamten« abhoben, die nur Mittelschulbildung vorzuweisen hatten.[2] Zweitens gehörte er zu der eher kleinen Gruppe der Anstaltsbeamten, deren Muttersprache Deutsch war, drittens zu der verschwindenden Minderheit der Juden in der AUVA. (Er sei, schrieb er seinem Freund Oskar Baum, »der zweite und letzte und abbröckelnde Jude der Anstalt«.[3]) Kafkas Deutschsprachigkeit führte zwar nach Gründung der Tschechischen Republik, durch die Tschechisch Amtssprache wurde, zu einigen Problemen – er mußte bei wichtigen amtlichen Schreiben die Hilfe seines Schwagers in Anspruch nehmen –, zu einem Gefühl von Deklassierung gab sie indessen keinen Anlaß. Dasselbe galt für Kafkas Judentum, obwohl er es später als prekär empfand, einer von zwei Juden in einer Anstalt zu sein, die faktisch »für Juden unzugänglich«[4] war. Empfindlich herabgesetzt fühlte Kafka sich jedoch als Beamter, und zwar in ökonomischer Hinsicht:

»Löblicher Vorstand!

Der ergebenst Gefertigte gestattet sich, einem löblichen Vorstande das höfliche Ersuchen um durchgreifende Regelung seiner Gehalts- und Rangverhältnisse zu unterbreiten, wobei er bittet, die nachstehenden Gründe in wohlwollende Erwägung zu ziehen:

Unbestritten ist, dass die Teuerung aller für den Lebensunterhalt in Betracht kommenden Faktoren schon seit einer ganzen Reihe von Jahren einen Grad erreicht hat, der allenthalben aufs Drückendste empfunden wird. Dieser Tatsache hat sich auch der löbliche Vorstand nicht verschlossen und hat – zuletzt und insbesondere in den Jahren 1910 und 1911 – die Gehaltsbezüge der grossen Gruppe der Anstaltsangestellten einer durchgreifenden Neuregelung unterzogen. […] Der Vorstandsbeschluss: Erhöhung des Quartiergeldes von 30 % auf 40 % und der Höchstgrenze desselben von 1 400 auf 1 600 K[ronen], sowie Erhöhung der Teuerungszulage von 10 % auf 15 % des Grundgehaltes und des Quartiergeldes fand neben der grossen Gruppe der Anstaltsbeamten mit Mittelschulbildung auch auf die Konceptbeamten (Direktoren, Sekretäre und Koncipisten) und die Bureauvorstände Anwendung […]. Allerdings konnte eine Gehaltsregulierung in diesem Umfange die beiden eben genannten exceptionellen Gruppen der Anstaltsbeamten, welche sich von der Beamtenschaft mit Mittelschulbildung einmal durch ihre erhöhte Vorbildung (meistens Hochschule), dann aber auch durch eine qualifiziertere und verantwortungsvollere Tätigkeit in der Anstalt unterscheiden, nicht voll befriedigen, da eine Gehaltsregulierung bloss in dem gleichen Ausmasse wie bei den Beamten mit Mittelschulbildung das Niveau ihrer Bezüge im Verhältnisse zu demjenigen der eben genannten grossen Beamtengruppen unverdientermassen herabgedrückt und so die vor der Regulierung bestandene Spannung zwischen den Bezügen mit Unrecht verringert hätte. Dieser Erwägung trug der löbliche Vorstand denn auch tatsächlich Rechnung, indem er die Bezüge der Konceptsbeamten, jedoch mit Ausnahme der Koncipisten (also bloss der Direktoren und Sekretäre) sowie der Bureauvorstände über das oben gekennzeichnete Mass hinaus in ausserordentlicher Weise einer Regelung unterzog.

Die Koncipisten der Anstalt gingen bei dieser Regelung der Gehäl-ter […] völlig leer aus, obwohl gerade bei dieser Gruppe der Konceptsbeamten die Regulierung der Bezüge die radikalste hätte sein müssen, wenn man ihre Gehälter in ein richtiges und gerechtes Verhältnis zu denjenigen der Beamtenschaft mit Mittelschulbildung einerseits und zu denjenigen der Beamtenschaft des höheren Konceptdienstes, insbesondere der Sekretäre, andererseits hätte setzen wollen. […]

Indessen wurde der Grundgehalt der Koncipisten gelegentlich der grossen Regulierung der Bezüge der Anstaltsbeamten nicht einmal auf das alte, schon im Jahr 1904 erreichte Niveau wieder emporgehoben, geschweige denn, dass dieses Niveau zeitgemäss reformiert und die allgemeinen Folgen der Teuerung mitberücksichtigt worden wären. […]

Auffallender noch zeigt sich die ungerechtfertigt schlechte Stellung des ergebenst Gefertigten und seiner engeren Kollegen in gehaltlicher Hinsicht, wenn man erwägt, dass die Anstalt andererseits für die Beauftragtenposten Beamte mit blosser Mittelschulbildung mit einem Anfangsgrundgehalte von K[ronen] 2 400 bzw. K[ronen] 2 800 aufgenommen hat, also mit einem Gehalte, der im Staatsdienste erst in der X. Rangklasse, und da erst nach mehreren in dieser Rangklasse zurückgelegten Dienstjahren, erreicht wird […].

Ebenso ungünstig wie beim Vergleiche mit den sonstigen Gehaltsverhältnissen in der Anstalt selbst stellt sich die materielle Lage des ergebenst Gefertigten, wenn sein Gehalt mit demjenigen eines Koncipisten in anderen öffentlichen Diensten und bei den Schwesteranstalten verglichen wird. […]

Durch die im vorstehenden geschilderten Verhältnisse hat der ergebenst Gefertigte einen bedeutenden wirtschaftlichen Nachteil erlitten, der für die Vergangenheit nicht mehr, für die Zukunft jedoch bloss durch eine wirklich durchgreifende, alle hier angeführten massgebenden Momente voll berücksichtigende (!) Regelung behoben werden kann.

Der ergebenst Gefertigte erlaubt sich daher das höfliche Ersuchen zu stellen, der löbliche Vorstand wolle die angesuchte durchgreifende Regelung seiner Gehalts- und Rangsverhältnisse in der Art durchführen, dass er den ergebenst Unterzeichneten seinen engern Kollegen beim kgl. böhm. Landesausschusse in Prag nach beiden bezeichneten Richtungen hin gleichstellt. [...]

Prag, am 11. Dezember 1912   Dr. Franz Kafka
                                                   Koncipist der Anstalt.«[5]

Als er diesen Brief schrieb, der in voller Länge den Umfang einer kleinen Abhandlung hat, war Kafka seit dreieinhalb Jahren bei der AUVA beschäftigt. Begonnen hatte er im Juli 1908 als »Aushilfsbeamter«, war im Oktober 1909 zum »Praktikanten« und im Mai 1910 schließlich zum »Koncipisten« der Anstalt aufgestiegen, dem untersten Rang innerhalb der Gruppe der Konzeptbeamten.[6] (→ Beim Präsidenten) Wenige Monate danach beginnt Kafkas langjähriges Ringen um angemessene Besoldung. Von seinen 38 erhaltenen Schreiben an verschiedene Gremien der AUVA sind immerhin 7 Gesuche um Gehaltserhöhung, wobei es sowohl um Anhebung seines Grundgehaltes als auch um Einreihung in eine höhere »Rangklasse« geht.

Der Brief vom 11. Dezember 1912 sticht aus der Folge dieser Gesuche nicht nur durch seine Länge heraus, sondern auch dadurch, daß er mit Zahlen und Tabellen gespickt ist. Verglichen werden darin die Gehaltsentwicklungen der Konzipisten mit denen der Kanzleibeamten, die Gehälter der Konzipisten bei der AUVA mit denen der Konzipisten beim Königlich Böhmischen Landesausschuß, schließlich die Gehälter der Konzipisten bei der Prager AUVA mit denen der Konzipisten in Schwesteranstalten, wobei Kafka vor allem auf die »glänzenden Verhältnisse bei der Brünner Anstalt« verweist.

Der »Beweiskraft« dieses Materials könne sich, meint Kafka, der löbliche Vorstand »nicht verschliessen«. Tatsächlich beweisen die von ihm vorgelegten und offensichtlich akribisch recherchierten Zahlen Ungleichheiten, aber sie beweisen nicht das Recht auf Gleichstellung, das mit anderen Gründen reklamiert werden müßte. Ganz abgesehen davon, daß dahinsteht, ob die von Kafka angeführten Verhältnisse wirklich so vergleichbar sind, wie er behauptet. Au fond ist Kafkas

Brieftraktat ein Versuch, seinen subjektiven Unmut auf einer formalen, statistischen Ebene zu objektivieren. Und dieser Unmut resultiert aus dem Gefühl, als Konzipist der AUVA ökonomisch deklassiert zu sein. (Ein Gefühl, das, beiläufig bemerkt, in einem seltsamen Kontrast zu Kafkas Einschätzung seiner Arbeitsleistung steht. Im »Brief an den Vater« bezeichnet er seine »Gesamtarbeitsleistung [...] im Bureau als winzig«,[7] Milena Jesenská schreibt er, sein Dienst sei »lächerlich und kläglich leicht – Sie können sich das gar nicht vorstellen, ich weiß nicht wofür ich das Geld bekomme«[8] –, und auch Max Brod bestätigt, daß Kafka »seine fachliche Arbeit nicht für vollwertig« gehalten habe.[9])

Der Vorstand der AUVA verschloß sich der mit Verve vorgetragenen Argumentation seines von allen Vorgesetzten geschätzten Beamten zwar nicht gänzlich, hielt aber dilatorische Behandlung für geboten. Kafkas Ersuchen wurde mit Verspätung und nur zu einem Teil erfüllt, weshalb er es zwei Jahre später erneut vorlegte, mit derselben Begründung und, wie man annehmen darf, unvermindertem Verdruß über sein ökonomisches Deklassiertsein.[10]

Die »Freuden« des Deklassiertseins fühlen zu können, setzt voraus, daß die Herabsetzung aus freien Stücken geschehen ist und reversibel bleibt. Zudem bedarf es dafür eines Feldes, das die Preisgabe des beruflichen und sozialen Ranges auch erlaubt. Diese Bedingungen sind für den Konzeptbeamten Kafka nur exterritorial zu erfüllen, außerhalb der Anstalt, in Randgebieten der Stadt, deren räumliche Distanz zugleich eine soziale markiert. Kafka wählt Spielplätze, die »arme Leute mit ihren Kindern« frequentieren, und er begibt sich noch auf ein Niveau unter ihnen, indem er sich dort, wo sie sitzen, niederlegt. Sicher hat Kafka die Marotte des Im-Gras-liegens nicht aus Egalitarismus gepflegt. Dahinter standen wohl eher naturheilkundliche Erwägungen; möglicherweise war sie auch seine Variante des »Lichtluftbadens«, das er in der Kuranstalt »Jungborn« im Harz kennengelernt hatte. (→Jungborn) Der darin liegende Aspekt der Deklassierung war ein Nebeneffekt, aber einer, den Kafka genoß, zumal dann, wenn er, wie in der Situation, die er Felice Bauer schildert, auf die Spitze getrieben wurde. Ein »ziemlich vornehmer Herr« fährt vorbei, »zweispännig zu einem noch vornehmern Fest«, und Dr. Kafka, der »amtlich«, als Vertreter der AUVA, mit diesem Herrn zu tun hat, liegt »fast im Straßengraben«.

Der strebsamen und auf Bürgerlichkeit bedachten Felice ging dieses Vergnügen offenbar zu weit. Und so sieht Kafka sich genötigt, seine Verlobte auf einer der nächsten Postkarten mit der Versicherung zu beruhigen, er liege in seiner freien Zeit »nicht nur im Straßengraben«. Ebenso gern liege er nämlich am Rande eines kleinen Waldes, »auf einer hohen Straßenböschung«.[11]

---

1 An Felice Bauer, 1.8.1916 (BaF, 674). / 2 Vgl. dazu Klaus Hermsdorf, »Arbeit und Amt als Erfahrung und Gestaltung« – in: ASchr, 29 ff. / 3 An Oskar Baum, Okt./Nov. 1917 (Br, 189). / 4 An Max Brod, 14.11.1917 (BKB, 194). / 5 ASchr, 175–182. / 6 Zu den Daten vgl. ASchr, 448 f. 7 NSuF II, 195. / 8 An Milena Jesenská, 10.6.1920 (BaM, 52). / 9 Zitiert nach: ASchr, 416. 10 ASchr, 185 f. / 11 An Felice Bauer, 9.8.1916 (BaF, 677).

JUNGBORN

8. Juli 1912

Mein Haus heißt »Ruth«. Praktisch eingerichtet. 4 Luken, 4 Fenster, 1 Tür. Ziemlich still. Nur in der Ferne spielen sie Fußball, die Vögel singen stark, einige Nackte liegen still vor meiner Tür. Alles bis auf mich ohne Schwimmhosen. Schöne Freiheit.

9. Juli 1912

Heute früh: Waschen, Müllern, gemeinsames Turnen (ich heiße der Mann mit den Schwimmhosen), Singen einiger Choräle, Ballspiel im großen Kreis.

11. Juli 1912

Hie und da bekomme ich leichte oberflächliche Übelkeiten, wenn ich, meistens allerdings in einiger Entfernung, diese gänzlich Nackten langsam zwischen den Bäumen sich vorbeibewegen sehe. Ihr Laufen macht es nicht besser. – Jetzt ist an meiner Tür ein ganz fremder Nackter stehen geblieben und hat mich langsam und freundlich gefragt, ob ich hier in meinem Hause wohne, woran doch kein Zweifel ist. – Sie kommen auch so unhörbar heran. Plötzlich steht einer da, man weiß nicht, woher er gekommen ist. – Auch alte Herren, die nackt über Heuhaufen springen, gefallen mir nicht. – Abend Spaziergang nach Stapelburg. Mit den zweien, die ich einander vorgestellt und empfohlen habe. Ruine. Rückkehr 10 Uhr. Zwischen den Heuhaufen auf der Wiese vor meiner Hütte einige schleichende Nackte, die in der Ferne vergehn. In der Nacht, als ich durch die Wiese nach dem Kloset wandere, schlafen drei im Gras.

15. Juli 1912

Unweit liegt ein nackter alter Herr im Gras, einen Regenschirm

über dem Kopf ausgespannt, mir den Hintern zugekehrt und prallt einige Male laut in der Richtung gegen meine Hütte hin.

16. Juli 1912

Rede im Park angezogen mit einem Angezogenen. Er prallt so viel und laut, daß ich kein Wort von dem, was er redet, verstehen kann.

19. Juli 1912

Wie ein wildes Tier jagt plötzlich ein Greis über die Wiese und nimmt ein Regenbad.[1]

Ende Juni 1912 brechen Kafka und Max Brod zu einer literarischen Deutschlandreise auf. In Leipzig treffen sie den Verleger Ernst Rowohlt und seinen damaligen Teilhaber Kurt Wolff, in Weimar besuchen sie die Stätten der deutschen Klassik und den Expressionisten Johannes Schlaf, der sie mit bizarren kosmologischen Theorien unterhält. Brod kehrt anschließend nach Prag zurück, Kafka fährt zu einer Kur in den Harz. Um sie antreten zu können, hatte er bei der Arbeiter-Unfall-Versicherungs-Anstalt über seinen regulären Urlaub hinaus Krankenurlaub beantragt. Die medizinische Indikation klang eher vage; die Rede war von »krankhaften nervösen Zuständen, die sich vor Allem in fast ununterbrochenen Verdauungsstörungen und in schlechtem Schlafe« äußern sollten.[2] Dennoch bildete die Hoffnung, diesen »Zuständen« abhelfen zu können, sicherlich das vorrangige Motiv der Fahrt in den Harz. Seine Schlaflosigkeit, vor allem aber seine chronische Darmträgheit waren für Kafka mehr als bloße Unpäßlichkeiten, was sich schon daran sehen läßt, daß er in dieser Zeit nahezu jeden, mit dem er sich länger abgab, auf das Thema gebracht zu haben scheint. (Selbst mit dem Maler Alfred Kubin hatte er sich nicht über dessen Bilder oder den auch für ihn wichtigen Roman *Die andere Seite* unterhalten. Stattdessen wurden bis in unappetitliche Details die Wirkungsweisen verschiedener Mittel gegen Verdauungsstörungen verhandelt.[3]) Im Harz ging es jedoch um mehr als nur Diätetik. Kafka verband mit der Kur auch die Hoffnung, wieder »Lust zum Schreiben« zu bekommen, unter anderem, um seinen Amerika-Roman fortsetzen zu können, den er im Winter begonnen, dann aber liegengelassen hatte.[4] Dieser Aspekt, dem als Fingerübung auch das Führen eines Reisetagebuchs diente, war seit Leipzig noch dringlicher geworden, da Rowohlt »ziemlich ernsthaft« ein Buch von ihm wollte.[5]

Am 8. Juli trifft Kafka in »Rudolf Just's Kuranstalt Jungborn« ein, wo er in den folgenden drei Wochen eines der sogenannten »Lichtlufthäuschen« bewohnen wird, die träumerische Namen tragen wie »Gerda«, »Gisela«, »Ilse« oder »Annemarie«. Sicher gehört Kafka zu den Routiniers unter den Kurgästen, ist es doch bereits sein fünfter Sanatoriumsaufenthalt und der dritte in einer Naturheilanstalt. Aber hier im Harz gestaltet sich einiges anders.

Das »Jungborn-Zeichen«, ein Kreis mit einem W in der Mitte, um das drei L angeordnet sind, steht für Wasser, Licht, Luft und Lehm, die vier Dinge, die uns zufolge der Lehre Adolf Justs, des Gründers der Kuranstalt, von Natur aus am nächsten sind. Im Kurbetrieb bedeutet das Wasseranwendungen, den Einsatz von Heilerde – der »alte blauäugige Adolf Just« heile »alles mit Lehm«, notiert Kafka[6] –, vor allem aber möglichst ausgedehntes »Lichtluftbaden«. Und zwar nackt. Der in den Anfangsjahren der Anstalt alternativ vorgesehene »Lichtluftbademantel«[7] war zu Zeiten Kafkas längst außer Gebrauch gekommen. Nackte überall, von morgens bis nachts, einige gleich am Ankunftstag, wie zur Aufmunterung, vor der Tür seiner Hütte. Ein »Naturtheater«,[8] in dem Kafka zunächst die Rolle des Sonderlings spielt: den »Mann mit den Schwimmhosen«. Daß er um die in Jungborn betriebene Freikörperkultur wußte, darf man voraussetzen. Eine Notiz vom Tag vor seiner Ankunft in der Kuranstalt, den er in Halberstadt verbrachte, erweckt sogar den Eindruck, er habe seinen Nacktauftritt regelrecht trainiert: »Eisenbahnhotel. Zimmer unten an der Straße mit einem Gärtchen davor. Wer will kann im Vorübergehn, mich im Zimmer alle meine Geschäfte nackt besorgen sehn.«[9] Die Premiere auf der Bühne des »Luftparks« mißglückt dennoch; Kafka behält die Schwimmhosen an.

„Kehrt zur Natur zurück!"

Adolf Just.

„Lichtlufthäuschen des Jungborn."

Der Grund dafür war gewiß nicht Prüderie. Schließlich hatte er in vorherigen Sommern mit seinen Freunden Brod und Felix Weltsch nackt in der Moldau gebadet[10] und war ein paar Monate vor dem Jungborn-Aufenthalt stolz gewesen, »dem Maler Ascher nackt zu einem heiligen Sebastian Modell stehn« zu dürfen.[11] Was Kafka hinderte, die Schwimmhosen abzulegen, war eher die wie Dunst über dem Areal der Justschen Anstalt liegende christlich-missionarische Atmosphäre. Zur Ausstattung jeder Hütte gehörte eine Bibel, im Lesezimmer lag die *Evangelische Missionszeitung* aus, über die in der Umgebung stattfindenden evangelischen und katholischen Gottesdienste wurde sorgfältig informiert.[12] Die Bedürfnisse eventuell andersgläubiger Kurgäste konnten, wo es um »wirkliches Christentum« ging, naturgemäß keine Berücksichtigung finden.[13] Sich nackt zu zeigen, war für Kafka daher nicht nur körperliche, sondern vor allem konfessionelle Entblößung, und es ist verständlich, daß er dieses Risiko zunächst scheute.[14]

Am 11. Juli, dem vierten Tag seines Aufenthalts, lernt er Dr. Friedrich Schiller kennen, einen Breslauer Magistratsbeamten und Freizeitmaler, der sich, wie Kafka im Reisetagebuch festhält, tags darauf bei einer »Debatte im Gras über das Christentum« mit atheistischen Äußerungen blamiert. »Die Fremdwörter Illusion, Autosuggestion, helfen ihm nichts.«[15] Noch ein Außenseiter. Kafka gewinnt Vertrauen zu Schiller und arbeitet sich mit seiner Hilfe an die Nacktheit heran. Schon am selben Tag ist er mit ihm »abend auf der Wiese. Spazierengehn, sich strecken, reiben, schlagen und kratzen. Ganz nackt. Schamlos.« Am 15. Juli: »Modell gestanden für Dr. Schiller. Ohne Schwimmhosen. Exhibitionistisches Erlebnis.«[16] Am folgenden Tag präsentiert er sich dann zum ersten Mal auch anderen ohne Hosen, zum Beispiel dem Hauptmann a. D. Guido von Gillhausen, wobei die Beseitigung der textilen Diskrepanz allerdings den Blick für andere Abstände schärft: »Schöner Mann. Wage aus Respekt vor seinem Adel nicht zu ihm aufzuschauen, habe Schweißausbruch (wir sind nackt) und rede zu leise. Sein Siegelring.«[17] Zudem »dichtet und komponiert« von Gillhausen, »An mein Schwert‹ u. ä.« (Später stellt sich heraus, daß eine seiner Kompositionen

»Weißt Du, Mamalein, Du bist so lieb« heißt, was Kafkas Respekt relativiert.[18])

In die sonstigen Jungborner Üblichkeiten findet Kafka sich rascher ein. Die angebotene fleischlose Kost wie auch das morgens verordnete »Müllern« entsprachen weitgehend seinem eigenen, seit Jahren pünktlich befolgten Gesundheitsplan, wobei ihm der »Jungborn-Tisch«, dessen Grundbestandteile Nüsse, Obst und Beeren bildeten, fast zu sehr behagt. »Mein Hauptleiden besteht darin, daß ich zu viel esse«, schreibt er an Brod. »Ich stopfe mich wie eine Wurst, wälze mich im Gras und schwelle in der Sonne an. [...] Die gute Wirkung des Sanatoriums zeigt sich darin, daß ich mir bei dem allen den Magen nicht eigentlich verderbe, er wird bloß stumpfsinnig.«[19] Bei anderen hatte die Justsche Diät eine aufdringlichere Nebenwirkung, die wohl vor allem auf das Konto der als »Hilfs- und Zuspeisen« gereichten »unreifen Hülsenfrüchte«[20] ging: das »Prallen«, Kafkas Euphemismus für die auch akustisch akzentuierte Abfuhr von Darmwinden, die den stets auf höfliche Zurückhaltung bedachten Prager Beamten irritieren mußte. Immerhin bewies der Vorgang als solcher lebhafte Darmtätigkeit, was Kafka als gutes Omen nehmen konnte. In seinen Notaten über prallende alte Herren und Spaziergänger klingt denn Mißbilligung auch nur leise an.

Neben dem Lichtluftbaden und der naturnahen Ernährung galt Justs besonderes Augenmerk der ertüchtigenden Bewegung. Auf dem Plan standen Ballspiele, Laufspiele, Nacktkrabbeln – und das Müllern. Dieser Begriff bezeichnete gymnastische Übungen nach J. P. Müller, einem dänischen Sportler, der 1904 den Titel »der körperlich am besten entwickelte Mann in Dänemark« errang und im selben Jahr eine Anleitung zur sogenannten »Zimmergymnastik« veröffentlichte, die unter dem Titel *Mein System. 15 Minuten täglicher Arbeit für die Gesundheit* kurz darauf in deutscher Übersetzung erschien und bis in die Mitte der 20er Jahre zahlreiche Auflagen erlebte.[21] Zum Programm gehörten minutiös vorgeschriebene Rumpfbeugen und -drehungen, Atem- und Muskelübungen, schließlich das »Reiben« oder »Frottieren«, worunter planmäßiges Bestreichen einzelner Körperzonen mit den Händen zu verstehen war. Teil 3 des Buches enthielt eine Liste chronischer Leiden und körperlicher Defekte, die sich durch Müllers Übungen kurieren lassen sollten, darunter, mit Signalwirkung für Kafka, Schlaflosigkeit und Magenbeschwerden. Wann Kafka mit dem Müllern begann, läßt sich nicht genau feststellen. Sicher ist, daß es ab Anfang 1910 zu seinem Ertüchtigungsprogramm gehörte.[22] Müllers Aufforderung zu fünfzehn Minuten täglichem Einsatz scheint er für seinen Gebrauch allerdings ermäßigt zu haben: in einem Brief an Felice Bauer ist von »10 Minuten Turnen, nackt am offenen Fenster« die Rede, in einem anderen wird »zwei Minuten langes«, dafür aber »rasendes Turnen« erwähnt.[23] Jedenfalls entwickelte Kafka in seinem näheren Umkreis einen geradezu missionarischen Eifer bei der Propagierung des Müllerschen Systems. Erste Opfer waren seine Schwestern, die, so berichtet die Erzieherin der Familie Kafka mit spürbarer Distanz, morgens »völlig ausgezogen im Zimmer auf dem Teppich« lagen und ihre Übungen ausführten, »wie Franz angeordnet hatte«.[24] Es folgte seine Verlobte Felice Bauer. Direkten Anordnungen hätte sie sich kaum gefügt, daher griff Kafka zu einer List. Er bat sie brieflich, ihm »mit feierlichen Worten« zu versprechen, daß sie eine Bitte, die er »erst nach Einlangen« des Versprechens formulieren wollte, »unbedingt und genau« erfüllen werde. Drei Briefe später folgte dann die Auflösung: »Das Versprechen, das ich Dir in bianco abgenommen habe [...], betrifft das ›Müllern‹. Ich werde Dir nächstens das ›System für Frauen‹ schicken und Du wirst (denn Du hast es doch versprochen, nicht?) langsam, systematisch, vorsichtig, gründlich, täglich zu ›müllern‹ anfangen, mir darüber immer berichten und mir damit eine große Freude machen.« Daß diese Sätze ernst gemeint waren, ging Felice nicht ein, weshalb Kafka deutlich werden mußte: »Auf dem Müllern bestehe ich durchaus, das Buch geht heute ab, wenn es Dir langweilig ist, so machst Du es nicht gut, strenge Dich an, es ganz genau [...] zu machen.« Daß Kafka selbst beim Aussuchen der gemeinsamen Wohnung die Möglichkeit, »nackt bei offenem Fenster müllern zu können«, mitbedachte, wird Felices letzte Zweifel an der Bedeutung, die er der täglichen Zimmergymnastik beimaß, beseitigt haben.[25]

Müllern und essen gehören zu Kafkas Freuden in der Justschen Kuranstalt, bei allem anderen tut er nur mit. Er besteht einige Ausflüge, läßt gutgemeinte Versuche religiöser Erweckung an sich abprallen, wohnt künstlerischen Laien-Darbietungen bei, konsultiert den Kurarzt, der ihm »das Obstessen« untersagt »mit dem Vorbehalt, daß ich ihm nicht folgen muß«, und den betagten Adolf Just, der ihn wiederum »vor dem Arzt warnt«.[26] Dennoch, die Gespräche im Luftpark, die Spaziergänge im Wald, das Heuwenden auf den angrenzenden Weiden, die Unterhaltungen auf dem Schützenfest im benachbarten Stapelburg, das alles sind letztlich Nebenschauplätze. Das Ziel, die Hoffnung jedes Tages, den Kafka in Jungborn verbringt, sind die Abende im Schreibzimmer, in dem es still ist, stiller als am Tag, wenn gejuchzt und geprallt wird, stiller auch als in den Nächten, in denen Kaninchen »Lärm […] machen« und jeder am Haus »Ruth« vorbeilaufende Mensch »wie ein dahineilender Büffel« anmutet.[27] »Es ist ein Gedanke des Jungborn, der mir wichtiger ist, als seine eigentlich grundlegenden«, erklärt er Max Brod, »daß […] im Schreibzimmer nicht gesprochen werden darf«.[28] Nur hilft die Stille nicht, wieder zum Schreiben zu finden. Beim Blättern in dem Manuskript des Amerika-Romans, das zweihundert Seiten umfaßt, gehen ihm zwar über »das Minderwertige« seines Schreibens »einige Erkenntnisse« auf, ansonsten aber versagt sich der Text. »Der Roman ist so groß«, klagt er Brod, »wie über den ganzen Himmel hin entworfen (auch so farblos und unbestimmt wie heute) und ich verfitze mich beim ersten Satz, den ich schreiben will«.[29]

So muß Kafka sich dann doch auf Lektüre und Zuhören beschränken. Er liest die mitgebrachten Bücher, Eugen Kühnemanns Schiller-Studien und Platons *Staat*, gibt christliche Streitschriften mit Titeln wie *Hoch die Freiheit! aber: was ist wahre Freiheit?* nach kurzem Durchblättern höflich zurück,[30] läßt sich von seinen neu gewonnenen Freunden, Gymnasialprofessor Lutz aus Nauheim und dem Breslauer Schiller, schlüpfrige Geschichten erzählen[31] und lauscht »3 mal in der Woche« geduldig den Vorträgen des Kurarztes, die medizinischer Substanz ermangeln, aber Perspektiven zum Verständnis der Kultur bieten.

»Letzthin erklärte er, daß die Bauchatmung zum Wachsen und Reizen der Geschlechtsorgane beitrage, weshalb die auf Bauchatmung hauptsächlich beschränkten Opernsängerinnen so unanständig sind.«[32]

1 Tb, 1040–1053, Auszüge. / 2 ASchr, 175. / 3 Vgl. Tb, 40 u. 45. / 4 An Max Brod, 9.7.1912 (BKB, 101); vgl. an Felice Bauer, 9./10.3.1913 (BaF, 332). / 5 Tb, 1023. / 6 Tb, 1044. / 7 Dieses Kleidungsstück wird in der bei Wagenbach abgedruckten frühen Jungborner Werbebroschüre erwähnt (Wagenbach FKJ, 289). / 8 Wagenbach FKJ, 287. / 9 Tb, 1038. / 10 Vgl. Brod FK, 105 f. 11 Tb, 359. / 12 Tb, 1043; vgl. auch die Jungborner Werbebroschüre (Wagenbach FKJ, 289). 13 In seinem 1910 in 4. Auflage erschienenen Buch *Der Jungborn-Tisch* nennt Adolf Just »wirkliches Christentum« als das »rechte Ziel der von ihm empfohlenen Lebens und Ernährungsweise. Vgl. www. norbertmoch.de/_vegetarismus_veganismus/kochbuch_jungborn/Der_Jungborn-Tisch,_Adolf_Just, _Neues_vegetarisches_Kochbuch.htm. 2.10.2011. / 14 Vgl. dazu auch Reiner Stach, *Franz Kafka. Die Jahre der Entscheidungen.* Frankfurt a. M. 2003, 85 f. / 15 Tb, 1044. / 16 Tb, 1045 u. 1047. / 17 Tb, 1048. / 18 Tb, 1054; der Liedtext bei Binder KW, 355. / 19 An Max Brod, 17.7.1912 (BKB, 106). 20 Adolf Just, *Der Jungborn-Tisch,* Einleitung. www.norbertmoch.de/_vegetarismus_veganismus/ kochbuch_jungborn/Der_Jungborn-Tisch,_Adolf_Just,_Neues_vegetarisches_Kochbuch.htm. / 21 Alle Angaben nach: <www.sandowplus.co.uk/Competition/Muller/System/system-01.htm> 12.7. 2011. 22 Vgl. z. B. Kafkas Brief an Max Brod vom 10.3.1910 (BKB, 72); ferner Binder KW, 118 f. / 23 An Felice Bauer, 1.11.1912 (BaF, 67) und 24./25.11.1912 (BaF, 125). / 24 Anna Pouzarová, »Als Erzieherin in der Familie Kafka« – in: EFK, 62. / 25 An Felice Bauer, 3.8.1913 (BaF, 433); 7.8.1913 (BaF, 438); 14.8.1913 (BaF, 445); 25.5.1914 (BaF, 589). / 26 Tb, 1041 u. 1044. / 27 Tb, 1042; an Max Brod, 10.7.1912 (BKB, 104). / 28 An Max Brod, 17.7.1912 (BKB, 106). / 29 An Max Brod, 17.7.1912 (BKB, 106) und 10.7.1912 (BKB, 104). / 30 Vgl. Tb, 1046 f. / 31 Vgl. Tb, 1042 f. / 32 An Max Brod, 17.7.1912 (BKB, 107).

DEUTSCHER MIT GOLDZAHN

Ein Deutscher mit Goldzahn, an dem sich ein Beschreiber auch bei sonstiger Unklarheit des Eindrucks festhalten kann, bekommt um ¾ 12 noch eine Eintrittskarte in die Schwimmanstalt, trotzdem sie um 12 gesperrt, worauf ihn gleich im Innern der Schwimmeister in unverständlichem, daher etwas strengen Italienisch aufmerksam macht. Durch dieses Italienisch auch innerhalb seiner Muttersprache verwirrt fragt der Deutsche staunend warum man ihm dann eine Fahrkarte bei der Kassa verkauft habe und beklagt sich daß man ihm eine Fahrkarte verkauft hat und führt an, man hätte ihm keine Fahrkarte mehr verkaufen dürfen. Aus der italienischen Antwort hört man durch, daß er ja noch fast eine ¼ Stunde zum Baden und Anziehn Zeit habe. Thränen geweint.[1]

Zuhause, in Prag, kann alles für Kafka Hindernis werden. Eine Nachlässigkeit des Stubenmädchens, ein ausbleibender Brief (➤ Im Zoo gesessen), »ein wenig Türenzuschlagen auf dem Gang«,[2] angekündigte und gar unangekündigte Besuche[3] (➤ Gäste vertreiben) genügen für eine zumindest kleine Verzweiflung. Auf Reisen, im Urlaub jedenfalls, ist das anders. Es scheint, als mache Kafka dann auch Ferien von einem Teil seiner selbst. (➤ Pariser Mißverständnisse) Zwar bieten Beförderungsmittel, Mitreisende, fremde Länder, Sitten und Zungen Hindernisse genug, aber er läßt sich nicht betreffen, registriert stattdessen, was ihm begegnet, ungerührt, unbeteiligt und, solange es geht, unparteiisch. Sind es auch Schiffbrüche, Kafka bleibt Zuschauer, selbst wenn er mit an Bord ist.

Die Reise, die er im Spätsommer 1911 mit Max Brod unternimmt, beginnt entsprechend. Am 26. August steigen sie mittags in den Zug. Man könnte Kaffee bestellen, Kafka trinkt keinen, und selbst wenn er Kaffee trinken würde, wäre es müßig, eine Kanne zu ordern: »Der während der Fahrt bestellte Kaffee wird für den Restaurateur durch grüne kleine Zettel, die an die Fenster geklebt werden angezeigt. Man muß ihn aber mit Zettel nicht nehmen und bekommt ihn auch ohne.«[4] Die erste Station ist München, von dort wollen sie mit dem Nachtzug nach Zürich weiterreisen. Trotz des knappen Aufenthalts leisten sie sich, widerwillig begleitet von einer jungen Frau, die sie im Zug kennengelernt haben und deren Anschlußzug noch eher geht als ihrer, ein Taxi für eine private Stadtrundfahrt. (→ Die dicke warme Rehberger) Es regnet, der Fahrer fährt zu schnell, sie sehen nichts. »Kellerwohnungsperspektive, Führer ruft die Namen der unsichtbaren Sehenswürdigkeiten aus, [...] das deutlichste: die unverhängten Fenster der ›vier Jahreszeiten‹, die Spiegelung der Lampen im Asphalt wie im Fluß.«[5] Dann, im Nachtzug nach Zürich, hoffen sie, schlafen zu können. Brod gelingt es irgendwie, Kafka nicht: »Eindringen dreier Schweizer. Einer raucht.«[6]

Beim Aussteigen am Morgen entstehen erste sprachliche Unklarheiten: sagt man »Zürüch« oder »Zurück«? Andererseits heißt es »Zürcher Zeitung«. »Max: Verwirrung der Sprachen als Lösung nationaler Schwierigkeiten. Der Chauvinist kennt sich nicht mehr aus.«[7] Nach dem Frühstück und einem Blick ins Großmünster tun Kafka und Brod, was sie auf Urlaubsreisen immer tun, sie gehen baden, in einer Anstalt am Zürichsee, den Kafka schon vom Zug aus bewundert hatte: »Seeanblick. Starkes Sonntagsgefühl bei der Einbildung hier Bewohner zu sein.«[8] In der Badeanstalt wird das Sprachproblem dringlicher, befremdliche Gebräuche kommen hinzu, die Kafka, zur Unerschütterlichkeit entschlossen, als Ausdruck nationaler Unabhängigkeit nimmt: »Nur Männerbad. Einer am andern. Schweizerisch. Mit Blei ausgegossenes Deutsch. Zum Teil keine Kabinen, republikanische Freiheit des Sich-ausziehens vor seinem Kleiderhaken, ebenso Freiheit des Schwimmeisters mit einer Löschspritze das

Suche mit allen Deinen Kräften die Anordnungen der Führerschaft zu verstehn, aber nur bis zu einer bestimmten Grenze, dann höre mit dem Nachdenken auf.

volle Sonnenbad zu leeren. Dieses Leermachen wird übrigens nicht grundloser gewesen sein, als die Sprache unverständlich ist.«[9]

Tags darauf fahren sie mit einem Dampfer über den Vierwaldstätter See bis Flüelen, wo sie das Übliche tun – »Seebad im Vierwaldstätter See. [...] Schönstes Bad, weil man sich selbständig einrichten konnte«[10] – und dann weiterfahren nach Lugano. Von dort aus unternehmen sie in den nächsten Tagen mit Dampfer und Zug einige Ausflüge.[11] »Italiener im Zug Porlezza Menaggio. Jedes an einen gerichtete italienische Wort dringt in den großen Raum der eigenen Unkenntnis und beschäftigt daher ob verstanden oder unverstanden durch lange Zeit. Das eigene unsichere Italien[isch] kann sich gegenüber der Sicherheit des Italieners nicht halten und wird ob verstanden oder nicht verstanden leicht überhört.«[12] Die Nationalitäten wechseln, die Fährnisse bleiben; Dr. Brods und Dr. Kafkas Badereise geht weiter: Bad in der Nähe von Cadenabbia; Bad zwischen Cassagnola und Gandria.[13] In diesem malerischen Dörfchen am Nordufer des Luganersees sind die Eindrücke zwiespältig: »statt Gassen Kellertreppen und Kellerkorridore – ein Junge wird geschlagen, dumpfer Klang geklopfter Betten«. In Ostnen ist bemerkenswert der »Geistliche in Damengesellschaft«. Dann wieder Babel: »Besondere Unverständlichkeit der Ausrufe. Bei Sätzen kann das Unverständnis drin herumkriechen.«[14] Nach dem Verlassen des Dampfers in Lugano bringt ein »schon vergessener Franzose mit Vollbart [...] beim Wilhelm Tell Denkmal seine Merkwürdigkeit wieder in Erinnerung«. Und abends im Lesezimmer des »Hotel Belvedere« erstaunt Kafka der »Aufwand von Energie«, den ein nicht näher bezeichneter Herr treibt: »gleichzeitig Bier, Wein, Fernet branca, Ansichtskarten, leichtes Seufzen«.[15]

Am nächsten Tag, dem 3. September 1911, einem Sonntag, baden sie in einer Schwimmanstalt in Lugano, die auch jener Deutsche mit Goldzahn aufsucht, dessen Schicksal Kafka in der eingangs zitierten Tagebuch-Eintragung festhält. Die die Komik der Situation auf die Spitze treibende sprachliche Fehlleistung des Mannes ist womöglich nicht nur dem unverständlichen, »daher etwas strengen« Italienisch des Schwimmmeisters geschuldet, das ihn »auch innerhalb seiner Muttersprache verwirrt«. Dreimal »Fahrkarte« statt »Eintrittskarte« zu sagen, könnte ebenso gut bedeuten, das deutsche Unterbewußte ziehe angesichts solcher Verhältnisse Abreise schon dem Widerstand vor. Obgleich Kafka keinerlei Solidarität mit dem Goldzahn zeigt, reagiert auch er auf den Anprall des vielleicht zu Italienischen. Jedenfalls vermitteln die folgenden Tagebucheintragungen den Eindruck, sein Urlaubsstoizismus weiche nach und nach einem gewissen Kulturtrotz. »Hotel Belvedere ›Alle Anerkennung dem Wirt, aber das Essen miserabel‹«. Am folgenden Tag im Zug auf der Weiterfahrt nach Porto Ceresio: »Unter den Augen des Italieners, der uns zur Reise nach Turin (Ausstellung) räth und dem wir zunicken, durch Handschlag bekräftigter gemeinsamer Entschluß um keinen Preis nach Turin zu fahren.«[16] Stattdessen fahren Kafka und Brod nach Mailand. »Der Dom belästigt mit seinen vielen Spitzen.« »Mailänder Bier riecht wie Bier, schmeckt wie Wein.«[17] Und die Damen im »Al vero Eden« sind Französinnen. »Bei uns entfremden die deutschen Mädchen in den Bordellen ihre Gäste auf ein Weilchen ihrer Nation, hier tun es die französischen. Vielleicht ungenügende Kenntnis dieser heimischen Verhältnisse.«[18]

1 Tb, 962. / 2 Tb, 907; vgl. Tb, 906. / 3 Vgl. Kafkas Briefe an Elsa Taussig, 18.9.1912 (BKB, 111); an Max Brod, 6.11.1917 (BKB, 187); und an Minze Eisner, Anfang September 1921 (Br, 349). 4 Tb, 943; vgl. DzL, 421 f. / 5 Tb, 944; vgl. DzL, 428 f. / 6 Tb, 945. / 7 Tb, 947; 949; 950. 8 Tb, 949. / 9 Tb, 950. / 10 Tb, 955. / 11 Kafkas Eintragungen im Reisetagebuch sind nicht durchgängig chronologisch und daher nicht immer leicht zuzuordnen. Für Angaben über den genauen Reiseverlauf vgl. KChr, 67 f.; Hartmut Binder, *Mit Kafka in den Süden. Eine historische Bilderreise in die Schweiz und zu den oberitalienischen Seen.* Prag 2007. / 12 Tb, 960. / 13 Tb, 959 u. 961. / 14 Tb, 961; 958; 959. / 15 Tb, 962 u. 961. / 16 Tb, 962 f. u. 963 f. / 17 Tb, 966 u. 968. / 18 Tb, 969. Hervorgehobenes Zitat aus NSuF I, 345.

WORTGESCHICHTEN

Sie fragten z. B. einmal, wie es komme, daß ich meinen hiesigen Aufenthalt von einem Brief abhängig mache und antworteten gleich selbst: nechápu. Ein fremdartiges Wort im Tschechischen und gar in Ihrer Sprache, es ist so streng, teilnahmslos, kaltäugig, sparsam und vor allem nußknackerhaft, dreimal krachen im Wort die Kiefer aufeinander oder richtiger: die erste Silbe macht einen Versuch die Nuß zu fassen, es geht nicht, dann reißt die zweite Silbe den Mund ganz groß auf, nun paßt schon die Nuß hinein und die dritte Silbe endlich knackt, hören Sie die Zähne? Besonders dieses endgiltige Schließen der Lippen am Schluß verbietet dem andern jede andere weitere gegenteilige Erklärung, was ja allerdings manchmal recht gut ist z. B. wenn der andere so schwätzt wie jetzt ich. [...] Möglich, daß die 3 Silben auch die 3 Bewegungen der Apostel auf der Prager Uhr bedeuten. Ankunft, Sich-zeigen und böser Abgang.[1]

»Er verführte ein Mädchen in einem kleinen Orte im Isergebirge, wo er sich einen Sommerlang aufhielt um seine angegriffenen Lungen wiederherzustellen. Unbegreiflich, wie manchmal Lungenkranke werden, warf er das Mädchen die Tochter seines Hauswirts, die am Abend nach der Arbeit gerne einen Spaziergang mit ihm machte, nach einem kurzen Überredungsversuch in das Gras am Flußufer und nahm sie, die vor Schrecken ohnmächtig dalag, in Besitz. Später mußte er in den hohlen Händen Wasser aus dem Fluß holen und über das Gesicht des Mädchens schütten, um sie nur zum Leben zu bringen.«[2] So lauten die ersten Zeilen einer Erzählung, die Kafka im März 1912 begann und rasch wieder abbrach. »Auf diese Weise mache ich mir Gespenster«, kommentierte er das Geschriebene. »Beteiligt war ich, wenn auch nur schwach, bloß bei der Stelle ›Später mußte ...‹, vor allem beim ›schütten‹.«[3] Daß Kafka dieser Satz ergriff, nicht der davor, mag man ihm zugutehalten, von weiterem Interesse ist es nicht. Interessant aber ist Kafkas Selbstkritik, weil sie die Vermutung nahelegt, sein Ungenügen habe darin bestanden, daß die Geschichte auf der sprachlichen Oberfläche trieb. Kafkas Beteiligung liegt, so scheint es, nicht auf der Ebene des Geschehens, sondern auf der der Sätze; ihn ergreift nicht die Vorstellung der beschriebenen Handlung, sondern das Verb, das für sie steht: »schütten«.

Wo es um sein Schreiben ging, war die derart an die Oberfläche der Grapheme und Laute getriebene Aufmerksamkeit ein untrüglich schlechtes Zeichen, Indiz für eine sich ankündigende oder bereits eingetretene Krise. »Mein ganzer Körper warnt mich vor jedem Wort«, schildert er seinem Freund Max Brod im Dezember 1910 eine ähnliche Situation, »jedes Wort, ehe es sich von mir niederschreiben läßt, schaut sich zuerst nach allen Seiten um; die Sätze zerbrechen mir förmlich, ich sehe ihr Inneres und muß dann aber rasch aufhören«.[4] Und im Tagebuch notiert er dazu: »Kein Wort fast das ich schreibe paßt zum andern, ich höre wie sich die Konsonanten blechern an einander reiben und die Vokale singen dazu wie die Ausstellungsneger. Meine Zweifel stehn um jedes Wort im Kreis herum, ich sehe sie früher als das Wort, aber was denn! ich sehe das Wort überhaupt nicht, das erfinde ich. Das wäre ja noch das größte Unglück nicht, nur müßte ich dann Worte erfinden können, welche imstande sind, den Leichengeruch in einer Richtung zu blasen, daß er mir und dem Leser nicht gleich ins Gesicht kommt.«[5] Das sind die Qualen dessen, der Schreiben emphatisch versteht, der im Akt des Schreibens packen will, was aus sich heraus »berechtigt« ist,[6] Geschichten, die er »in sich erlebt«, von denen er »gejagt wird«.[7] Wenn das Schreiben einmal in dieser Weise gelang, war es ein Rausch, der sich selbst genügte, ohne der Publikation oder gar einer Nachwelt zu bedürfen. (»Ich werde Ihnen«, gestand Kafka seinem späteren Verleger Kurt Wolff, »immer viel dankbarer sein für die Rücksendung meiner Manuskripte als für deren Veröffentlichung«.[8] Und Milena Jesenská erklärte er, es gebe »kein schöneres Schicksal für eine Geschichte als zu verschwinden«.[9]) Das Gelingen aber war und blieb unverfügbar: »ich habe meine

Fähigkeit des Schreibens gar nicht in der Hand. Sie kommt und geht wie ein Gespenst.«[10] Bleiben die Geschichten aus, die jagen und gejagt werden können, zerfällt die Beteiligung, hängt sich an Sätze, an Wörter, und auch die zerfallen noch, werden Konsonanten und Vokale, die ihre Kakophonie spielen, fremd und ohne Verbindung zum Ganzen, »wie die Ausstellungsneger«, abessinische Männer, Frauen und Kinder, die Kafka 1908 auf der Prager Jubiläumsausstellung[11] gesehen hatte.

Was in den Schreibnächten Zeichen des Mißlingens war, konnte auf anderem Feld befreiendes Spiel werden. Zum Beispiel in der unverbindlichen Unterhaltung, in der Kafka, wie sich ein Zeitgenosse erinnert, »immer mit einem Wortwitz bei der Hand« gewesen sei, sowohl auf Deutsch wie auf Tschechisch.[12] Oder in Briefen. Zwar hatte Kafka auch als Briefschreiber Qualen zu durchleiden – Liebeskonflikte (➤ Unmögliche Kündigung), ungestillte Sehnsüchte (➤ Schmutzian), unbefriedigte Forderungen (➤ Im Zoo gesessen), Märtyrerphantasien (➤ Gepfählter Ehemann) –, aber hier war er Autor im herkömmlichen Sinn; er bestimmte Anfang und Ende, was er schrieb, galt einem Adressaten, es war Situationen und Stimmungen geschuldet und mit ihnen, wenn es Not tat, zu entschuldigen. Zu Geschichten, die innere Berechtigung hatten, mußte sich nichts fügen; Sätze, Satzteile, Wörter, Silben konnten isoliert und von allen Seiten spielerisch betrachtet werden. Viele Beispiele sind es nicht, die Kafka als Wortspieler zeigen, aber sie belegen, daß er, abseits des eigentlichen Schreibens, Vergnügen daran fand.

Im Frühjahr 1911 hatte sich Max Brods Schwester Sophie verlobt, der eigene Hausstand wurde vorbereitet, zu dem eine Hausbibliothek gehören sollte, und Kafka scheint als Ratgeber herangezogen worden zu sein. In diesem einen Fall, darf man mutmaßen, zum Mißvergnügen Brods. Der hatte, ein gutes Jahr zuvor, im Prager Verein »Frauenfortschritt« einen Vortrag mit dem Titel »Gibt es Grenzen des Darstellbaren in der Kunst?« gehalten und behauptet, kein Dichter sei in der Lage, das Existierende adäquat darzustellen. Er müsse sich dennoch daran abmühen, das sei schwer genug, daher dürften ihm keine Schranken gesetzt werden. In der anschließenden Diskussion hatte sich auch Kafka zu Wort gemeldet und dem Sinne nach erklärt, diese These sei bloße Theorie. Dem Dichter würden gar keine Schranken gesetzt. »Die bedeutendsten Romanschriftsteller kommen mit den Zeitgenossen aus: Bartsch, Conte Scapinelli, Traugott Tamm, Ginzkey.« Eine Einlassung, die Brod völlig verwirrte, wie noch sein mehr als fünzig Jahre später geschriebener Kommentar zeigt: »Die von Kafka angeführten, wohl kaum wesentlichen Autoren geben Rätsel auf. An die beiden mittleren kann ich mich nicht einmal dem Namen nach erinnern.«[13] Das ließ für die Empfehlungen zur Bibliothek der Schwester das Schlimmste befürchten. Aber Kafka zog sich elegant aus der Affäre: »Für die neue Hausbibliothek liebes Fräulein Sophie rate ich Ihnen den Roman ›Der Tag der Vergeltung‹ von A. K. Green an, den heute im Waggon ein Mann mir gegenüber gelesen hat. Hat es nicht einen bedeutungsvollen Titel? Der ›Tag‹ ist eine Fahnenstange, das erste ›der‹ sind die Pflöcke unten, das zweite ›der‹ ist die Seilbefestigung oben, die ›Vergeltung‹ ist ein, wenn schon nicht schwarzes, so dunkles Fahnentuch, dessen Sichdurchbiegen vom ›e‹ zum ›u‹ durch einen mittelstarken Wind (besonders das ›ng‹ schwächt ihn) hervorgerufen wird.« Wenn es je eine überzeugende Buchempfehlung gab, ist es diese, und Kafka fügt, im Bewußtsein dessen, ebenso bescheiden wie zweideutig hinzu: »ich [...] wäre sehr stolz wenn Sie bei meinem nächsten Besuch den Tag der Vergeltung schon hätten«.[14]

Die ideale Partnerin für seine Wortgeschichten fand Kafka dann ein Jahrzehnt später in Milena Jesenská, seiner Briefgeliebten, deren Temperament ihn nicht selten in die Defensive drängte. Was er zu verbergen sucht, Unschlüssigkeit, Bedenken, Anwandlungen von Eifersucht, zerrt sie ungeduldig hinter seinen Sätzen und seiner Vorliebe für bestimmte Wörter hervor. Er verteidigt sich, immer indirekt und manches Mal, indem er sich von den Bedeutungen auf die Zeichen zurückzieht. Die eingangs zitierte Stelle, die aus einem Brief Kafkas vom 30. Mai 1920 stammt, betrifft einen nicht mehr ganz genau zu rekonstruierenden Zusammenhang. Als Kafka seinen ersten Brief an Milena schrieb, kannte er sie eigentlich nur als Übersetzerin seiner Erzählung »Der Heizer«; an die flüchtige persönliche Begegnung konnte er sich kaum erinnern. Dennoch zeigen seine weiteren, während eines Kuraufenthalts in Meran geschriebenen Briefe bald deutliches Interesse an der Frau Milena, und da lag es für sie wohl nahe, sich nach Vorgängerinnen zu erkundigen. Kafka ging bereitwillig darauf ein, gestand auch, daß er formell noch verlobt sei, freilich »ohne jede Aussicht auf Ehe«.[15] Allerdings hatte er der Verlobten, Julie Wohryzek, zugesagt, mit ihr im Anschluß an Meran ein paar Tage in Karlsbad zu verbringen, und machte die Dauer seines Meraner Aufenthalts von ihren Vorstellungen abhängig. Das scheint er Milena, in einem nicht erhaltenen Brief, mitgeteilt zu haben. Deren Reaktion war knapp und deutlich: »nechápu«, »verstehe ich nicht«. Der Charme von Kafkas Entgegnung ist kaum zu überbieten. Er gibt die Schärfe zurück, rechnet sie aber nicht Milena zu, sondern dem tschechischen Wort, das sie verwendet, spielt mit ihm, zerlegt es, fügt es wieder zusammen, bis es zu einem Ding wird, das zubeißt. Und dann bietet er, alternativ, eine Geschichte an, die Milena persönlicher nehmen konnte.

Später erzählte Milena ihm von einem jungen Briefmarkensammler, mit dem sie befreundet sei, und bat ihn, seine Briefe mit möglichst interessanten Marken zu frankieren. Kafka tat sein Bestes: »Zu meiner Enttäuschung bringt man mir heute die ›Kongreßmarken‹, es sind gewöhnliche Marken nur mit dem Kongreßstempel; trotzdem sollen sie eben wegen dieses Stempels recht kostbar sein [...]. Du siehst den Markensammler öfters? Keine hinterlistige Frage, trotzdem es so aussieht.«[16] Trotzdem, trotzdem, das war doch entlarvend, und Kafka sah sich zu einer Apologie genötigt: »Auf diesen Briefen war das Trotzdem wirklich nötig; ist es aber nicht auch als Wort schön? Im ›trotz‹ stößt man zusammen, da ist noch ›Welt‹ da, in ›dem‹ versinkt man, dann ist nichts mehr.«[17]

Auch mit ihrem Namen spielte er, und fast möchte man meinen, er habe sich mehr in diesen Namen verliebt als in die Frau: »Milena (was für ein reicher schwerer Name vor Fülle kaum zu heben und gefiel mir anfangs nicht sehr, schien mir ein Grieche oder Römer nach Böhmen verirrt, tschechisch vergewaltigt, in der Betonung betrogen und ist doch wunderbar in Farbe und Gestalt eine Frau, die man auf den Armen trägt aus der Welt, aus dem Feuer ich weiß nicht und sie drückt sich willig und vertrauend dir in die Arme, nur der starke Ton auf dem i ist arg, springt dir der Name nicht wieder fort? Oder ist das vielleicht nur der Glücksprung, den du selbst machst mit deiner Last?)«[18]

1 An Milena Jesenská, 30. Mai 1920 (BaM, 28 f.). / 2 Tb, 398. / 3 Tb, 399. / 4 An Max Brod, 17.12.1910 (BKB, 84); vgl. Tb, 140. / 5 Tb, 130. / 6 Tb, 711. / 7 Tb, 38. / 8 Kurt Wolff, »Der Autor Franz Kafka« – in: EFK, 103. / 9 An Milena Jesenská, 13.7.1920 (BaM, 108). / 10 An Grete Bloch, 18.4.1914 (BaF, 555 f.). / 11 Vgl. Binder KW, 164. / 12 Leopold B. Kreitner, »Der junge Kafka« – in: EFK, 52. / 13 Brod PK, 107. / 14 An Sophie Brod, 26.2.1911 (BKB, 90 f.). / 15 An Milena Jesenská, Ende April 1920 (BaM, 10). / 16 An Milena Jesenská, 27.7.1920 (BaM, 150 f.). 17 An Milena Jesenská, 28.7.1920 (BaM, 152). / 18 An Milena Jesenská, 13.6.1920 (BaM, 59).

SIND SIE STUDENT?

Allein im Lesezimmer mit einer schwerhörigen Dame der ich mich als sie anderswohin schaute, nutzlos vorgestellt habe und die den von mir angezeigten Regen draußen für noch weiter andauernde Schwüle hält. Sie legt Karten nach einem seitwärts liegenden Buch in das sie angestrengt schaut, den Kopf auf die zur Faust geschlossene Hand gestützt, in der wohl 100 noch unverbrauchte kleine beiderseitig bedruckte Miniaturkarten liegen. [...]

Schon wieder mit jener Dame beisammen, die übrigens auch eine Schreibnärrin ist. Sie trägt eine Schreibmappe bei sich mit viel Briefpapier, Karten, Federn und Bleistiften, was im Ganzen sehr anfeuernd ist.

Jetzt ist es hier, wie in einer Familie. Draußen regnet es, die Mutter legt Karten und der Sohn schreibt. Sonst ist niemand im Zimmer. Da sie schwerhörig ist, könnte ich ihr auch Mutter sagen. [...]

Die Dame [...] fragte mich, ehe sie sich in ihre Karten wieder einarbeitete: Was schreiben Sie eigentlich? Beobachtungen? Tagebuch? und da sie wußte daß sie meine Antwort nicht verstehen würde, fragte sie gleich weiter »Sind Sie Student?« Ich antwortete ohne an ihre Schwerhörigkeit zu denken:»Nein, aber ich habe studiert« während sie schon wieder Karten legte, ich mit diesem Satz allein blieb und durch sein Gewicht gezwungen, sie noch eine Weile ansah.[1]

Im Herbst 1911 verbrachte Kafka eine Woche im »Sanatorium Erlenbach« bei Küsnacht. Die medizinische Indikation war wie bei seinen vorangegangenen Sanatoriumsaufenthalten eher vage und ließ Raum für individuelle Auslegung. Kafka sollte schreiben. In den vierzehn Tagen vor Erlenbach, die er mit seinem Freund Max Brod in der Schweiz, in Italien und schließlich in Paris verbracht hatte, war die Idee zu einem Gemeinschaftsprojekt mit dem Arbeitstitel »Robert und Samuel« (später »Richard und Samuel«) entstanden.[2] Brod war Feuer und Flamme, Kafka willig, aber nicht engagiert. In Deinem Sanatorium schreibst Du aber, scheint Brod ihm gesagt zu haben. Sonst hast Du da ja nichts zu tun. Eine Fehleinschätzung, wie Kafka seinem Freund in einem langen Erlenbacher Brief bewies.

»Mein lieber Max, wenn Du von mir verlangt hast, ich soll hier die Geschichte schreiben, so hast Du nur Deine Unkenntnis der Einrichtungen eines Sanatoriums gezeigt während ich, der ich zu schreiben versprochen habe, an die mir doch gut bekannte Lebensweise in den Sanatorien irgendwie vergessen haben muß. Denn der Tag ist hier ausgefüllt von den Anwendungen, wie das Baden, Massiertwerden, Turnen u.s.w. heißt und von der Vorbereitungsruhe vor diesen Anwendungen und von der Erholungsruhe nach ihnen. Die Mahlzeiten allerdings nehmen nicht viel Zeit weg, da sie als Apfelmus, Kartoffelpurée, flüssiges Gemüse, Obstsäfte u.s.w. sehr rasch, wenn man will ganz unbemerkt, wenn man aber will auch sehr genußreich hinunterrinnen nur ein wenig aufgehalten von Schrotbrot, Omeletten, Puddings und vor allem Nüssen. Dafür aber werden die Abende, besonders da es jetzt sehr regnerisch war, gesellig verbracht, sei es daß man sich einmal mit Grammophonvorträgen unterhält wobei wie im Züricher Münster Damen und Herren getrennt sitzen und bei lärmenderen Liedern z.B. beim Socialistenmarsch das Hörrohr mehr den Herren zugewendet wird, während bei zarten oder besonders genau zu hörenden Stücken die Herren auf die Damenseite gehn, um nach Beendigung wieder zurückzukehren oder in einzelnen Fällen dortzubleiben für immer, sei es (willst Du den Satz grammatisch überprüfen, mußt Du das Blatt umdrehn) daß ein Berliner Trompetenbläser zu meinem großen Vergnügen bläst oder irgendein unsicher stehender Herr aus den Bergen ein Dialektstück nicht von Rosegger sondern von Achleitner vorliest und schließlich ein freundlicher Mensch, der alles hergiebt, einen selbstverfaßten humoristischen Roman in Versen vorträgt, wobei mir nach alter Gewohnheit Tränen in die Augen kommen. Nun meinst Du, bei diesen Unterhaltungen müßte ich nicht dabei sein. Das ist aber nicht wahr. Denn erstens muß man sich doch irgendwie für den teilweise wirklich guten Erfolg der Kur bedanken [...] und zweitens sind hier schon so wenig Gäste, daß man wenigstens absichtlich sich nicht verlieren kann. Endlich aber sind auch die Beleuchtungsverhältnisse ziemlich schlechte, ich wüßte gar nicht, wo ich allein schreiben sollte, selbst bei diesem Brief geht etwas Augenlicht drauf.

Natürlich wenn ich den Zwang zum Schreiben in mir fühlen würde, wie für längere Dauer einmal in langer Zeit, wie für einen Augenblick in Stresa, wo ich mich ganz als eine Faust fühlte, in deren Innern die Nägel in das Fleisch gehn – anders kann ich es nicht sagen – dann allerdings bestünde keines jener Hindernisse. Ich müßte mir einfach die Anwendungen nicht machen lassen, könnte mich gleich nach Tisch empfehlen, als ein ganz besonderer Sonderling dem man nachschaut in mein Zimmer hinaufgehn, den Sessel auf den Tisch stellen und im Licht der hoch oben an der Decke angebrachten schwachen Glühlampe schreiben.

Wenn ich jetzt daran denke, daß man nach Deiner Meinung – nach Deinem Beispiel will ich nicht sagen – auch nach bloß äußerem Belieben schreiben solle, dann hast Du freilich mit Deiner Aufforderung an mich schließlich doch Recht gehabt, ob Du nun Sanatorien kennst oder nicht und es fällt wirklich trotz meiner angestrengten Entschuldigung alles auf mich zurück oder besser gesagt es reduciert sich auf eine kleine Meinungs- oder eine große Fähigkeitsdifferenz. Übrigens ist erst Sonntag abend, mir bleiben also noch rund 1 ½ Tage, trotzdem die Uhr hier im Lesezimmer, in dem ich jetzt endlich allein geworden bin, einen merkwürdig schnellen Schlag hat.«[3]

Die Tage sind voll, die Beleuchtung ist schlecht, vor allem aber wäre »Zwang zum Schreiben« nötig, und den fühlt Kafka in dieser helvetischen Naturheilwelt nun einmal nicht. Man kann es sich vorstellen: da sitzt er, von Anwendungen ermüdet, durch Geselligkeiten betäubt, im großen, leeren Lesezimmer, schreibt hin und wieder ein paar Sätze, mal ins Tagebuchheft, mal auf das Briefpapier des Sanatoriums, schaut aus dem Fenster, lauscht der Stille um und den Tönen in sich, denkt, ein wenig lächelnd, ein wenig schuldbewußt, an Brod, der zuhause in Prag schon Seite um Seite mit seinem Anteil an »Robert und Samuel« füllen wird. Und nun tritt eine alte Dame auf, »die übrigens auch eine Schreibnärrin ist«, wie Kafka ihren Utensilien entnimmt. Ein Schreibnarr in Prag, eine Schreibnärrin hier, Kafka dazwischen.

Die Situation erinnert an eine Szene aus Hans-Ulrich Treichels Roman *Tristanakkord*. Georg, den der berühmte Komponist Bergmann zu seinem Assistenten gemacht hat, soll für diesen einen Gedichtzyklus schreiben. Er sitzt im Erdgeschoß eines Hauses an der schottischen Küste, vor ihm der Schreibtisch mit unbeschriebenen Blättern, über ihm Bergmann. »Georg wollte schreiben, doch irgend etwas hinderte Georg am Schreiben. Er brauchte einige Zeit, bis er begriff, was es war. Es war nicht die Weite des schottischen Himmels. Es war auch nicht die Erinnerung an Emsfelde, die ihn während des Studiums des öfteren gepeinigt und von jeder Schreibtischarbeit abgehalten hatte. Und es war auch nicht die auf die Schläfen drückende Hebrideneinsamkeit, die ihn hier besonders nach dem Mittagessen überfiel. Es war etwas anderes. Es war das Summen von Bergmanns elektrischem Bleistiftanspitzer. Das Geräusch war nicht sehr laut, aber doch deutlich zu hören, und wenn es nicht zu hören war, dann störte es Georg insofern, als er wußte, daß es bald wieder zu hören sein würde. Außerdem bildete er sich ein, immer dann, wenn er das Summen des Bleistiftanspitzers nicht hörte, das Kratzen des Bleistifts zu hören. So gut wie niemals hörte Georg gar nichts. Bergmann schrieb unablässig, und wenn er nicht schrieb, dann spitzte er seinen Bleistift. Je geringer die Zeitabstände waren, in denen der Bleistiftanspitzer summte, um so schneller komponierte Bergmann. Und je schneller Bergmann komponierte, um so mehr erstarrte Georgs Schreibhand unter Bergmanns Komponiertempo. Die meisten schottischen Nachmittage brachte Georg damit zu, an seinem Schreibtisch zu sitzen, auf den Sund zu schauen und auf die Geräusche in Bergmanns Zimmer zu achten.«[4]

So schlimm ist es hier, in Erlenbach, nicht. Die Dame schreibt nicht, sie legt Patiencen. Aber schriebe sie, dann gewiß entschlossener als

Kafka, dessen Bemühungen sie daher auch nicht als ganz vollwertig oder jedenfalls unbestimmt zu empfinden scheint. »Was schreiben Sie eigentlich? Beobachtungen? Tagebuch?« Kafka schreibt darüber, daß er nicht schreiben kann, was er schreiben soll. Er muß das nicht sagen, denn der Dame sind, ihrer Schwerhörigkeit wegen, Antworten gleichviel; sie fragt weiter. »Sind Sie Student?«

Deprimierend. Kafka ist achtundzwanzig, Doktor der Jurisprudenz, seit drei Jahren Beamter der »Arbeiter-Unfall-Versicherungs-Anstalt für das Königreich Böhmen in Prag«. Und er schreibt. Sein Freund Max Brod hält ihn für ein Genie, hat seinen Namen in einer Reihe mit berühmten Autoren wie Franz Blei, Thomas Mann, Frank Wedekind und Gustav Meyrink genannt.[5] Und das, obwohl Kafka damals, im Frühjahr 1907, noch keine Zeile veröffentlicht hatte. Veröffentlicht hat er auch seither nicht viel. 1908 ein paar Prosa-Miniaturen in der Zeitschrift *Hyperion,* 1909 in derselben Zeitschrift das »Gespräch mit dem Beter« und das »Gespräch mit dem Betrunkenen« sowie in der Zeitschrift *Bohemia* den auf seiner ersten Italienreise entstandenen kleinen Text »Die Aeroplane in Brescia« (➤ Italiener werden), ein Jahr später fünf »Betrachtungen«. Alles in allem nicht einmal zwanzig Seiten. Für eitle Empörung besteht also kein Anlaß, abgesehen davon, daß ein solcher Affekt Kafka ohnehin fremd ist. Eher wäre es die passende »Gelegenheit zu einer kleinen Verzweiflung«;[6] nur seine Höflichkeit verhindert, daß Kafka sie nutzt. »Ich antwortete ohne an ihre Schwerhörigkeit zu denken: ›Nein, aber ich habe studiert‹ während sie schon wieder Karten legte«. Der Satz ist gesagt, und da er seine Adressatin nicht erreicht, fängt ihn keine Antwort auf. Man muß nicht zu Faust zurückgehen, um zu verstehen, warum der Satz für Kafka »Gewicht« besitzt. Zu welchem Ende er Jura studiert, sich »geistig förmlich von Holzmehl« genährt hat,[7] die Frage lastet auf ihm, weil er Schriftsteller sein will, nicht Jurist. (➤ Beim Präsidenten)

Obwohl in seiner Schilderung der Erlenbacher Abendunterhaltungen auch Herren Erwähnung finden, behauptet Kafka in dem zitierten Brief an Brod, das Publikum des Sanatoriums bestehe »hauptsächlich aus ältern Schweizer Frauen des Mittelstandes«, deren Unterhaltungen er, aus »Unkenntnis ihres Deutsch«, nicht folgen könne.[8] Hingegen ist ihm das Deutsch der schwerhörigen Dame offenbar verständlich. Und so kommt es, daß die einzige Frau, die er versteht, gerade die ist, die ihn nicht versteht.

1 Tb, 978, 982, 985. / **2** Vgl. Tb, 162 ff. / **3** An Max Brod, 17.9.1911 (BKB, 93-95). / **4** Hans-Ulrich Treichel, *Tristanakkord*. Roman. Frankfurt a. M. 2001, 64 f. / **5** Vgl. Brod FK, 67 f. / **6** *Das Schloß*, 27. / **7** NSuF II, 198. / **8** BKB, 95.

ADVOKATENWERFEN

Alle Beamten seien gereizt, selbst wenn sie ruhig scheinen. Natürlich haben die kleinen Advokaten besonders viel darunter zu leiden. Man erzählt z. B. folgende Geschichte die sehr den Anschein der Wahrheit hat. Ein alter Beamter, ein guter stiller Herr, hatte eine schwierige Gerichtssache, welche besonders durch die Eingaben des Advokaten verwickelt worden war, einen Tag und eine Nacht ununterbrochen studiert – diese Beamten sind tatsächlich fleißig wie niemand sonst. Gegen Morgen nun, nach vierundzwanzigstündiger wahrscheinlich nicht sehr ergiebiger Arbeit gieng er zur Eingangstür, stellte sich dort in Hinterhalt und warf jeden Advokaten, der eintreten wollte, die Treppe hinunter. Die Advokaten sammelten sich unten auf dem Treppenabsatz und berieten was sie tun sollten; einerseits haben sie keinen eigentlichen Anspruch darauf eingelassen zu werden, können daher rechtlich gegen den Beamten kaum etwas unternehmen und müssen sich […] auch hüten, die Beamtenschaft gegen sich aufzubringen. Andererseits aber ist jeder nicht bei Gericht verbrachte Tag für sie verloren und es lag ihnen also viel daran einzudringen. Schließlich einigten sie sich darauf daß sie den alten Herrn ermüden wollten. Immer wieder wurde ein Advokat ausgeschickt, der die Treppe hinauf lief und sich dann unter möglichstem allerdings passivem Widerstand hinunterwerfen ließ, wo er dann von den Kollegen aufgefangen wurde. Das dauerte etwa eine Stunde, dann wurde der alte Herr, er war ja auch von der Nachtarbeit schon erschöpft, wirklich müde und gieng in seine Kanzlei zurück. Die unten wollten es zuerst gar nicht glauben und schickten zuerst einen aus, der hinter der Tür nachsehn sollte, ob dort wirklich leer war. Dann erst zogen sie ein und wagten wahrscheinlich nicht einmal zu murren.[1]

Wer wollte nicht Beamter sein, müßte man wählen zwischen diesen zwei Berufen, auch wenn die Advokaten in Kafkas Welt als kleine Helden der großen Vergeblichkeit erscheinen. »Die Verteidigung ist nämlich durch das Gesetz nicht eigentlich gestattet, sondern nur geduldet und selbst darüber, ob aus der betreffenden Gesetzesstelle wenigstens Duldung herausgelesen werden soll, besteht Streit. Es gibt daher strenggenommen gar keine vom Gericht anerkannten Advokaten, alle die vor diesem Gericht als Advokaten auftreten, sind im Grund nur Winkeladvokaten. Das wirkt natürlich auf den ganzen Stand sehr entwürdigend ein«.[2] Sie hausen in dunklen Vorstadthäusern, empfangen ihre Mandanten aus Erschöpfung und Kränklichkeit im Bett, müssen sich den Zutritt zu ihrer Wirkungsstätte Tag für Tag, gelegentlich unter physischen Opfern, erkämpfen, und gelingt es ihnen endlich, ins Gericht zu gelangen, finden sie sich dort an die äußerste Peripherie gerückt, ohne festen Boden unter den Füßen. »Schon die ihnen zugewiesene enge niedrige Kammer zeige die Verachtung, die das Gericht für diese Leute hat. Licht bekommt die Kammer nur durch eine kleine Luke, die so hoch gelegen ist, daß, wenn jemand hinausschauen will, wo ihm übrigens der Rauch eines knapp davor gelegenen Kamins in die Nase fährt und das Gesicht schwärzt, er erst einen Kollegen suchen muß der ihn auf den Rücken nimmt. Im Fußboden dieser Kammer – um nur noch ein Beispiel für diese Zustände anzuführen – ist nun schon seit mehr als einem Jahr ein Loch, nicht so groß daß ein Mensch durchfallen könnte, aber groß genug, daß man mit einem Bein ganz einsinkt. Das Advokatenzimmer liegt auf dem zweiten Dachboden, sinkt also einer ein, so hängt sein Bein in den ersten Dachboden hinunter undzwar gerade in den Gang, wo die Parteien warten.«[3]

Die Advokaten haben Eingaben zu verfassen, ohne das Vergehen zu kennen, dessen man ihre Mandanten beschuldigt, und dabei subtilste Nuancen und Abfolgen zu beachten, obwohl sie wissen, daß diese Schriftstücke ihr Ziel nicht erreichen können. Die »erste Eingabe«, erfährt Josef K. von seinem Advokaten, »sei sehr wichtig, weil der erste Eindruck den die Verteidigung mache, oft die ganze Richtung des Verfahrens bestimme. Leider, darauf müsse er K. allerdings aufmerksam machen, geschehe es manchmal, daß die ersten Eingaben bei

Gericht gar nicht gelesen werden. Man lege sie einfach zu den Akten und weise darauf hin, daß vorläufig die Einvernahme und Beobachtung des Angeklagten wichtiger sei als alles Geschriebene. Man fügt wenn der Petent dringlich wird, hinzu, daß man vor der Entscheidung bis alles Material gesammelt ist, im Zusammenhang natürlich alle Akten, also auch diese erste Eingabe überprüfen wird. Leider sei aber auch dies meistens nicht richtig, die erste Eingabe werde gewöhnlich verlegt oder gehe gänzlich verloren und selbst wenn sie bis zum Ende erhalten bleibt, werde sie, wie der Advokat allerdings nur gerüchteweise erfahren hat, kaum gelesen. Das alles sei bedauerlich, aber nicht ganz ohne Berechtigung. K. möge doch nicht außer acht lassen, daß das Verfahren nicht öffentlich sei, es kann, wenn das Gericht es für nötig hält, öffentlich werden, das Gesetz aber schreibt Öffentlichkeit nicht vor. Infolgedessen sind auch die Schriften des Gerichtes, vor allem die Anklageschrift dem Angeklagten und seiner Verteidigung unzugänglich, man weiß daher im allgemeinen nicht oder wenigstens nicht genau, wogegen sich die erste Eingabe zu richten hat, sie kann daher eigentlich nur zufälliger Weise etwas enthalten, was für die Sache von Bedeutung ist.«[4]

Obgleich in ihnen einige der wesentlichen Themen Kafkas benannt werden – die Unzugänglichkeit der Anklage, die Illegitimität und Müßigkeit der Verteidigung –, lassen sich die weit ausgreifenden Darlegungen des Advokaten Huld, denen die obigen Zitate entstammen, auch als Parodie eines Berufsstandes lesen, oder besser, als Parodie des Selbstbildes seiner Vertreter. Die dafür nötige Anschauung gewann Kafka durch das sechsmonatige Praktikum, das er vor seinen juristischen Examina bei einem Strafverteidiger absolvierte,[5] durch den Umgang mit »gierigen […] Advokaten«, auf die er als Vertreter der Arbeiter-Unfall-Versicherungs-Anstalt traf,[6] und durch Erfahrungen, die er im Zusammenhang mit der Gründung der »Prager Asbestwerke Hermann & Co« machen mußte, deren stiller Teilhaber er war. Über sein Praktikum und die Gerichtssachen wissen wir im einzelnen wenig, die Begegnungen mit dem Advokaten Dr. Robert Kafka, einem Cousin

zweiten Grades, der Kafka und seinen Schwager bei der Gründung der Asbestfabrik beriet, sind hingegen im Tagebuch ausführlich festgehalten.[7] »Geschwätzigkeit des Dr. Kafka. Gieng zwei Stunden hinter dem Franz-Josefs-Bahnhof mit ihm herum [...]. Es schien mir, daß ein Mensch, der in seinem Beruf Gutes leistet, wenn er sich in Berufsgeschichten hineinerzählt hat, unzurechnungsfähig werden muß; [...] selbst in seinem Unglück, seiner Plage, seinem Zweifel ist er bewunderungswürdig, seine Gegner sind auch tüchtige Leute und erzählenswert, [...] daran fügt sich der oberste Gerichtshof, dessen Urteile angeblich schlecht, einander widersprechend sind, ich sage im Tone des Abschieds eine Spur von Verteidigung dieses Gerichtes, nun bringt er Beweise, daß dieses Gericht nicht verteidigt werden kann und wieder muß man die Gasse hinauf und hinab, ich wundere mich sofort über die Schlechtigkeit dieses Gerichtes, darauf erklärt er, warum das so sein muß das Gericht ist überbürdet [...]. Er erzählt übrigens sehr gut, in seinem Erzählen mischt sich das genaue Ausgebreitetsein der Schriftsätze mit der lebhaften Rede [...]. Gerichtliche Ausdrücke geben der Rede Halt. Paragraphen werden genannt, deren hohe Zahl sie in die Ferne zu verweisen scheint. Jede Geschichte wird von Anfang an entwickelt, Rede und Gegenrede wird vorgebracht und durch persönliche Zwischenbemerkungen förmlich geschüttelt, nebensächliches, an das niemand denken würde, wird zuerst erwähnt, dann nebensächlich genannt und bei Seite geschoben, [...] der Zuhörer wird persönlich herangezogen, ausgefragt, während die Geschichte nebenan sich verdichtet«.[8]

Advokat Huld, der sich im *Proceß* der Sache Josef K.s annimmt, ist geschwätzig wie Dr. Robert Kafka, wie dieser glaubt er, bei aller Überlastung und Undurchsichtigkeit der zuständigen Gerichte, an den möglichen Erfolg, wie dieser stellt er die eigene Arbeit als herkulische, das Verständnis Außenstehender letztlich übersteigende Leistung dar. Das Parodistische liegt darin, daß Kafka diesem Selbstbild in seiner erzählten Welt den Boden entzieht, indem er den Anwaltsberuf in die Grauzone des nur unter Vorbehalt Geduldeten abdrängt und die Advokaten als macht- und einsichtslose Begleitfiguren erscheinen läßt, die der

»große Gerichtsorganismus«[9] so unbeeindruckt erträgt, wie ein über-
legenes Tier die kleinen Wesen gewähren läßt, die sich in seiner Nähe
halten. Welche Anstrengungen die Advokaten im *Proceß* auch immer
unternehmen, am Gericht prallt alles ab; ihre ins Ungefähre zielenden
Eingaben werden nicht gelesen, verlegt oder gehen »gänzlich verloren«.
Jede Aufmunterung, die Huld für Josef K. parat hat, scheint daher ebenso ihm selbst zu gelten; alle Zuversicht bleibt Pfeifen im Walde. Das
dunkle Haus, in dem Huld Parterre wohnt, und die von einer Kerze nur
knapp erhellte Finsternis seines Zimmers spiegeln die Dunkelheit, in der
das Verfahren auch für ihn abläuft. Seine immer ärger werdenden
Herzanfälle lassen sich als somatische Einsicht in die grundsätzliche Vergeblichkeit seines Tuns deuten.[10] Der Körper weiß es schon, der Geist
noch nicht.

Kafka war nicht nur die Arbeit und Geschwätzigkeit der Advokaten
aus eigener Anschauung bekannt, er kannte auch die Gerichte. Nach
dem Abschluß seines Studiums war er ein Jahr lang als »Rechtsprakti-
kant« an Prager Straf- und Zivilgerichten tätig, nicht aus Neigung,
sondern weil das gerichtspraktische Jahr für eine Anstellung im Staatsdienst erforderlich war. Auch über diese Zeit wissen wir kaum etwas,[11]
dennoch ist offensichtlich, daß sie, nach einer gewissen Inkubations-
phase, die Spuren, die die Begegnungen mit Advokaten hinterlassen
hatte, entscheidend vertiefte. Prozeß, Gerichtshof, Schuld, Urteil, Strafe,
Gefängnis wurden für Kafka zu Begriffen, die er mit eigenen Themen
füllen konnte, und auch die später zur Selbstbeschreibung verwendeten
Bilder des »Bankdefraudanten, der […] vor der Entdeckung zittert«,[12]
und des »Kassierers, der viel Geld veruntreut hat«,[13] scheinen noch der
Gerichtssphäre zu entstammen. Nach dem Gerichtsjahr trat Kafka im
Oktober 1907 als »Aushilfskraft« in die »Assicurazioni Generali« ein, ein
privates Versicherungsunternehmen, im Juli 1908 wechselte er dann in
den Staatsdienst, zur Arbeiter-Unfall-Versicherungs-Gesellschaft, wo er
zunächst als »Aushilfsbeamter« tätig war. Im Oktober 1909 wurde er
zum »Praktikanten« ernannt, im Mai 1910 rückte er in den Rang eines
»Konzeptbeamten« auf. Advokat hatte Kafka nicht werden wollen –

das Anwaltspraktikum habe er nur gemacht, »um die Zeit auszunüt-zen«[14] –, Beamter wollte er schon nach wenigen Jahren nicht mehr sein. »Dich schwinge also auf, Dich bessere, der Beamtenhaftigkeit ent-laufe, fange doch an zu sehn, wer Du bist«, notierte er als hilflosen Imperativ im August 1916,[15] später meinte er, »ein kleines Handwerk« wäre für ihn das Geeignete gewesen.[16]

Kafka blieb Beamter, allen Fluchtbestrebungen zum Trotz, entdeckte in sich »beamtenmäßige« Gefühle und mußte einräumen, er stecke »bis zu den Hüften im österreichischen Beamtentum«.[17] (➤ Unmögliche Kündigung) Daß die »Beamtenhaftigkeit« als Haltung und Motiv auch in seinem Werk widerhallt, ist nicht zu übersehen, und wer sich auf den *Proceß*- und den *Schloß*-Roman konzentriert und die wirkungsvollen Ver-filmungen von Orson Welles und Rudolf Noelte oder die »Kafka«-Kol-portage Steven Soderberghs vor Augen hat, könnte gar meinen, Kafkas erzählte Welt sei insgesamt eine Welt der Beamten und Behörden. Die-ser Eindruck wäre jedoch irreführend. Unter den Protagonisten der aus-gearbeiteten und Fragment gebliebenen Geschichten Kafkas finden sich Kaufleute und Handelsreisende, Ärzte, Apotheker, Handwerker, Ingenieure, Artisten, Tiere und mythologische Figuren – Beamte blei-ben entschieden in der Minderheit. Selbst im *Schloß*-Roman sind nur fünf der fünfundzwanzig Kapitel der Beschreibung von Behörden und Beamten gewidmet.

Dennoch stechen die Beamten aus dem Ensemble der kafkaschen Figuren hervor; sie werden nicht nur ausführlicher, sondern auch mit großer Lust am Detail charakterisiert. Beamter ist für Kafka nicht bloß eine Berufsbezeichnung, es ist eine Lebensform oder besser, die Form eines Lebenssurrogats. Es sei unmöglich, heißt es im *Schloß,* sich einen Beamten »als Privatmann auch nur [zu] denken«, und manchmal könne man gar glauben, »Amt und Leben hätten ihre Plätze gewechselt«.[18] Des-halb ist die Beamtenschaft, die Kafka im *Schloß* beschreibt, von den Beamten, die im *Proceß* auftreten, dem Typus nach auch nicht unter-schieden. Zwar haben die einen mit Verwaltung zu tun und die anderen mit Strafsachen, aber was sie in die Finger bekommen, sind Akten, hier wie dort, und deren Bearbeitung folgt einer unabänderlichen Routine. Die Akten machen den Beamten; er verlangt danach wie andere Menschen nach Zuneigung[19] und begrüßt den neuen Tag, weil er neue Akten bringt – als im »Herrenhof« am Morgen die Akten verteilt werden, klingt es aus den Beamtenzimmern »wie der Jubel von Kindern, die sich zu einem Ausflug bereitmachen«, einer ahmt sogar »den Ruf eines Hahnes« nach.[20] Obwohl sie nie genug Akten bekommen können und sich ihren Anteil mit allen Mitteln ertrotzen,[21] sind es immer zu viele. In dem Arbeitszimmer eines der fleißigsten von ihnen, dem legendären Sordini, sind »alle Wände mit Säulen von großen aufeinander gestapelten Aktenbündeln verdeckt«, denen unablässig in Eile Akten entnommen oder eingefügt werden, so daß das »fortwährend kurz aufeinander folgende Krachen«, mit dem die Säulen in sich zusammenstürzen, »für Sordinis Arbeitszimmer bezeichnend geworden« ist.[22]

Die grundsätzliche Kompliziertheit der zu bearbeitenden Fälle verlangt nicht nur bedingungslosen Einsatz, sie verlangt auch volle Konzentration, weshalb »die meisten Beamten […] in der Öffentlichkeit teilnahmslos« wirken und überhaupt Mühe haben, sich in das »außeramtliche, völlig unübersichtliche, trübe, fremdartige Leben« zu fügen.[23] »Wenn die Herren vom Schreibtisch aufstehn, […] finden [sie] sich in der Welt nicht zurecht; sie sagen dann in der Zerstreutheit das Allergröbste, nicht alle, aber viele.«[24] Grob ist auch ihr Umgang mit Frauen, in der Regel Schankmädchen, Waschfrauen oder Dorfschönheiten, die sofort und ohne Umstände zur Verfügung zu stehen haben.[25] Die Grobheit der Beamten ist jedoch nur die Kehrseite ihrer zum äußersten gesteigerten Empfindlichkeit. Da die Arbeit den ganzen Mann beansprucht, bleibt ihnen nämlich kaum noch »Kraft […], sich gegen die Außenwelt zu wehren«.[26] Was keine Akte ist, ist Störung, und die ärgste Störung der Beamtenarbeit bilden, naturgemäß, »die Parteien«, deren Einvernahme so überflüssig und lästig erscheint, daß man sie in »Nachtverhören« erledigt, gerne vom Bett aus, obgleich die Wahrung »des amtlichen Charakters der Verhandlungen« dadurch, wie es heißt, erschwert werde.[27]

Die Advokaten hingegen, mit denen nicht nur die Beamten des Gerichts, sondern auch die des Schlosses konfrontiert sind,[28] stellen keine eigentliche Störung dar. Sie existieren bloß am Rande der amtlichen Wahrnehmung; tauchen sie im Gesichtsfeld auf, gibt es Mittel und Wege, sie rasch wieder in die Schranken zu verweisen. Die Rollen sind in der eingangs zitierten Stelle klar markiert: der Beamte lauert, im Glanz der Vollgültigkeit seines Standes, oben auf der Treppe, die entrechteten Advokaten warten an ihrem Fuße, wohin sie, bis die beamtentpyische Übermüdung ihren Tribut fordert, auch immer wieder geschleudert werden. Sieht man genauer hin, scheint es den kafkaschen Beamten am Ende allerdings nicht besser zu gehen als den kafkaschen Advokaten. Im Schicksal sind beide Brüder: wie die Advokatenarbeit von Vergeblichkeit umschattet ist, so die der Beamten von Beliebigkeit.

Beispielsweise scheint es ohne Belang zu sein, welche Gesetzestexte oder Verordnungen ein Beamter zur Bearbeitung seiner Fälle zur Hand nimmt. Im »Kanzleizimmer«, das eher den Charakter eines Lesesaals trägt, studieren sie, was gerade daliegt, tauschen regellos die Plätze, jeder Text scheint auf jeden Fall zu passen, nahtlos setzt der nächste die Studien seines Vorgängers fort. »Der Länge nach ist dieses Zimmer durch ein einziges, von Seitenwand zu Seitenwand reichendes Stehpult in zwei Teile geteilt [...]. Auf dem Pult liegen aufgeschlagen große Bücher, eines neben dem andern und bei den meisten stehen Beamte und lesen darin. Doch bleiben sie nicht immer beim gleichen Buch, tauschen aber nicht die Bücher, sondern die Plätze«.[29] Auch mit welchem Vorgang sie sich gerade befassen, scheint der Beliebigkeit anheimgestellt: »meistens vertreten sich die Beamten gegenseitig und es ist deshalb schwer die Zuständigkeit dieses oder jenes Beamten zu erkennen«, zudem lassen sie sich »gern von Kollegen vertreten, welche für den betreffenden Fall unzuständig sind«, wobei Unzuständigkeit relativ ist, da die Zuständigkeit für eine Sache sich in Hauptzuständigkeit und Nebenzuständigkeiten aufteilt und unklar bleibt, ob »nicht in der kleinsten Zuständigkeit auch schon die ganze« liegt.[30] So arbeiten alle an allem und schließlich keiner an etwas.

Und wenn – so selten, daß es als Ausnahme erscheint – eine Entscheidung getroffen wird, die einen Fall abschließt, ist dafür kein Beamter namhaft zu machen. Keiner war es, es sei denn, der »behördliche Apparat« selbst. »Wenn eine Angelegenheit sehr lange erwogen worden ist, kann es, auch ohne daß die Erwägungen schon beendet wären, geschehn, daß plötzlich blitzartig an einer unvorhersehbaren und auch später nicht mehr auffindbaren Stelle eine Erledigung hervorkommt, welche die Angelegenheit, wenn auch meistens sehr richtig, so doch immerhin willkürlich abschließt. Es ist als hätte der behördliche Apparat die Spannung, die jahrelange Aufreizung durch die gleiche vielleicht an sich geringfügige Angelegenheit nicht mehr ertragen und aus sich selbst heraus ohne Mithilfe der Beamten die Entscheidung getroffen.«[31] Dasselbe gilt bei Gericht: die »abschließenden Entscheidungen«, heißt es, seien »nicht einmal den Richtern zugänglich«, und das »Endurteil« komme »in manchen Fällen unversehens […] aus beliebigem Munde zu beliebiger Zeit«.[32]

Gleichwohl geht Macht von Kafkas Beamten aus. Sie beanspruchen Territorien, gewähren Audienzen wie Könige und können über Lebens- und Familienschicksale entscheiden.[33] Täter-Opfer-Grenzen lassen sich indessen kaum ziehen; die Bereiche sind durchlässig. Die Beamten verwalten und werden verwaltet, sie kontrollieren und werden kontrolliert.[34] Hierarchien sind vorhanden, aber sie verlaufen sich. Jede Stufe ist ihrerseits hierarchisch untergliedert, »Rangordnung und Steigerung« sind »unendlich und selbst für den Eingeweihten nicht absehbar«.[35] Es gibt kein Zentrum der Macht in dieser Welt; wenn davon die Rede ist – der »Graf Westwest«, dem das Schloß gehören soll; das »oberste, […] ganz unerreichbare Gericht«[36] –, dann nur als regulative Idee. Die Dezentralität der Macht aber führt dazu, daß sie sich nicht mehr lokalisieren läßt. Sie kann überall sein und nirgends. Möglich also, daß die Einflußnahmen, die den Beamten zugeschrieben werden, nur in den Augen der Zuschreibenden existieren. Bei Licht besehen, sind Kafkas Beamte als Täter denn doch zu müde. Ihre Übergriffe, für die das Advokatenwerfen Modell steht, erscheinen eher wie das Auftrumpfen ungebärdiger Kinder, ebenso usurpiert, ebenso fragil und, schon aus geringer Distanz, ebenso komisch.

Daß Kafkas Charakterisierung der Beamten ähnlich parodistische Züge trägt wie seine Charakterisierung der Advokaten, muß nicht betont werden. Und für diese Parodie konnte er aus täglicher Anschauung schöpfen. In der Arbeiter-Unfall-Versicherungs-Anstalt, die Kafka »mehr phantastisch als dumm« nennt,[37] gab es zum Beispiel den Kollegen Josef Krätzig, einen Mann »mit rundem kindischen aber bärtigen Gesicht, dabei ein fester Biertrinker«, der seine läppischen Reden »mit schwingenden Handbewegungen« begleitete, den Abteilungsleiter Eugen Pfohl, an dem Kafka der kunstlose »Übergang von der gespannten Haut der Glatze [...] zu den zarten Falten seiner Stirn« als »Schwäche der Natur« auffiel, oder den Präsidenten der Anstalt, Dr. Otto Přibram, dessen »kaiserlich schematische, von schweren Brusttönen begleitete, ganz und gar sinnlose und unbegründete Rede« Kafka in einen Lachkrampf trieb.[38] (➤ Beim Präsidenten) Und nicht zuletzt gab es den Konzeptbeamten Dr. Franz Kafka, der morgens immer zu spät und so übermüdet in die Anstalt kam, daß er dem Drang widerstehen mußte, sich auf die nächstbeste Aktentrage zu legen.[39] Seine chronische Übermüdung war allerdings, anders als bei den Beamten seiner erzählten Welt, nicht den Akten geschuldet, sondern dem Versuch, tägliche Büroarbeit mit nächtlichem Schreiben zu vereinbaren.

Kafka war mit der »Einreihung« maschinengestützter Betriebe in sogenannte »Gefahrenklassen« befaßt und hatte die von Unternehmerseite einlaufenden »Rekurse« gegen diese Einreihungen zu »beäußern«. Zusätzlich engagierte er sich im Bereich der Unfallverhütung. (➤ Versicherungsfälle) Daß die amtlich-umständliche Art dieser Arbeiten auf Nichtbeamte ebenso abschreckend wie komisch wirken mußte, war ihm bewußt, und wenn er sie Uneingeweihten vorlegte, dann stets mit entsprechenden Kommentaren. So zum Beispiel, als er seiner späteren Verlobten Felice Bauer im Gegenzug für Ansichten ihrer »Bureaulokalitäten« eine Auswahl seiner amtlichen Schriften anbot: »Wenn ich sie bekomme, bekommst Du z. B. einen Jahresbericht meiner Anstalt mit einem Aufsatz von mir über runde Sicherheitshobelmesserwellen! Mit Abbildungen! Oder gar einen Aufsatz über Werkstattversicherung! Oder über Sicherheitsfräsköpfe! Liebste, es stehn Dir noch viele Freuden bevor.«[40] Einen späteren Bericht schickte er ihr dann »zur traurigen Unterhaltung«.[41] So skurril seine Arbeiten Fachfremden erscheinen mußten, so hilflos und unwirklich erschienen sie ihm selbst. Obgleich er einige Inspektionsreisen in die Industriezentren Nordböhmens unternahm,[42] kannte Kafka die Verhältnisse in den allermeisten Betrieben nur aus Berichten anderer. Am Schreibtisch hatte er mit den Arbeitern, um deren Unfälle es ging, nichts mehr zu tun, selbst die Unternehmer bekam er kaum zu Gesicht, stattdessen verhandelte er mit Verbandsvertretern, für die die Arbeiter in den Tischlereien oder Steinbrüchen nur Quotienten aus Produktivität und Unkosten darstellten. Was er tat, war Vermehrung von Papier, kein Eingriff in die Wirklichkeit: »diktieren […] das ist meine Hauptarbeit«.[43] Das einzig Menschliche dieser Arbeit blieben die Menschen, denen er diktierte, weshalb er sich mit Händen und Füßen gegen die Möglichkeit wehrte, sie gegen Diktiermaschinen einzutauschen. (➤ 25 harte Eier) Auch so aber erschien ihm seine Arbeit als Existenz in einem unwirklichen Raum, als »gespensterhafte Tätigkeit«.[44] Kafkas später geäußerter, schon erwähnter Wunsch, »ein kleines Handwerk« zu haben, hat hier seine Wurzel. Er unternahm sogar Anstrengungen in dieser Richtung: im April 1913 suchte er sich eine Stelle bei einem Gärtner in der Prager Vorstadt, wo er nach den Bürostunden Gemüsebeete umgrub, um einmal »ehrliche, nützliche, […] gesunde, anstrengende Arbeit zu leisten«.[45]

Der Versuch hielt nicht lange, zehn, vielleicht vierzehn Tage, dann verfiel der Konzeptbeamte Kafka erneut den Akten.[46] Das hatte etwas von Verhängnis, auch wenn das Fehlen alles Heldischen dieses Wort nicht ganz rechtfertigen mag. Aber am Ende wird es kein Zufall sein, daß sich

> Erreiche es nur Dich der Mauerassel verständlich zu machen. Hast Du ihr einmal die Frage nach dem Zweck ihres Arbeitens beigebracht, hast Du das Volk der Asseln ausgerottet.

unter Kafkas irdischen Depotenzierungen mythologischer Gestalten, die dem Heroischen wie der Macht die Spitze abbrechen, auch der zum Beamten gewordene Gott findet. Statt funkelnd über die Fluten der Ozeane zu herrschen, sitzt Poseidon »an seinem Arbeitstisch« und rechnet, mit der »Verwaltung der Meere« beschäftigt, die er »kaum gesehn […] und niemals wirklich durchfahren« hat. »Er pflegte zu sagen, er warte damit bis zum Weltuntergang, dann werde sich wohl noch ein stiller Augenblick ergeben, wo er knapp vor dem Ende nach Durchsicht der letzten Rechnung noch schnell eine kleine Rundfahrt werde machen können.«[47] – Und Bucephalus, das Pferd Alexanders des Großen, ist Advokat geworden, bei den Gerichten gelitten, da Wesen wie er angesichts »der heutigen Gesellschaftsordnung in einer schwierigen Lage« seien und »jedenfalls Entgegenkommen« verdienten.[48] »Heute – das kann niemand leugnen – gibt es keinen großen Alexander. Zu morden verstehen zwar manche; auch an der Geschicklichkeit, mit der Lanze über den Bankettisch hinweg den Freund zu treffen, fehlt es nicht; und vielen ist Macedonien zu eng, so daß sie Philipp, den Vater, verfluchen – aber niemand, niemand kann nach Indien führen. Schon damals waren Indiens Tore unerreichbar, aber ihre Richtung war durch das Königsschwert bezeichnet. Heute sind die Tore ganz anderswohin und weiter und höher vertragen; niemand zeigt die Richtung; viele halten Schwerter, aber nur, um mit ihnen zu fuchteln; und der Blick, der ihnen folgen will, verwirrt sich.«[49]

1 *Der Proceß*, 158 f. / 2 *Der Proceß*, 152. / 3 *Der Proceß*, 152 f. / 4 *Der Proceß*, 151 f. / 5 Vgl. dazu Binder KW, 115. / 6 An Felice Bauer, 26.11.1912 (BaF, 128). / 7 Vgl. Tb 76 ff.; 90; 235; 236 f. / 8 Tb, 76 ff.; vgl. Binder KW, 267. / 9 *Der Proceß*, 160. / 10 Vgl. *Der Proceß*, 129 ff. / 11 Nur Kafkas Brief an Hedwig Weiler vom 29.8.1907 (Br, 39) enthält eine Anspielung auf seine Tätigkeit bei Gericht. 12 NSuF II, 197. / 13 An Else Bergmann, Juli 1923 (Br, 437 f.). / 14 So äußert sich Kafka in seinem der AUVA vorgelegten Lebenslauf (Binder KW, 155). / 15 Tb, 803. / 16 An Max Brod, Anfang April 21 (BKB, 333 f.). / 17 An Felice Bauer, 24.12.1915 (BaF, 645) und März 1916 (BaF, 649). / 18 *Das Schloß* App, 228 (Variante zu: *Das Schloß*, 138, Zeile 5 f.); *Das Schloß*, 94. / 19 *Das Schloß*, 433. / 20 *Das Schloß*, 430. / 21 Vgl. die Aktenverteilungsszene im 24. Kapitel des *Schloß*-Romans (*Das Schloß*, 430 ff.). / 22 *Das Schloß*, 106. / 23 *Das Schloß*, 300; *Das Schloß*, 93. / 24 *Das Schloß*, 308. / 25 Vgl. *Das Schloß*, 302; *Der Proceß*, 85 f. / 26 *Das Schloß*, 427. / 27 *Das Schloß*, 410 ff. / 28 Vgl. z. B. *Das Schloß*, 306, 418. / 29 *Das Schloß*, 280 f. / 30 *Das Schloß*, 295; *Das Schloß*,

414 f.; *Das Schloß*, 420. / **31** *Das Schloß*, 109 f. / **32** *Der Proceß*, 208 u. 268. / **33** Vgl. »Amalias Geheimnis« (*Das Schloß*, 295 ff.) und die Erzählung der Brückenhof-Wirtin (*Das Schloß*, 124 ff.). / **34** Vgl. *Das Schloß*, 96 u. 104 f. / **35** *Der Proceß*, 157; vgl. *Das Schloß*, 435 f.. Ein ähnliches Modell findet sich schon in: *Der Verschollene*, 213. / **36** *Das Schloß*, 8; Der Proceß, 213. / **37** An Milena Jesenská, 31.8.1920 (BaM, 168). / **38** An Felice Bauer, 8./9. Januar 1913 (BaF, 239); Tb, 75; An Felice Bauer, 8./9 Januar 1913 (BaF, 238). / **39** Vgl. Alois Gütling, »Kollege Kafka« – in: EFK, 94; sowie Kafkas Brief an Felice Bauer, 1.11.1912 (BaF, 68). / **40** An Felice Bauer, 2./3.12.1912 (BaF, 152). / **41** An Felice Bauer, 30.5.1916 (BaF, 660). / **42** Vgl. Wagenbach FKJ, 302 ff. / **43** An Felice Bauer; 2.11.1912 (BaF, 69). / **44** An Felice Bauer, 4./5.4.1913 (BaF, 356); vgl. 7.4.1913 (BaF, 358). / **45** An Felice Bauer, 7.4.1913 (BaF, 358). / **46** Vgl. Kafkas Briefe an Max Brod, 3.4.1913 (BKB, 126), und Felice Bauer, 10.4.1913 (BaF, 362). – Später, nach seiner Rückkehr aus Zürau im Frühjahr 1918, arbeitete Kafka noch eine Zeit lang in einem pomologischen Institut (KChr, 155). / **47** NSuF II, 300–302. / **48** DzL, 251 f. (»Der neue Advokat«). / **49** Ebd. / Hervorgehobenes Zitat aus NSuF II, 340.

25 HARTE EIER

Von Deinem Bureau kann ich nicht genug hören. In Bureaux, wo viele Mädchen sind, geht es doch ganz anders zu als unter Männern. Mein Schreibmaschinist würde mich z. B. niemals beim Schneider mit einer Rose erwarten (das Komische dieser Vorstellung kann Dir nicht eingehn, Du müßtest den Mann, den ich übrigens sehr gern habe, selbst sehn) dafür kann er allerdings anderes und hat z. B. vor glaubwürdigen Zeugen in einer Folge 76 unserer Einkreuzersemmeln und ein anderes Mal 25 harte Eier aufgegessen, Kunststücke, die er täglich mit Freuden wiederholen würde, wenn er die Mittel dazu hätte. Besonders lobt er das angenehme Wärmegefühl, das man nach 25 harten Eiern haben soll.[1]

Ein Freßkünstler. Man könnte sich dieses an der Schreibmaschine vergeudete Talent im Cabaret vorstellen, etwa in dem von Kafka hin und wieder besuchten »Lucerna«. Zwischen dem Sänger Vašata, »so schlecht, daß man sich in seinem Anblick verliert«, und dem mit der »angeblich nur scheinbaren Trostlosigkeit seiner Existenz« wirkenden Vortragskünstler Grünbaum[2] hätte sich der Mann gut ausgenommen, Semmel um Semmel, Ei um Ei verschlingend, während der Direktor mitzählt und dem Publikum sich der Magen umdreht.

Kafka, den selbst gelegentlich Phantasien von »schrecklichen Wagnissen mit Speisen« plagten (→ Bei Anatol),[3] reagiert mit dieser skurrilen Anekdote auf eine Begebenheit, die ihm Felice Bauer erzählt hatte, eine Berlinerin, die er seit September 1912 in täglichen Briefen heftig umwarb. (→ Im Zoo gesessen) Felice war bei der Carl Lindström AG beschäftigt, einem führenden Grammophon- und Phonographenhersteller.[4] Dort hatte sie es nach kurzer Zeit bis zur Prokuristin und Abteilungsleiterin gebracht, die die »Mädchen« respektierten und sogar, wie die mitgeteilte Begebenheit wohl verdeutlichen sollte, liebten. Beim

Schneider war sie, und wurde dort, außerhalb der Dienstzeit, nicht nur von ihrer Schreibmaschinistin erwartet, sondern auch noch mit einer Rose, was beides nicht einleuchtet, dem Leser nicht und Kafka anscheinend auch nicht. Aber er macht etwas daraus. Höflicher als er kann man männliche Verständnislosigkeit kaum ausdrücken, boshafter als er kann man eine solche Mädchengeschichte kaum persiflieren. Statt Sentimentales mit Sentimentalem zu vergelten, präsentiert er, und man meint fast, einen gewissen Impressario-Stolz herauszuhören, seinen Schreibmaschinisten mit einem Freßkunststück. 76 Einkreuzersemmeln beziehungsweise 25 harte Eier »in einer Folge« aufzuessen ist albern, keine Frage, aber vielleicht nicht alberner, als die Vorgesetzte beim Schneider mit einer Rose zu erwarten.

Allerdings hatte Kafka sich die Sache ein wenig zurechtgelegt. Im nächsten Brief hört man heraus, daß das Mädchen Felice nicht beim Schneider erwartet hatte, sondern ihr dorthin nachgelaufen war, um Vergebung für eine Verfehlung im Büro zu erlangen,[5] was das Ganze freilich nicht besser macht. Eher tut Kafkas kleiner Bosheit Abbruch, daß Felice ihm ihre Bürogeschichten nicht von sich aus schrieb. Er hatte sie vielmehr ausdrücklich um Nachrichten vom Arbeitsplatz gebeten und jede Mitteilung über ihre »kleinen Damen«, zum Beispiel, daß sie ihr ein Gedicht zum Geburtstag geschrieben hatten, mit solcher Begeisterung begrüßt, daß der Eindruck entstand, er nehme am Menschlichen des Berliner Büroalltags aufrichtig Anteil.[6] So war es sicherlich auch. Zugleich aber könnte sein forciertes Interesse an Frl. Brühl und den anderen Damen aus Felices Abteilung dazu gedient haben, sie von Mitteilungen über die technische Seite ihrer Arbeit möglichst abzuhalten. Die technische Seite, das war der »Parlograph«, ein aus Edisons Phonographen entwickeltes Diktiergerät, mit dessen überregionaler Vermarktung Felice befaßt war und an dem sie sogar für Werbeaufnahmen posiert hatte. Daß sie versuchte, auch Kafka vom Nutzen des Gerätes zu überzeugen, kann man ihr nicht verdenken. Die Carl Lindström AG unterhielt zwar ein Büro in Prag, aber in einer Seitengasse und nicht einmal unter dem Firmennamen,[7] und mit Kafka, der bei der

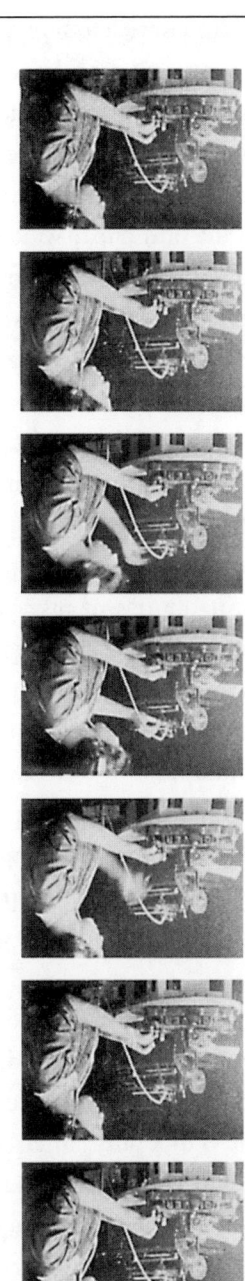

großen Prager Arbeiter-Unfall-Versicherungs-Anstalt arbeitete, konnte immerhin ein Multiplikator gewonnen werden. Hätte gewonnen werden können, wäre es nicht so gewesen, daß Kafka Maschinen generell und Maschinen in seiner näheren und nächsten Umgebung in besonderem Maße beunruhigten. Er verlor bereits die Nerven, wenn er ein Telephongespräch zu führen hatte,[8] und von Grammophonen fühlte er sich regelrecht verfolgt: »ich muß gar kein Grammophon hören, schon daß sie in der Welt sind, empfinde ich als Drohung«.[9] Keine guten Voraussetzungen für ein unvoreingenommes Urteil über den Lindströmschen Apparat.

Als Kafka erfuhr, daß Felice bei Lindström eine leitende Stellung in der Parlographen-Abteilung hatte, fiel seine Reaktion entsprechend aus: »Parlographen? Ja kauft denn das jemand? Ich bin glücklich […], einem lebendigen Menschen diktieren zu können (das ist meine Hauptarbeit), der hie und da, wenn mir gerade nichts einfällt, ein wenig einnickt oder der sich hie und da ein wenig ausstreckt oder die Pfeife anzündet und mich unterdessen ruhig aus dem Fenster schauen läßt.«[10] Felice insistierte nicht weiter, aber als sie ein dreiviertel Jahr später über die Werbebriefe klagt, die sie zu schreiben hat, nimmt Kafka das zum Anlaß für eine prinzipielle Stellungnahme: »Die arme Liebste schreibt Offertbriefe! Bekomme ich auch einen, trotzdem ich kein Käufer bin, trotzdem ich mich vielmehr grundsätzlich vor Parlographen fürchte. Eine Maschine mit ihrer stillen, ernsten Anforderung scheint mir auf die Arbeitskraft einen viel stärkern, grausamern Zwang auszuüben, als ein Mensch. Wie geringfügig, leicht zu beherrschen, wegzuschicken, niederzuschreien, auszuschimpfen, zu befragen, anzustaunen ist ein lebendiger Schreibmaschinist, der Diktierende ist der Herr, aber vor dem Parlographen ist er entwürdigt und ein Fabriksarbeiter, der mit seinem Gehirn eine schnurrende Maschine bedienen muß. Wie werden dem armen, von Natur aus langsam arbeitenden Verstand die Gedanken in einer langen Schnur abgezwungen! Sei froh, Liebste, daß Du auf diesen Einwand in Deinem Offertbrief nicht antworten mußt, er ist unwiderlegbar; daß der Gang der Maschine leicht zu regulieren ist, daß man sie wegstellen kann, wenn man keine Lust zu diktieren hat u. s. w., das sind keine Widerlegungen jenes Einwands, denn zum Charakter des Menschen, der jenen Einwand macht, gehört es ja, daß ihm das alles nicht helfen kann.«[11]

Obwohl Kafka seine Bedenken an einen bestimmten »Charakter« bindet, kann man versucht sein, sie als prinzipielle Einwände gegen die Technisierung von Kommunikation zu werten. Kafka sieht, daß eine Maschine, die als kommunikatives Hilfsmittel gedacht ist, aufgrund ihrer Struktur dazu tendiert, die Bedingungen der Kommunikation zu bestimmen und dadurch zu entmenschlichen. Statt daß sich der Mensch der Maschine bedient, bedient sie sich gewissermaßen seiner, er muß ihr zuarbeiten, auf eine Weise, die mit ihrer Prozessualität kompatibel ist. Daß dieses Bestimmtwerden durch die Maschine die Menschen schließlich selbst maschinenmäßig agieren läßt, hatte Kafka, mit Bezug auf das Telephon, bereits in einer Szene seines Romans *Der Verschollene* eindrucksvoll demonstriert.[12]

In späteren Jahren verschärft sich seine Kritik der medialen Kommunikation; sie wird zur umfassenden, düsteren Skepsis. In einem seiner letzten Briefe an Milena Jesenská äußert er die Überzeugung, daß die Mittelbarkeit der modernen Kommunikation nicht nur die Form affiziere, sondern unweigerlich auch auf die Inhalte übergreife und sie nach und nach entleeren müsse. Dabei betrachtet er die Technisierung der Kommunikation nur als letzte und unausweichliche Folge einer Entwicklung, die mit der »Möglichkeit des Briefeschreibens« begonnen habe. Jede Art der Kommunikation, die über das Sprechen, das Medium reiner Präsenz, hinausgeht, enthält in Kafkas Augen ein selbstzerstörerisches Moment. Menschliche Inhalte, die nur im Augenblick ihre Unantastbarkeit bewahren könnten, würden, auf einem Speichermedium fixiert, zur Nahrung von »Gespenstern« und erreichten ihre Adressaten nicht mehr. »Wie kam man nur auf den Gedanken, daß Menschen durch Briefe mit einander verkehren können! Man kann an einen fernen Menschen denken und man kann einen nahen Menschen fassen, alles andere geht über Menschenkraft. Briefe schreiben aber heißt, sich vor den Gespenstern entblößen, worauf sie gierig warten. Geschriebene Küsse kommen nicht an ihren Ort, sondern werden von den Gespenstern auf dem Wege ausgetrunken. Durch diese reichliche Nahrung vermehren sie sich ja so unerhört. Die Menschheit fühlt das und kämpft dagegen, sie hat, um möglichst das Gespenstische zwischen den Menschen auszuschalten, und den natürlichen Verkehr, den Frieden der Seelen zu erreichen, die Eisenbahn, das Auto, den Aeroplan erfunden, aber es hilft nichts mehr, es sind offenbar Erfindungen, die schon im Absturz gemacht werden, die Gegenseite ist soviel ruhiger und stärker, sie hat nach der Post den Telegraphen erfunden, das Telephon, die Funkentelegraphie. Die Geister werden nicht verhungern, aber wir werden zugrundegehn.«[13]

Als er die oben zitierten Briefe an Felice schreibt, ein Jahrzehnt vor seinen letzten Briefen an Milena, ist Kafka von solchen Überlegungen noch weit entfernt. Seine Bedenken gegenüber Parlographen betrachtet er als persönliche Idiosynkrasie, die er zwar nicht zu überwinden, aber doch einzuklammern vermag. In Januar 1913 schickt er Felice sogar eine Liste mit fünf seines Erachtens »neuen Ideen«, die der weiteren Verbreitung des Lindströmschen Apparats förderlich sein könnten.[14] Unter anderem schlägt er vor, »eine Verbindung zwischen dem Telephon und dem Parlographen zu erfinden«, und ist ehrlich enttäuscht, als er hören muß, daß diese Idee, ein Vorgriff auf den Anrufbeantworter, bereits realisiert ist.[15] Wirkliche Originalität konnte nur der letzte seiner Einfälle beanspruchen, die »Verbindung zwischen Grammophon und Telephon«. Daß sie »keine so große allgemeine Bedeutung« habe, räumt er bereitwillig ein: »nur für Leute, die, wie ich, vor dem Telephon Angst haben, wäre es eine Erleichterung. Allerdings haben Leute wie ich auch vor dem Grammophon Angst, und es ist ihnen überhaupt nicht zu helfen. Übrigens ist die Vorstellung ganz hübsch, daß in Berlin ein Parlograph zum Telephon geht und in Prag ein Grammophon, und diese zwei eine kleine Unterhaltung miteinander führen.«[16]

1 An Felice Bauer, 17./18.12.1912 (BaF, 188). / 2 Tb, 44. / 3 Tb, 210. / 4 Vgl. Stephan Puille, »Die Vorgeschichte der Carl Lindström A.G.« <http://neu. phonomuseum.at/wp-content/uploads/2010/ 05/Stephan-Puille.pdf> 12.7.2011; Rainer E. Lotz, »Carl Lindström und die Carl Lindström Aktiengesellschaft« <http://www. phonomuseum.at/includes/content/lindstroem/aktiengesellschaft.pdf> 12.7.2011. / 5 Vgl. an Felice Bauer, 18./19.12.1912 (BaF, 190). / 6 Vgl. an Felice Bauer, 24.11.1912 (BaF, 120). / 7 Vgl. Kafkas Briefe an Felice Bauer vom 2.10. und 4./5.12.1912 (BaF, 69 u. 157). / 8 Vgl. an Felice Bauer, 14.11.1912 (BaF, 9 f.), an Grete Bloch, 5.4.1914 (BaF, 541), und an Milena Jesenská, 20.8.1920 (BaM, 225). / 9 An Felice Bauer, 27.11.1912 (BaF, 134). / 10 An Felice Bauer, 2.11.1912 (BaF, 69). / 11 An Felice 9./10.1.1913 (BaF, 241). / 12 Vgl. *Der Verschollene,* 260 f. / 13 An Milena Jesenská, März 1922 (BaM, 302). / 14 An Felice Bauer, 22./23.1.1913 (BaF, 264 ff.) – Zur ausführlichen Interpretation dieses Briefes vgl. Gerhard Neumann, »Nachrichten vom Pontus « – in: Wolf Kittler/Gerhard Neumann (Hg.), *Franz Kafka. Schriftverkehr.* Freiburg 1990, 164–198. / 15 An Felice Bauer, 22./23.1.1913 (BaF, 266); seine Enttäuschung angesichts der schon erfolgten Realisierung der Idee äußert Kafka in seinem Brief vom 27./28.1.1913 (BaF, 273). / 16 An Felice Bauer, 22./23.1.1913 (BaF, 266).

KNIESCHEIBE

Am gestrigen Abend war ich in einer Gesellschaft. Gerade verbeugte ich mich im Gaslicht vor einem Fräulein mit den Worten: »Ich freue mich thatsächlich, daß wir uns schon dem Winter nähern« – gerade verbeugte ich mich mit diesen Worten als ich mit Unwillen bemerkte, daß sich mir der rechte Oberschenkel aus dem Gelenk gekugelt hatte. Auch die Kniescheibe hatte sich ein wenig gelockert.

Daher setzte ich mich und sagte, da ich immer einen Überblick über meine Sätze zu bewahren suche: »Denn der Winter ist viel müheloser; man kann sich leichter benehmen, man braucht sich mit seinen Worten nicht so anstrengen. Nicht wahr, liebes Fräulein? Ich habe hoffentlich Recht in dieser Sache.« Dabei machte mir mein rechtes Bein viel Ärger. Denn anfangs schien es ganz auseinandergefallen zu sein und erst allmählich brachte ich es durch Quetschen und sinngemäßes Verschieben halbwegs in Ordnung.[1]

Da sagt einer Winter, wenn er Frühling meint. Text und Subtext finden nicht zusammen. Wie der Diskurs, oder als Zeichen dafür, fällt das Bein des Sprechers auseinander, und er muß sich bemühen, »durch Quetschen und sinngemäßes Verschieben« beides wieder »halbwegs in Ordnung« zu bringen. Soweit es den Diskurs betrifft, mißlingt der Versuch. »Sie imponieren mir gar nicht«, antwortet das Fräulein, »alles was Sie sagen ist langweilig und unverständlich, aber deshalb noch nicht wahr. Ich glaube nämlich, mein Herr – warum nennen Sie mich immer liebes Fräulein – ich glaube, Sie geben sich nur deshalb nicht mit der Wahrheit ab, weil sie zu anstrengend ist.« Durch diese Sätze glaubt der Sprecher sich zwar, »ohne es darauf abgezielt zu haben«, verstanden, aber während er zu einer längeren, diesmal von körperlichen Mißhelligkeiten ungestörten Rede anhebt, geht das Fräulein, und er sieht sie, als er den Monolog unterbricht, »umstellt von drei jungen Leuten, die aus hohen weißen Krägen lachend redeten«.[2]

Allzu enge Beziehungen zwischen den Figuren fiktionaler Texte und ihrem Autor herzustellen, belastet das hermeneutische Gewissen. Dennoch wäre es blind, solche Beziehungen grundsätzlich zu leugnen. Im Fall Kafkas lassen sich zahllose Punkte nachweisen, an denen die erzählte Welt seine wirkliche berührt. Das gilt nicht nur für biographische Details wie die elterliche Wohnung in der Niklasstraße, der die Wohnung der Familie Samsa in *Die Verwandlung* nachempfunden ist.[3] Es gilt auch für Haltungen, im besonderen für sozial oder emotional schiefe Lagen. Hier fließt in der Fiktion ins Bild, was sich im Wirklichen bildlos staut.

Mit dem Sprecher der »Geschichte des Beters«, aus der der eingangs zitierte Text stammt, teilt Kafka die Erfahrung, daß Diskurse sich sperren können. Überhaupt glaubte er sich für »den menschlichen Verkehr« verloren. »Mir widerstrebt das Reden ganz und gar. [...] Nur das Schreiben ist die mir entsprechende Form der Äußerung«, erklärte Kafka freimütig seiner späteren Verlobten Felice Bauer.[4] Zum Schreiben, womit das emphatische Schreiben gemeint ist, das die »Welt im Kopf, die befreit sein will«, in Geschichten faßt, könne man »nicht genug allein sein, könne es nicht genug still um einen« sein.[5] »Ich will niemanden sehn, ich will mich durch keinen Anblick verwirren lassen, beim Schreibtisch, das ist mein Platz, den Kopf in meinen Händen, das ist meine Haltung.«[6] Was Kafka als ideale Schreib- und damit Lebenssituation vorschwebt, ist die Isolation gegenüber jeder Beziehung nach außen, die Negation jedes sozialen Kontakts, jeder sozialen Wahrnehmung, eine »Abgeschiedenheit, nicht ›wie ein Einsiedler‹, das wäre nicht genug, sondern wie ein Toter«. Nur die Nacht kommt in Frage, aber auch sie ist »noch zu wenig Nacht«.[7] Und sie muß errungen werden, durch Schlaf am Tage, den die Unterhaltungsbedürfnisse der nachts schlafenden Mitmenschen unentwegt gefährden. (➤ Gäste vertreiben)

Daß durch das Schreiben, die Konzentration auf die Darstellung seines »traumhaften innern Lebens«, alles andere »ins Nebensächliche gerückt« wurde, war Kafka bewußt: »es ist in einer schrecklichen Weise

verkümmert und hört nicht auf zu verkümmern«.[8] Das galt, in seinen
Augen, insbesondere für die soziale Kommunikation. »Gänzlich außer-
stande« sei er, ein »fortgesetztes, lebendig sich aufbauendes Gespräch
mit einem einzelnen zu führen«. Am besten gehe es noch »in bekannten Räumen mit 2 oder 3 Bekannten«, da bestehe »kein Zwang zu fortwährend Aufmerksamkeit und Mitarbeit«. In einer »fremden Wohnung« hingegen und »unter mehreren fremden Leuten« liege ihm
gleich »das ganze Zimmer auf der Brust«; er könne sich »nicht rüh-
ren«.[9] Noch verstärkt wurde der Druck, den dialogische Kommunika-
tionssituationen auf ihn ausübten, wenn es sich um weibliche Gesprächspartner handelte. »Um mit jungen Mädchen reden zu können, brauche
ich das Nahesein älterer Personen. Die von ihnen ausgehende leichte
Störung belebt mir das Gespräch, die Forderungen an mich scheinen
mir gleich herabgestimmt, was ich nicht überprüft aus mir heraussage,
kann immer noch, wenn es für das Mädchen nicht gilt, für die ältere
Person angebracht sein, aus der ich auch, wenn es notwendig wird,
Hilfe in Menge herausholen kann.« An der »freien Aussprache mit
neuen Bekanntschaften« hindere ihn im übrigen »unbewußt das Vor-
handensein sexueller Wünsche« – oder aber »ihr
bewußter Mangel«.[10]

Vielleicht hat Kafka auch aus diesen Gründen die
Nähe zu Frauen vorwiegend in Briefen gesucht (➤ Im
Zoo gesessen). Aber selbst in diesem entlastenden
Medium entgleitet ihm gelegentlich die Kontrolle
über den Subtext; der treibt, widerstandslos, an die
Oberfläche und wird Text. Doch, er habe sie gleich
liebgehabt, bestätigt er der umworbenen Felice
Bauer: »Schrieb ich es Dir nicht schon? Du warst mir
im ersten Augenblick ganz […] unbegreiflich gleich-
gültig und wohl deshalb vertraut.«[11] In der folgenden
Neujahrsnacht, den ersten Stunden des Jahres, in dem er Felice die Ehe
antragen wird, weiß er nur einen Wunsch: mit der Geliebten »an den
Handgelenken […] unlösbar zusammengebunden« zu sein – weil es

Ich schreibe
anders als ich rede,
ich rede anders
 als ich denke,
ich denke anders,
als ich denken soll
und so geht
es weiter bis ins
tiefste Dunkel.

»immerhin möglich« wäre, »daß einmal auf solche Weise zusammengebunden ein Paar zum Schafott geführt wurde«.[12] Und im Sommer 1913, nachdem Felice seinen Heiratsantrag angenommen hatte, schreibt er: »Sieh, von den vier Menschen, die ich [...] als meine eigentlichen Blutsverwandten fühle, von Grillparzer, Dostojewski, Kleist und Flaubert, hat nur Dostojewski geheiratet, und vielleicht nur Kleist, als er sich [...] am Wannsee erschoß, den richtigen Ausweg gefunden.«[13]

Kafka wählte den Gardasee stattdessen, wo er sich in eine allerdings platonische Affäre mit einer Schweizerin stürzte.[14] Auf die Beichte dieser Geschichte folgte wenige Wochen später die Erneuerung des Heiratsantrags.[15]

1 NSuF I, 95 f. / 2 NSuF I, 96 u. 98. / 3 Vgl. Hartmut Binder, *Kafkas »Verwandlung«*. Frankfurt a. M. 2004, 117 ff. / 4 An Felice Bauer, 16.6.1913 (BaF, 401) und 20.8.1913 (BaF, 448). / 5 An Felice Bauer, 22./23.6.1913 (BaF, 407) und 14./15.1.1913 (BaF, 250). / 6 NSuF II, 16. / 7 An Felice Bauer, 26.6.1913 (BaF, 412) und 14./15.1.1913 (BaF, 250). / 8 Tb, 546; vgl. 341. / 9 An Felice Bauer, 16.6.1913 (BaF, 401 f.). / 10 Tb, 283 f. / 11 An Felice Bauer, 2.12.1912 (BaF, 148 f.). / 12 An Felice Bauer, 31.12.1912/1.1.1913 (BaF, 224). / 13 An Felice Bauer, 2.9.1913 (BaF, 460). / 14 Vgl. Tb, 586 f. (das Kürzel »W.« steht für Gertrud Wasner; vgl. KChr, 108). / 15 An Felice Bauer, 29.12.1913 (BaF, 484 f.). / Hervorgehobenes Zitat aus einem Brief Kafkas an Ottla Kafka, 10.7.1914 (BaO, 21).

EMPÖRENDE ÄRZTE

Diese empörenden Ärzte! Geschäftlich entschlossen und in der Heilung so unwissend, daß sie, wenn jene geschäftliche Entschlossenheit sie verließe, wie Schuljungen vor den Krankenbetten stünden. Hätte ich doch die Kraft, einen Naturheilverein zu gründen. Durch Herumkratzen im Ohr meiner Schwester macht Dr. Kral eine Trommelfellentzündung zu einer Mittelohrentzündung; das Dienstmädchen fällt beim Einheizen hin, der Doktor erklärt es mit jener Schnelligkeit der Diagnose, die er gegenüber Dienstmädchen hat, für verdorbenen Magen und Blutandrang infolgedessen, am nächsten Tag legt sie sich wieder nieder, hat hohes Fieber, der Doktor dreht sie rechts und links, konstatiert Angina und läuft rasch weg, um nicht vom nächsten Augenblick widerlegt zu werden. Wagt sogar von »niederträchtig starken Reaktionen dieses Mädchens« zu reden, woran das wahr ist, daß er an Menschen gewöhnt ist, deren körperlicher Zustand seiner Heilkunst würdig und durch sie hervorgebracht ist und daß er sich durch die starke Natur dieses Mädchens vom Lande mehr, als er weiß, beleidigt fühlt.[1]

Daß Kafka im persönlichen Umgang höflich, zuvorkommend und von feiner Zurückhaltung war, bestätigen alle, die mit ihm zu tun hatten. Im schriftlichen Umgang mit Menschen sprengt er die Etikette bisweilen, dennoch bleibt seine Haltung auch hier meistens wohlwollend und verständnisvoll. Und in den wenigen Fällen, in denen seine Philanthropie versagt, weil Mißbilligung oder Ekel überwiegen (→ Prof. Grünwald), wird die Gefühlserregung durch die sprachliche Kunstform der Niederschrift gebannt. Die Fähigkeit, Affektion durch Stil zu dämpfen, verläßt Kafka nur selten. Wenn sie ihn verläßt, geht es in der Regel um Ärzte. Dieses Thema bringt ihn auch beim Schreiben in Rage. »Ärzte sind dumm [...], ihre Prätentionen sind lächerlich«, heißt es in einem Brief, die »Fluchwürdigkeit der heutigen Medicin« insgesamt wird in einem andern statuiert, gegen »die verfluchten Zahnärzte« wettert Kafka in einem dritten.[2] Die oben zitierte Philippika stammt vom 5. März 1912, sie steht in Kafkas fünftem Tagebuch-Heft zwischen zwei Einträgen, die Veranstaltungen im Prager Rudolfinum festhalten, einen Leseabend des Schauspielers Alexander Moissi und einen Vortrag des Publizisten Maximilian Harden, dessen Thema das Theater war.[3] In diesem Kontext gewinnt man den Eindruck, der Auftritt Dr. Heinrich Krals, des Hausarztes der Familie Kafka, sei auch nur Bühne, gegeben werde allerdings ein Bubenstück. »Herumkratzen im Ohr« verändert den Befund, Sturzverletzungen deuten auf »verdorbenen Magen und Blutandrang«, wahlweise auf »Angina«, dann geht der Schelmenarzt rasch ab, die vage Diagnose wie ein Orakel hinterlassend.

Ende April 1911 war Kafka auf einer Dienstreise Moritz Schnitzer begegnet, einem in Warnsdorf ansässigen Baumwoll- und Samtfabrikanten, der 1894 den »Verein für Naturheilkunde« gegründet hatte. Max Brods Aufzeichnungen zufolge erzählte Kafka im Anschluß »sehr hübsche Dinge von der Gartenstadt Warnsdorf, einem ›Zauberer‹, Naturheilmenschen, reichen Fabrikanten, der ihn untersucht, nur den Hals im Profil und von vorn, dann von Giften im Rückenmark und fast schon im Gehirn spricht, die infolge verkehrter Lebensweise entstanden seien. Als Heilmittel empfiehlt er: bei offenem Fenster schlafen, Sonnenbad, Gartenarbeit, Tätigkeit in einem Naturheil-Verein und Abonnement der von diesem Verein, respektive dem Fabrikanten selbst, herausgegebenen Zeitschrift. Spricht gegen Ärzte, Medizinen, Impfen.«[4] Kafka nahm sowohl Schnitzers Warnungen als auch seine Empfehlungen ernst. Zwar blieb die Tätigkeit in einem Naturheil-Verein Vorsatz, der Abstecher in die Gartenarbeit Episode,[5] und ob Kafka sich zu einem Abonnement der fraglichen Zeitschrift entschließen konnte, ist nicht bekannt. Die »Narrheit, bei offenem Fenster zu schlafen«,[6] wurde jedoch zu einem fixen Bestandteil seiner Lebensgestaltung; auch unter widrigen Bedingungen, wie er sie etwa auf einer Dienstreise ins winterliche Kratzau antraf, hielt er daran fest: »ich hatte das Fenster die ganze Nacht vollständig geöffnet, der Schnee flog mir ins Gesicht während ich schlief«.[7] Dasselbe galt für das Sonnenbaden, dessen erweiterte Form, das »Lichtluftbaden«, er im Sommer 1912 in einer Harzer Kuranstalt kennenlernte. (➤ Jungborn) Die meiste Zeit seiner nachfolgenden Aufenthalte in Pensionen und Sanatorien verbrachte Kafka auf Veranden oder Balkonen, im Sommer nackt, wenn die Verhältnisse es zuließen, im Winter in Decken gehüllt. In Prag waren die Umstände dieser Praxis weniger günstig, aber auch dort nutzte er bei Spaziergängen vor die Stadt jede Gelegenheit zum Lichtluftbad. (➤ Im Straßengraben)

Schnitzers Verdikte gegen »Ärzte, Medizinen, Impfen« hatten einen noch weitergehenden Einfluß als seine Heilmittel-Empfehlungen. Sie machten aus Kafkas schon vorhandener Sympathie für die Naturheilkunde eine fortan unerschütterliche Überzeugung, die die prinzipielle, gelegentlich ins Militante kippende Opposition gegen Schulmedizin und fachärztliche Spezialisierung einschloß. »Übrigens weiß ich schon aus meiner Naturheilkunde, daß alle Gefahr von der Medicin herkommt«, erklärt er seiner späteren Verlobten Felice Bauer, »ganz gleichgültig, ob es sich diesmal um einen Augenarzt, oder dann um einen Zahnarzt und endlich um einen Kinderarzt handelt«.[8] Und deren Freundin Grete Bloch beweist er aus den Grundsätzen der Naturheilkunde, daß »jeder mit internen Leiden sich beschäftigende Specialist [...] ein niederschießenswerter Herr« ist.[9] Innere Leiden seien nämlich ebenso äußere, der Organismus sei ein Ganzes und müsse als solches behandelt werden. Ohnedies war er der Auffassung, daß es im Grunde »nur eine Krankheit« gebe, die von der Schulmedizin »blindlings gejagt« werde »wie ein Tier durch endlose Wälder«.[10]

Trotz seiner auf Prinzipien gestützten inneren Gegnerschaft blieb Kafka Patient von Fachärzten. Liest man die Kommentare zu seinen Arztbesuchen, entsteht allerdings der Eindruck, er habe die an ihm vorgenommenen Untersuchungen mit der amüsierten Distanz eines Aufgeklärten verfolgt, der im Varieté das Zersägen einer Jungfrau beobachtet. Über eine Konsultation bei Dr. Keller-Hoerschelmann im Sanatorium »Erlenbach«: »Angenehmes Gefühl, als der Arzt wieder und wieder mein Herz abhorchte, den Körper immer wieder anders gelegt haben wollte und nicht ins Reine kommen konnte. Besonders lange betastete er die Herzgegend, es dauerte so lang, daß es fast gedankenlos schien.« Über eine Verordnung von Dr. Haferland, Kurarzt der »Justschen Kuranstalt Jungborn«: »Verbietet mir das Obstessen mit dem Vorbehalt, daß ich ihm nicht folgen muß.« Über eine Diagnose Dr. Mühlsteins: »ein Lungenspitzenkattarrh (das ist das Wort, so wie man jemandem Ferkelchen sagt, wenn man Sau meint)«.[11]

Kafka einen unkooperativen Patienten zu nennen, wäre freundlich untertrieben. Er ist ein sich verweigernder Patient. Gutgemeinte Ratschläge werden ironisiert: »Ich möge [...] am besten gleich auf Urlaub gehn (das geht nicht), ich möge etwas einnehmen (das geht auch nicht), ich möge gut schlafen (das geht auch nicht), ich möge nicht nach dem Süden gehn, nicht schwimmen (das geht auch nicht) und ich möge mich ruhig verhalten (das geht erst recht nicht).«[12] Vorsichtig erwogene Therapien werden abgeurteilt: »sollte es nicht in einigen Monaten besser werden, wird er vielleicht (Blödsinn) Tuberkulin injicieren«.[13] Sanatorienübliche Verfahren werden zurückgewiesen: »ich will mich nicht praxieren, packen, elektrisieren, heilbaden, untersuchen, durch besonders gute Diagnosen mich besonders gut über meine Krankheiten informieren lassen«.[14] Und notfalls ist Kafka auch zu aktivem Widerstand bereit: »Im Herbst will er es mit Einspritzungen versuchen, ich glaube aber nicht, daß ich das dulden werde«, obgleich er um die unduldsamen Verhältnisse in Sanatorien weiß, »wo einem gewesene Henker die Arme auskegeln, wenn man sich gegen Injektionen wehrt«.[15]

Der einzige Diagnostiker und Therapeut, dem Kafka traute, war er selbst. Ärzten bleibe »aus notwendiger Unwissenheit« nämlich nichts übrig, als entweder »Wesensloses« zu wiederholen oder sich »in Wichtigem« zu widersprechen;[16] schon deshalb sei jeder körperbewußte Patient ihnen überlegen. »Übrigens weiß ich entgegen dem Arzt, daß ich um halbwegs gesund zu werden, nur Ruhe brauche undzwar eine besondere Art von Ruhe oder wenn man es anders ansieht eine besondere Art von Unruhe.«[17] – Es bleibt die Frage, warum Kafka, wenn er weder bereit war, ihren Diagnosen zu glauben, noch willens, ihren Ver-

ordnungen zu folgen, Schulmediziner überhaupt konsultierte. Offenbar blieb ihm nichts anderes übrig, weil sein Arbeitgeber, die Arbeiter-Unfall-Versicherungs-Anstalt, Atteste von Naturheilkundlern wohl kaum akzeptiert hätte. Kafka gelingt es indessen, auch aus dieser Not eine Tugend zu machen. Seine List besteht darin, die Schulmediziner gleichsam außerhalb ihrer Profession zu nehmen und nur das zu nutzen, was sie als menschlichen und damit natürlichen Wirkstoff zu bieten haben: »An und für sich glaube ich ihm [dem Hausarzt Dr. Kral] nicht, aber beruhigen lasse ich mich von ihm wie von jedem Arzt. In diesem Sinne sind auch Ärzte als Naturheilmittel zu verwenden.«[18]

1 Tb, 395 f. / 2 An Milena Jesenská, Mai 1920 (BaM, 19); an Grete Bloch, 24.5.1914 (BaF, 587); an Grete Bloch, 16.5.1914 (BaF, 575). / 3 Tb, 393 ff. u. 397. / 4 Brod FK, 114. / 5 Vgl. Kafkas Briefe an Max Brod, 3.4.1913 (BKB, 126), und Felice Bauer, 7.4.1913 (BaF, 358). / 6 An Felice Bauer, 24.11.1912 (BaF, 120). / 7 An Felice Bauer, 26.11.1912 (BaF, 130). / 8 An Felice Bauer, 5./6.1.1913 (BaF, 233). / 9 An Grete Bloch, 24.5.1914 (BaF, 587). / 10 An Max Brod, Ende April 1921 (BKB, 341). / 11 Tb, 981; Tb, 1041; An Ottla Kafka, 29.8.1917 (BaO, 39). / 12 An Felice Bauer, 4.7.1913 (BaF, 434). / 13 An Ottla Kafka, 4./5.9.1917 (BaO, 43). / 14 An Felice Bauer, 31.5.1916 (BaF, 661). / 15 An Milena Jesenská, 14.7.1920 (BaM, 113). / 16 An Ottla Kafka, 4./5.9.1917 (BaO, 42 f.). / 17 An Milena Jesenská, 14.7.1920 (BaM, 113); vgl. an Kurt Wolff, Februar 1920 (Br, 261). / 18 An Felice Bauer, 4.7.1913 (BaF, 434).

DIE DICKE WARME REHBERGER

Gestern bei Max am Pariser Tagebuch geschrieben. Im Halbdunkel
der Rittergasse die in ihrem Herbstkostüm dicke warme Rehberger,
die wir nur in ihrer Sommerblouse und dem dünnen blauen Sommerjäckchen gekannt haben in denen ein Mädchen mit nicht ganz
fehlerlosem Aussehn schließlich ärger als nackt ist. Da hatte man erst
recht ihre starke Nase in dem blutleeren Gesicht gesehn, in dessen
Wangen man lange die Hände hätte drücken können, ehe sich eine
Rötung gezeigt hätte, den starken blonden Flaum, der sich auf der
Wange und der Oberlippe häufte, den Eisenbahnstaub, der sich zwischen Nase und Wange verflogen hatte und das schwächliche Weiß
im Blousenausschnitt. Heute aber liefen wir ihr respektvoll nach und
als ich mich an der Mündung eines Durchhauses vor der Ferdinand-
straße verabschieden mußte wegen Unrasiertheit und sonstigem schä-
bigem Aussehn (Max war gerade sehr schön mit schwarzem Über-
zieher, weißem Gesicht und Brillenglanz) fühlte ich nachher einige
kleine Stöße von Zuneigung zu ihr. Und wenn ich nachdachte warum,
mußte ich mir immer nur sagen, weil sie so warm angezogen war.[1]

Seinen Aufzeichnungen zufolge begegnete Kafka der Rehberger – ihres
Vornamens war er sich nicht sicher, Alice oder Angela[2] – dreimal in seinem Leben. Bei jeder Begegnung wird sie wirklicher, bei jeder mehr
Frau, zugleich ist es ein Errichten von Fassaden, die wieder einstürzen,
unaufhaltsam, bis Kafka in einen »Abgrund von Häßlichkeit« zu blicken
meint. Seine Zuneigung wächst dennoch, durch alles hindurch, beim
letzten Zusammentreffen, im ersten Kriegsjahr, gefällt sie ihm »sehr gut
auch im zweifellos häßlichen«, und er registriert mit leiser Wehmut, daß
der Entwicklung seines Blickes bei ihr nichts entspricht: »ich verstehe
sie gewiß nicht, aber ahne sie, sie dagegen begnügt sich mit dem ersten
oberflächlichsten Eindruck, den sie von mir erhalten hat«.[3]

Kennengelernt hatte Kafka die Rehberger am 26. August 1911, im Zug von Prag nach München, der ersten Etappe einer mit seinem Freund Max Brod unternommenen Urlaubsreise, die weiter über die Schweiz nach Italien führen und schließlich in Paris enden sollte. »Ein Mädchen, die spätere Alice Rehberger, steigt in Pilsen ein«, notiert er in seinem Reisetagebuch.[4] Über ihre Physiognomie, ihre Kleidung fällt, ganz entgegen Kafkas sonstiger Gewohnheit (➤ Prof. Grünwald), kein einziges Wort. Sie bleibt für ihn Geplapper: »›tadellos, herausfeuern 0 Kom[m]a 5 Beschleunigung, prompt‹, Nesthäkchen im Bureau, Ansichten über Militär, Witze im Bureau«.[5] – Brod, der stets auf literarische Verwertung des Erlebten aus war, hatte Kafka, wie schon auf der Reise nach Riva (➤ Italiener werden), vorgeschlagen, die während der Fahrt gesammelten Eindrücke in parallelen Aufzeichnungen festzuhalten. Am vierten Urlaubstag, in Lugano, erweiterte sich dieser Plan zu der Idee eines gemeinsam verfaßten Romans, der die Stationen der Reise als Akte im Drama einer Männerfreundschaft behandeln sollte.

Es ist Brods Idee; Kafka wird nicht warm damit, obgleich er sich an die Abmachung hält und ein relativ umfängliches Reisetagebuch anlegt. Als beide wieder zuhause sind – Kafka hatte an die Urlaubsreise noch einen Sanatoriumsaufenthalt angeschlossen –, soll es an die Ausarbeitung gehen. Allzu hoch ist der literarische Anspruch des zuerst »Robert und Samuel«, dann »Richard und Samuel« genannten Projekts nicht. Die entstandenen Aufzeichnungen werden ein wenig entwickelt, dann ineinander verschränkt, wobei sie »für Richard vorzugsweise die Eigenheiten und Reisenotizen Kafkas«, für Samuel die Brods verwenden, »manchmal aber auch umgekehrt«.[6] Dennoch war die Zusammenarbeit, wie Max Brod sich erinnert, von Anfang an ein zähes Geschäft, das »bald ins Stocken« geriet. Kafka »wehrte sich«, was wohl nicht nur an dem ihm mißliebigen Projekt lag.[7] Er hatte einfach anderes im Kopf, zum Beispiel die Asbestfabrik, bei deren Gründung er seinen Schwager unterstützen mußte, und die in Prag gastierende ostjüdische Theatertruppe, die ihn fasziniert und deren Aufführungen er bald regelmäßig besucht. Trotzdem findet er sich an dem einen oder anderen Abend mit seinen Reiseaufzeichnungen bei Brod in der Schalengasse ein.

So auch am 11. Oktober 1911. Sie arbeiten am ersten Kapitel von »Richard und Samuel«, das im übrigen das einzige bleiben sollte; es erschien im Juni 1912 unter dem Titel »Die erste lange Eisenbahnfahrt (Prag–Zürich)« in den *Herderblättern*. Das Kapitel beginnt mit dem mißglückten Versuch Samuels, also Brods, aus einer zufälligen Reisebekanntschaft einen Flirt und mehr zu machen. Die Reisebekanntschaft ist Alice/Angela Rehberger, die jetzt »Dora Lippert« heißt; den Nachnamen entlehnen Brod und Kafka einer Prager Delikatessenhandlung.[8] An diesem Abend scheint die Zusammenarbeit relativ reibungslos zu verlaufen, und sie beenden den Tag mit einem gemeinsamen Spaziergang.

Vielleicht haben sie gerade ihre Persiflage der Lippert-Rehbergerschen Erzählungen geschrieben, die Samuel zugeordnet ist: »Wir erfahren, daß sie die Tochter eines nach Innsbruck versetzten Offiziers ist und zu ihren Eltern fährt, die sie schon so lange nicht gesehn hat. Sie arbeitet in einem technischen Bureau in Pilsen, den ganzen Tag, hat sehr viel zu tun, aber es macht ihr Freude, sie ist sehr zufrieden mit ihrem Leben. Im Bureau heißt sie: unser Nesthäkchen, unsere kleine Schwalbe. [...] O es ist lustig im Bureau! Man verwechselt die Hüte in der Garderobe, nagelt die Zehnuhrkipfel an oder klebt einem den Federstiel mit Gummiarabicum an die Schreibmappe. [...] Sie ist Wagnerianerin, fehlt bei keiner Wagnervorstellung [...]. – Sie sammelt Chokoladenpapier, aus dem sie eine große Staniolkugel macht, die sie auch mit hat. Diese Kugel ist für eine Freundin bestimmt, weiterer Zweck unbekannt. Sie sammelt aber auch Cigarrenbinden, diese ganz bestimmt für ein Tablett. – Der erste bayerische Konducteur bringt sie darauf, ihre sehr widerspruchsvollen und dunklen Ansichten [...] über das österreichische Militär und Militär überhaupt kurz und mit großer Entschiedenheit zu äußern. Sie hält nämlich nicht nur das österreichische Militär für schlapp, sondern auch das deutsche und jedes Militär

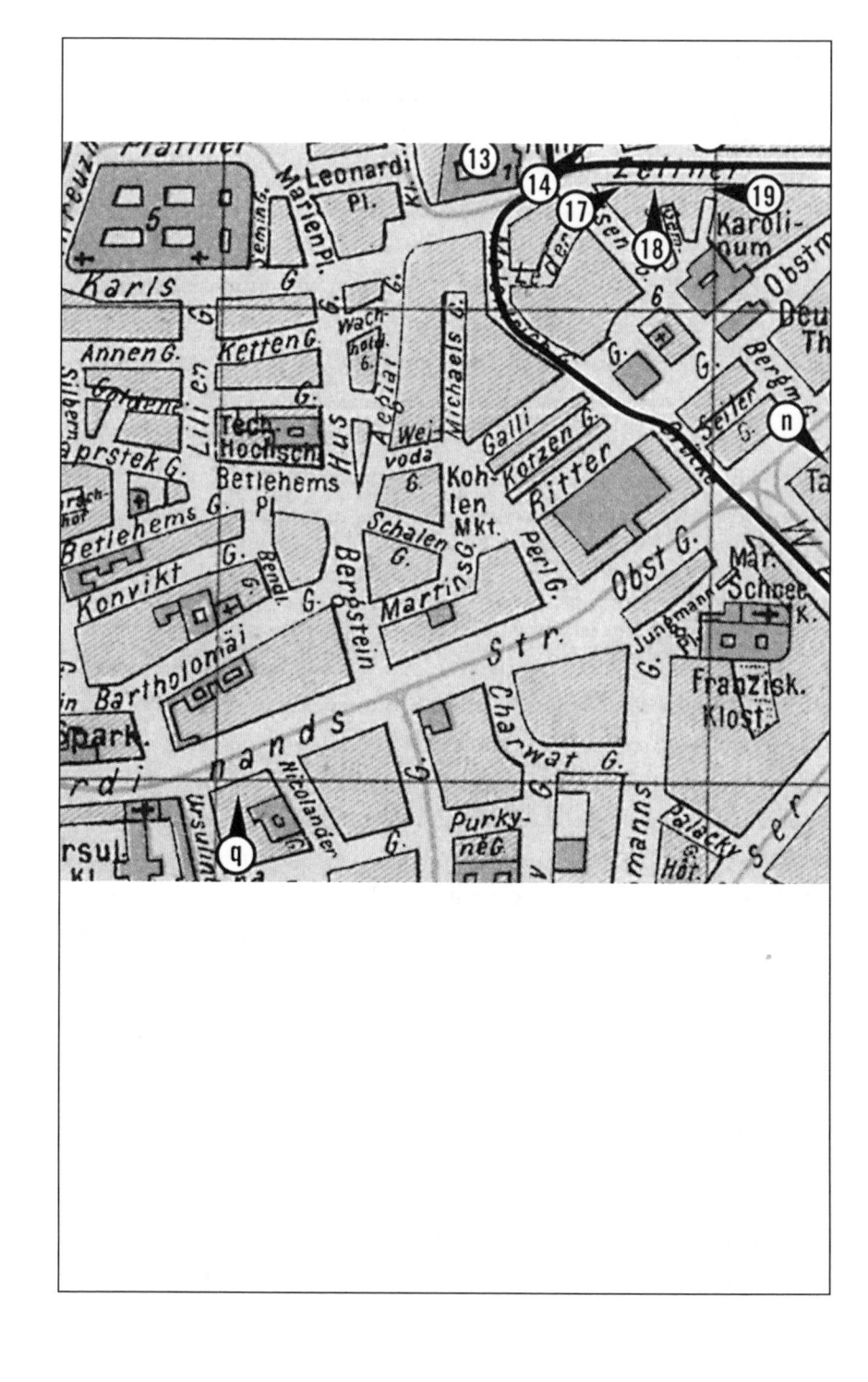

überhaupt. [...] – Ihre Lieblingsausdrücke: tadellos – mit Null Komma fünf Beschleunigung – herausfeuern – prompt – schlapp.«[9]

Oder sie lassen Richard von der Taxifahrt erzählen, die Samuel dem sich zierenden Mädchen in München aufdrängt. Richard ist »das Ganze peinlich«; es erinnert ihn »genau an das Kinematographenstück ›Die weiße Sklavin‹, in dem die unschuldige Heldin gleich am Bahnhofsausgang im Dunkel von fremden Männern in ein Automobil gedrängt und weggeführt wird«.[10] Und die Fahrt wird zum Desaster. »Da der große Schirm des Autos uns die Aussicht nimmt, sehn wir eigentlich von allen Gebäuden nur den ersten Stock zur Not. Es ist Nacht. Perspektiven einer Kellerwohnung. [...] Der Chauffeur, von uns aufgefordert, ruft die Namen der unsichtbaren Sehenswürdigkeiten aus. Die Pneumatics rauschen auf dem nassen Asphalt wie der Apparat im Kinematographen. Wieder diese ›weiße Sklavin‹.«[11]

Womöglich unterhalten sich Brod und Kafka sogar über diese Episode, während sie durch die Straßen gehen. Und dann, auf dem Rückweg, im »Halbdunkel der Rittergasse«, sehen sie auf einmal die Rehberger vor sich. Fast schon war sie zur literarischen Figur geworden, nun beharrt sie, wie zum Trotz, auf ihrer Wirklichkeit. Ein ganz und gar unwahrscheinliches Treffen – so unwahrscheinlich, daß man versucht sein könnte, die eingangs zitierte Tagebuch-Eintragung Kafkas, die die Begegnung festhält, für gut erfunden zu halten. Schließlich ist Prag groß und Alice/Angela Rehberger lebt, wie wir wissen, in Pilsen. Kafka geht darauf nicht ein; von Überraschung in dieser Hinsicht ist keine Rede. Überrascht ist er dennoch, nämlich davon, daß er und Brod ihr diesmal, ohne Vorsatz, »respektvoll« begegnen und nachlaufen, während sie im Zug bloß Objekt ihrer Kuriosität gewesen war und in München ihr vergeblich sich sträubendes Opfer.

Die Kleidung macht den Unterschied. Sie haben sie »nur in ihrer Sommerblouse und dem dünnen blauen Sommerjäckchen gekannt«, jetzt trägt sie ein »Herbstkostüm«, das sie dick macht und warm. Erst in dieser Verpackung wird Kafka die Rehberger, die auf der Reise für ihn in ihrem Geplapper aufgegangen war, als Frau bewußt. Und erst jetzt, in der kontrastiven Betrachtung, kann er nachtragen, was in seinen Reiseaufzeichnungen fehlte: wie sie aussah im Zug, welchen Eindruck er von ihrer Physiognomie und Konstitution hatte (dieser Nachtrag geht dann, als Richards Eindruck, in das »Eisenbahnfahrt«-Kapitel ein).[12] Anämisch war sie ihm vorgekommen, weiß er jetzt, kühl vom Fleisch her, mager offenbar auch, wofür das »schwächliche Weiß im Blousenausschnitt« spricht, das im »Richard und Samuel«-Text durch die Bemerkung ergänzt wird, ihre Bluse habe sich »auf der Brust zerknittert«.[13]

An diesem Oktoberabend in der Rittergasse ist sie nicht mehr »das fade Frauenzimmer«.[14] Dick ist sie in ihrem Herbstkostüm, vor allem aber warm, und das, nur das, läßt Kafka »einige kleine Stöße von Zuneigung« für sie empfinden. Kafka sucht Wärme; wo sie versprochen wird, fühlt er sich unwiderstehlich angezogen. Daß er sie sucht, hängt mit seiner leptosomen Konstitution zusammen. Zu seinen guten Zeiten verteilen sich 61 Kilogramm Körpergewicht auf 182 Zentimeter Körperlänge – »ich bin«, erklärt er seiner späteren Verlobten Felice Bauer, »der magerste Mensch, den ich kenne«.[15] Magerkeit aber heißt, zu wenig Fett, und zu wenig Fett heißt, zu wenig Wärme: »Mein Körper ist zu lang für seine Schwäche, er hat nicht das geringste Fett zur Erzeugung einer segensreichen Wärme, zur Bewahrung inneren Feuers, kein Fett von dem sich einmal der Geist über seine Tagesnotdurft hinaus ohne Schädigung des Ganzen nähren könnte.«[16] Menschen, die aufgrund ihrer Konstitution oder ihrer Ernährung über Körper mit genügend Fett verfügen, beschäftigen Kafka sein Leben lang. Sein Instinkt sage ihm, schreibt er Felice Bauer, »daß die Dicken auch die Klügsten sind«.[17] Handelt es sich um Männer, beneidet er sie insgeheim, wie den fülligen Franz Werfel, den er gegen die Angriffe seiner Briefgeliebten Milena Jesenská nur scheinbar ironisch verteidigt: »wissen Sie denn nicht, daß nur die Dicken vertrauenswürdig sind? Nur in diesen starkwandigen Gefäßen wird alles zuendegekocht, nur diese Kapitalisten des Luftraums sind, soweit es bei den Menschen möglich ist, geschützt vor Sorgen und Wahnsinn und können sich ruhig mit ihrer Aufgabe beschäftigen und sie allein sind, wie einmal einer sagte, als eigentliche Erdenbürger auf der ganzen Erde verwendbar, denn im Norden wärmen sie und im Süden geben sie Schatten. (Man kann das allerdings auch umkehren, aber es ist dann nicht wahr.)«[18] Sind es Frauen, ist er immer angezogen, oft erregt, manchmal reicht es gar, um sich zu verlieben, wie im Fall von Hedwig Weiler, einer sozialdemokratisch gesinnten Studentin, die er im Sommer 1907 in Triesch kennengelernt hatte. Sie sei »sehr häßlich«, teilt er Max Brod mit, »klein und dick«, ihre Wangen seien »roth ununterbrochen und grenzenlos«, ihr Gebiß entstellend. Dennoch habe er »von ihren verkürzten dicken Beinen« geträumt. »Und auf diesen Umwegen«, fährt er fort, »erkenne ich die Schönheit eines Mädchens und verliebe mich«.[19]

Der Attraktion des Dicken, Vollfleischigen kann Kafka sich bei keiner Frau entziehen, der Reiz ist so stark, daß er zu fetischistischen Fixierungen führt. »Im Park, Lesezimmer u. s. w. bekommt man hübsche, fette Füßchen zu sehn«, notiert er während seines Aufenthalts in der Naturheilanstalt Jungborn, die ihn durch ihre ungehemmte Freikörperkultur ebenso besticht wie irritiert; an der Schauspielerin Flora Klug fallen ihm ebenfalls die »fetten Füßchen« auf, »die in den dicken weißen Strümpfen bis hinter die Zehen durch die Schuhe sich niederhalten lassen«; dasselbe gilt für die »dicke große duftende Dame«, die im Zug nach Mailand neben ihm sitzt: »ihr vieles Fleisch hält es im flachen Fuß nicht aus und steigt gleich hinter den Zehen in die Höhe«.[20] Sind es nicht die Füße, sind es die Beine, die verkürzten dicken Hedwig Weilers oder die feisten Oberschenkel der Dirne, die zu drücken ihm im Traum größtes Vergnügen bereitet. Ohnehin will Kafka, wie er im Tagebuch bekennt, auch von den Dirnen »nur die dicken«.[21] Aber er begehrt nicht sie, er begehrt ihr Fett, und ihr Fett begehrt er, weil es Wärme verspricht, eine Wärme, die ihm mangelt und an der er teilzuhaben hofft.

Die »dicke warme Rehberger« fügt sich nicht recht in dieses Schema. Ihre Wärme ist keine, die vom Körper herkommt, wie bei den konstitutionell Dicken, sondern eine, die die Kleidung borgt: sie ist warm angezogen, nicht warm an sich. Ihr Herbstkostüm als pars pro toto zu nehmen, war eine Fiktion, wie Kafka bei seinem dritten und letzten Zusammentreffen mit ihr im Mai 1915 erkennen muß. »Früh Frl. R. getroffen. Eigentlich ein Abgrund von Häßlichkeit, so verändern kann sich ein Mann nicht.« Sie trägt die »alte Jacke die ich kenne« – da es Mai ist, wohl das dünne blaue Sommerjäckchen –, »was sie unter der Jacke trägt, ist ebenso unkenntlich als verdächtig, vielleicht nur das Hemd«. Sie ist auch nicht mehr dick, bittet sogar »in aller Unschuld [...] um eine Brotkarte«. Dennoch ist Kafka berührt, nicht mehr von der Herbst-kostüm-Fassade, nicht mehr von der Fiktion, sie verspreche körperliche Wärme, sondern wie es scheint von der wirklichen Frau, die er jetzt, erst jetzt und zu spät, zu ahnen beginnt: ›Trotz allem gefällt sie mir sehr gut auch im zweifellos häßlichen, überdies ist die Schönheit ihres Lächelns unverändert.« Sie aber sieht ihn nicht, und so bleiben beide »durch Erd-teile getrennt«.[22]

1 Tb, 74 f. / 2 Kafka benutzt beide Vornamen abwechselnd Tb, 943 u. 945), Brod nennt sie »Angela« (Max Brod/Franz Kafka, *Eine Freundschaft. Bd. I: Reiseaufzeichnungen.* Hg. v. Malcolm Pasley. Frankfurt a. M. 1987, 74). / 3 Tb, 744. / 4 Tb, 943. / 5 Tb, 944. / 6 Brod FK, 131. / 7 Ebd.; vgl. Tb, 258. / 8 »Josef Lippert«; vgl. Binder KW, 367. Als Beleg für Kafkas Bekanntschaft mit diesem Geschäft vgl. den Brief an seine Schwester Ottla, Ende Okt. 1923 (BaO, 143). / 9 DzL, 422–424. / 10 DzL, 428 f.; vgl. Hanns Zischler, *Kafka geht ins Kino.* Reinbek 1996, 47 ff. / 11 Ebd. / 12 Vgl. Tb, 74 mit DzL, 424. / 13 DzL, 424. / 14 DzL, 430. / 15 An Felice Bauer, 1.11.1912 (BaF, 65); vgl. Wagenbach FKJ, 141. / 16 Tb, 263 f. / 17 An Felice Bauer, Mitte Mai 1916 (BaF, 657). / 18 An Milena Jesenská, 30. Mai 1920 (BaM, 24). / 19 An Max Brod, Mitte Aug. 1907 (BKB, 32 f.). / 20 Tb, 1040; Tb, 350; Tb, 965 f. / 21 Tb, 72; Tb, 594. / 22 Tb, 744.

SCHMUTZIAN

Die Vermieterin warf die Röcke und eilte durch die Zimmer. Eine große kalte Dame. Ihr vortretender Unterkiefer schreckte die Zimmerherrn ab. Sie liefen die Treppe hinauf und wenn sie ihnen aus dem Fenster nachsah, verdeckten sie im Laufe ihre Gesichter. Einmal kam ein kleiner Zimmerherr, ein fester untersetzter junger Mann, der die Hände ständig in den Taschen seines Rockes hielt. Vielleicht war es seine Gewohnheit, es war aber auch möglich, daß er das Zittern der Hände verbergen wollte.

Junger Mann sagte die Frau und ihr Unterkiefer rückte vor Sie wollen hier wohnen?

Ja sagte der junge Mann und zuckte mit dem Kopf von unten hinauf.

Sie werden es hier guthaben sagte die Frau, führte ihn zu einem Sessel und setzte ihn hinauf. Hiebei bemerkte sie, daß er einen Fleck in der Hose hatte, weshalb sie neben ihm niederkniete und diesen Fleck mit den Nägeln zu reiben begann.

»Sie sind ein Schmutzian« sagte sie

Es ist ein alter Fleck

Dann sind sie eben ein alter Schmutzian.

»Weg mit der Hand« sagte er plötzlich und schob sie wirklich weg. »Was sie doch für schreckliche Hände haben« sagte er dann faßte ihre Hand und drehte sie. »Oben ganz schwarz, unten weißlich, aber noch ausreichend schwarz und – er fuhr in ihren weiten Ärmel – auf dem Arm sind sie sogar ein wenig behaart.«

»Sie kitzeln mich« sagte sie

»Weil sie mir gefallen. Ich verstehe nicht, wie man sagen kann, daß sie häßlich sind. Man sagt es nämlich. Aber nun sehe ich, daß das ja gar nicht stimmt.«

Und er stand auf und gieng im Zimmer auf und ab. Sie kniete noch immer und besah ihre Hand.

Das machte ihn aus irgendeinem Grunde wild, er sprang hinzu und nahm wieder ihre Hand.

»So ein Frauenzimmer« sagte er dann und schlug ihre längliche magere Wange. »Es würde geradezu zu meinem Behagen beitragen hier zu wohnen. Aber billig müßte es sein. Und keinen andern Mieter dürften sie aufnehmen. Und treu müßten sie mir sein. Ich bin ja viel jünger als sie, da kann ich doch Treue verlangen. Und gut kochen müßten sie. Ich bin an gutes Essen gewöhnt und werde es mir niemals abgewöhnen.«[1]

Auf diese Skizze folgt in Kafkas Tagebuch scheinbar zusammenhanglos der Eintrag: »Tanzt ihr Schweine weiter; was habe ich damit zu tun?«[2] In seinem Buch *Franz Kafka. Gelegenheit zu einer kleinen Verzweiflung* hat Nikolaus Heidelbach diesen Satz illustriert. Man sieht zwei füllige, annähernd rattengroße, nicht ganz saubere Schweinchen auf der Glasplatte eines Nachttisches ringelreihen und dahinter Kafka abgewendet im Bett liegen.[3] Da Kafka sich einmal ein Tier vorstellt, »das genauso aussehn würde wie das Schwein, [...] aber so klein wäre wie eine Ratte«,[4] ist die Assoziation nachvollziehbar. Dennoch kann sie in die Irre führen. Der Satz ist nämlich nicht isoliert, sondern als Kommentar zu der voranstehenden Skizze zu nehmen. Und in der tanzen ganz andere Schweine.

Die »Schmutzian«-Geschichte ist die vierte von fünf Untermieter-Variationen, die Kafka zwischen Mitte März und Ende Mai 1914 niedergeschrieben hat, in den Wochen, die sicherlich zu den zermürbendsten seines Lebens gehörten. Ein Dreivierteljahr zuvor, im Juni 1913, hatte er der in Berlin lebenden Felice Bauer einen Heiratsantrag gemacht. Sie nahm den Antrag zwar an, weiteres ergab sich zunächst jedoch nicht. Kafka schickte Brief um Brief, flehte, drängte, Felice schwieg, und wenn sie antwortete, dann vage oder ausweichend. Ende Februar 1914 fuhr Kafka für ein Wochenende nach Berlin, um Klarheit zu bekommen. Freitag nacht kam er an, Samstag morgen besuchte er Felice in ihrem Büro bei der Carl Lindström AG, mittags gingen sie in eine Konditorei und anschließend spazieren, Sonntag vormittag machten sie einen Gang durch den Tiergarten. Am Nachmittag ging Kafkas Zug, Felice versprach, auf den Bahnsteig zu kommen, sie kam nicht.

Das war eine Geste, derer es nicht mehr bedurft hätte, denn Kafka empfand das Ergebnis der Reise auch so als niederschmetternd. Immer aufs Neue repetiert er die »etwa 7 Stunden«, die er mit Felice verbracht hatte.[5] Meistens habe sie »stumpf seitwärts« geschaut und geschwiegen, berichtet er Grete Bloch, einer jungen Frau, die von Felice als Vermittlerin eingeschaltet, aber mehr und mehr zu seiner Vertrauten geworden war. (➤ Zukunftsaussichten) Und wenn sie nicht geschwiegen habe, habe sie »nur in halben abgebrochenen Sätzen gesprochen«.[6] Von den wenigen Dialogen, die zustande kamen, beschäftigt ihn vor allem einer, den er Grete Bloch im Wortlaut wiedergibt und schließlich auch Felice selbst vorhält.

Felice: »Ich kann Dich ganz gut leiden, aber das langt nicht zur Ehe. Halbes aber tue ich nicht.«

Kafka: »Das andere ist aber doch auch nur ein halbes.«

Felice: »Ja, aber es ist die größere Hälfte.«[7]

Zurück in Prag, schreibt Kafka eine Art Selbstprüfung in sein Tagebuch, in der er versucht, sich durch kritische Fragen zu einer illusionslosen Positionsbestimmung zu zwingen.

»Warum gibst Du alle Hoffnung auf, F. doch zu bekommen?

[…] Ich hatte, wie ich jetzt, da alles klar werden muß, eingestehen kann, selbst zur Zeit unseres herzlichsten Verhältnisses oft Ahnungen und durch Kleinigkeiten begründete Befürchtungen, daß F. mich nicht sehr lieb hat, nicht mit aller Liebeskraft deren sie fähig ist. Das ist nun, nicht ohne meine Mithilfe allerdings, auch F. zu Bewußtsein gekommen. […] Als letzte Erinnerung an sie habe ich die ganz feindselige Grimasse, die sie machte, als ich mich im Flur ihres Hauses nicht mit dem Kuß auf ihren Handschuh begnügte, sondern ihn aufriß und ihre Hand küßte. […]

Was willst Du also tun?

Von Prag weggehn. […] Ich muß […] nach Berlin, wo die meisten Möglichkeiten sind, sich zu erhalten. Dort kann ich auch im Journalismus meine schriftstellerischen Fähigkeiten am besten und unmittelbarsten ausnützen und einen mir halbwegs entsprechenden Gelderwerb finden. […]

Du bist aber verwöhnt

Nein, ich brauche ein Zimmer und vegetarische Pension, sonst fast nichts.

Fährst Du nicht F.'s wegen hin

Nein«[8]

Berlin bleibt das Ziel, aber Berlin steht jetzt nicht mehr für Felice und Heirat, sondern für ein Leben als freier Journalist und zur Untermiete. In den folgenden Wochen umspielt Kafka das Szenario des »Zimmerherrn« in einer Reihe von Szenen und Entwürfen. Dem ersten Ansatz, den Kafka Mitte März, zwei Wochen nach seiner Rückkehr aus Berlin, niederschreibt, könnte man den Titel »Ungebetener Gast aus der Heimat« geben. Einem Studenten, der ein »kleines Mietzimmer« bewohnt, kündigt das »Dienstmädchen (schwaches Mädchen)« Besuch an. Der Besucher ziert sich, den Grund seines Kommens preiszugeben, schließlich erklärt er, er sei »auch aus Wulfenshausen«, was den Studenten veranlaßt zu fragen, weshalb er »nicht dort geblieben« sei.[9] Kafka notiert noch eine Variante des Anfangs,[10] arbeitet das Ganze jedoch zunächst nicht weiter aus. Am 21. März schreibt er einen langen Brief an Felice, den er Grete Bloch gegenüber als »vielleicht, wahrscheinlich, den letzten« bezeichnet. In diesem Brief habe er Felice ein Ultimatum gestellt: wenn nicht bis zum 23. März ein Brief von ihr komme, »sind wir beide, F. und ich, frei«.[11] Am 23. März erhält er ein Telegramm von Felice, zwei Tage später einen Brief, den er noch am selben Tag beantwortet.

Folgt man der oben zitierten Selbstprüfung, war das Szenario des in Berlin hausenden Untermieters für Kafka eine von zwei Lebensalternativen: Felice heiraten, sie aus Berlin nach Prag holen und Beamter der Arbeiter-Unfall-Versicherungs-Anstalt bleiben, oder Felice nicht heiraten, nach Berlin ziehen und sich als freier Journalist durchschlagen. In seinem Antwortbrief kommt er auf diese Alternative zurück, aber so, als sei die Entscheidung nun gefallen: »Ich muß mich aus meinem gegenwärtigen Leben herausreißen, entweder durch die Heirat mit Dir oder durch Kündigung und Abreise. Hätte ich Montag Dein Telegramm nicht bekommen, hätte ich vielleicht Dienstag aber jedenfalls Mittwoch einen schon fertigen Brief weggeschickt, der mir, wie ich hoffen konnte, einen kleine Stellung, einen kleinen finanziellen Rückhalt in Berlin verschafft hätte, im übrigen hätte ich versucht, […] mich im untersten Journalismus irgendwo festzuhalten.«[12] Die Zeichen stehen also auf Heirat und gemeinsame Wohnung mit Felice in Prag.

Am 30. März schreibt Kafka die nächste Untermieter-Szene ins Tagebuch, eine Variation der ersten, in der die erotische Dimension der Zimmerherren-Existenz erprobt wird. Der ungebetene Gast fehlt, stattdessen rückt das Dienstmädchen, das nun auch einen Namen bekommt, in den Mittelpunkt. Der Student liegt im Dunklen auf seinem Kanapee, sieht Anna beim Aufbetten zu, und sie tut ihre Arbeit »unter einigen Seitenblicken zum Studenten hin«.[13] Am 4. April telefoniert Kafka mit Felice; sie vereinbaren, daß er über die Ostertage nach Berlin kommt. Am 12. April trifft er abends in Berlin ein. Am folgenden Tag verloben sich Kafka und Felice Bauer. Am 18. April gesteht Kafka in einem Brief an Grete Bloch, er habe Felice »vor sehr kurzer Zeit im Halbschlaf« mit »gemeinen Schimpfworte[n]« belegt.[14] Tags darauf schreibt er einen warmen Brief an Felices Mutter, die er »liebe und liebste Mutter« nennt,[15] und einen an Felice, in dem er versichert, er werde am nächsten Tag die Verlobungsanzeige in die Zeitung setzen lassen. Am 20. April schreibt er, er sei »wirklich unfähig« gewesen, »die kleine Anzeige in die Zeitung zu geben«. Es habe zwar eigentlich nichts dagegen gesprochen. »Aber ich konnte nicht.«[16] Am 21. April erscheint im Beriner Tageblatt die von Felice aufgegebene Verlobungsanzeige.

Kafka: »Die Anzeige im Tagblatt ist mir […] ein wenig unheimlich, die Anzeige des Empfangstages klingt so, als stünde dort, daß F. K. am Pfingstsonntag eine Schleifenfahrt im Varieté ausführen wird.«[17]

22. April: ›Komm‹ bald, heiraten wir, machen wir Schluß.«[18]

Die Verlobung ihrer Kinder **Felice** und **Franz** zeigen ergebenst an

Carl Bauer und Frau **Anna**
geb. **Danziger.**

Hermann **Kafka** und Frau **Julie.**

Berlin-Charlottenburg,
Wilmersdorferstrasse 73.

Prag, Altstädterring 6.

Felice Bauer
Dr. Franz Kafka
Verlobte.

Berlin, im April 1914.
Empfangstag Pfingstmontag. 1. Juni.

Am 1. Mai kommt Felice mit ihrer Mutter Anna nach Prag, um in Erwägung gezogene Wohnungen zu besichtigen, am 5. Mai fahren beide wieder nach Berlin. Ob Felice während dieser Tage in ganzen Sätzen sprach, wenn sie mit ihm zusammen war, ist nicht überliefert. Allzu überschwenglich äußert Kafka sich jedenfalls nicht. Was wunder, da auch die Mutter dabei war. Wie er zu Anna Bauer stand, hatte er schon früh deutlich gemacht, als Felice ihm ein Photo ihrer Familie schickte. Sein Urteil über die Mutter sei, schrieb er vorsichtig, »ein wenig unsicher« und zwar deshalb, »weil das meiste und undifferenzierteste Licht auf ihr Gesicht fällt«. Und dann kam das Urteil doch, als Frage getarnt: »Ist es nicht eine große, etwas knochige Frau?«[19] Fräulein Bloch hingegen war klein, zart und weich, und ihr schickt Kafka, auch während seine Verlobte und ihre Mutter in Prag sind, fast jeden Tag einen Brief. Manches, was er schreibt, ist heikel. Es geht bis zur nur leicht kaschierten Vision einer Ménage-à-trois: »wir haben beschlossen – und Sie dürfen sich ja nicht wehren – daß Sie, bis wir einmal verheiratet sind, längere Zeit (und zwar gleich am Anfang [...]) bei uns leben müssen. [...] Und wir wollen ein schönes Leben führen und Sie sollen allerdings, um mich zu prüfen, meine Hand halten.«[20] Felice soll geheiratet werden, Grete Bloch hält er sich warm, und die Untermieter-Phantasien schreibt er weiter. Wenige Tage, nachdem Mutter und Tochter Bauer Prag verlassen haben, folgt die nächste Variation, in deren Zentrum eine »Zimmervermieterin« steht, die Kafka sich als »schwache schwarz gekleidete Witwe in gerade abfallendem Rock« denkt.[21]

Die im Leben durch die Verlobung gestrichene Alternative behauptet im Schreiben hartnäckig ihren Platz; man hat den Eindruck, als ertrüge Kafka nicht, daß die Wirklichkeit durch die Verlobung auf eine der beiden Möglichkeiten fixiert worden ist. Die erotischen Spielräume, die das Zimmerherr-Szenario bietet, bleiben eine vage Verlockung, in der sich nicht ergründete Unsicherheiten spiegeln. Er sei »ein wenig im Wirbel«, gesteht er Grete Bloch, »aber ich will nicht heraus; besser man dreht sich und läßt nur den Kopf ein wenig schwindlig hängen, als man liegt ganz und gar auf dem Boden«.[22] Grete Bloch ist ver-

wirrt durch solche Geständnisse, und Kafka bemüht sich um Aufklärung: »Liebes Fräulein Grete, es bedrückt mich, wenn ich sehe, wie Sie unter der Unbegreiflichkeit meines Zustandes [...] leiden. Gewiß, ich hätte allen Grund, glücklich zu sein, und F. ist gewiß der Hauptteil dieses Glücks. Eine gewisse Art von Unbegreiflichkeit – und meine ist von dieser Art – kann vor lauter Unbegreiflichkeit zur Widerlichkeit werden.«[23] Wenige Tage später folgt dann die »Schmutzian«-Variation. Aus der schwachen, schwarz gekleideten Witwe ist eine »große kalte Dame« geworden, ein Ausbund von Häßlichkeit, deren »vortretender Unterkiefer« die Zimmerherren abschreckt. Nur diesen einen nicht, der einen Fleck »in der Hose« hat, woran die Wirtin den Schmutzian erkennt.

»Tanzt ihr Schweine weiter; was habe ich damit zu tun?«

Physiognomisch hat Kafka den Zimmerherrn so weit wie möglich von sich entfernt. Aber die Schweine, die hier tanzen, sind seine. Daß auch oder gerade Frauen mit körperlichen Merkmalen, die er als abstoßend empfand, sein Begehren weckten, läßt sich anhand etlicher Tagebuch-Eintragungen und Briefstellen belegen. Hängende Brüste, kurze Beine, Kieferfehlstellungen, deplazierte Behaarungen, haltlos quellendes Fleisch, unangenehme Nasen oder faltige Hälse werden in einer Weise beschrieben, die der Erregung deutlich näher ist als dem Entsetzen. Seiner späteren Geliebten Milena Jesenská hat Kafka seine »Sehnsucht nach [...] etwas leicht Widerlichem, Peinlichem, Schmutzigem« auch explizit gestanden.[24] Man muß über diese Spielart des Begehrens nicht urteilen. Es reicht zu sehen, daß sie einen Einwand darstellt – einen Einwand gegen die bürgerliche Ehe. Felice zu

Schmutzig bin ich, Milena, endlos schmutzig, darum mache ich ein solches Geschrei mit der Reinheit.

heiraten hieß eben auch, diese Sehnsucht, den Schmutzian in sich, zu bekämpfen. Es erscheint daher fast zwingend, daß die nächste Untermieter-Variation, die Kafka ins Tagebuch einträgt, eine Kampfszene ist. Dabei nimmt er seinen ersten Ansatz wieder auf, dessen Thema das Eindringen eines ungebetenen Gastes war. In der neuen Variation ist dies Thema perpetuiert: der Eindringling ist der Zimmernachbar, er kommt jeden Abend, er bedrängt den Mieter nicht verbal, sondern physisch, und als dieser die Tür versperrt, schlägt er sie »mit der Hacke entzwei«.[25] Kafka verfaßt diese Szene wenige Tage vor dem »Empfangstag«, der offiziellen Feier seiner Verlobung in Berlin.

»Übermorgen fahre ich nach Berlin«, schreibt er am 28. Mai in das Tagebuchheft und macht sich Mut: »Trotz Schlaflosigkeit, Kopfschmerzen und Sorgen vielleicht in einem bessern Zustand als jemals.«[26] Am selben Tag schreibt er die »Zimmernachbar«-Geschichte weiter, in die er jetzt »ein Mädchen« einfügt, das der Zimmernachbar mitbringt, um den Erzähler, der gerade einen Brief schreibt, vor ihren Augen niederzuwerfen und zu demütigen. Das gelingt, auch wenn der Erzähler erklärt, er hätte sich, bei entsprechendem Willen, gegen den Eindringling behaupten können.[27]

29. Mai: »Morgen nach Berlin. Ist es ein nervöser oder ein wirklicher verläßlicher Zusammenhalt den ich fühle. [...] Wäre es das Herandämmern der Ehe mit F.?«[28]

6. Juni: »Aus Berlin zurück. War gebunden wie ein Verbrecher. Hätte man mich mit wirklichen Ketten in einen Winkel gesetzt und Gendarmen vor mich gestellt und mich nur auf diese Weise zuschauen lassen, es wäre nicht ärger gewesen. Und das war meine Verlobung.«[29]

Am selben Tag an Grete Bloch: »Manchmal – Sie sind die einzige, die es vorläufig erfährt – weiß ich wirklich nicht, wie ich es verantworten kann, so wie ich bin zu heiraten.«[30]

1 Tb, 521 f. / **2** Tb, 522. / **3** *Franz Kafka. Gelegenheit zu einer kleinen Verzweiflung.* Ausgewählt und illustriert von Nikolaus Heidelbach. Köln 2009, 114 f. / **4** An Max Brod, 4. Dezember 1917 (BKB, 202). / **5** An Grete Bloch, 7.3.1914 (BaF, 514). / **6** An Grete Bloch, 3.3.1914 (BaF, 510) und 7.3.1914 (BaF, 514). / **7** An Grete Bloch, 3.3.1914 (BaF, 510); vgl. an Felice Bauer, 3.4.1914 (BaF, 538). / **8** Tb, 505–508. / **9** Tb, 509 f. / **10** Tb, 511. / **11** An Grete Bloch, 21.3.1914 (BaF, 531) und 22.3.1914 (BaF, 532). / **12** An Felice Bauer, 25.3.1914 (BaF, 535). / **13** Tb, 513. / **14** An Grete Bloch, 18.4.1914 (BaF, 555). / **15** An Anna Bauer, 19.4.1914 (BaF, 556 f.). / **16** An Felice Bauer, 20.4.1914 (BaF, 558). / **17** An Felice Bauer, 21.4.1914 (BaF, 560); zur »Schleifenfahrt« vgl. Binder KW, 406. / **18** An Felice Bauer, 22.4.1914 (BaF, 562). / **19** An Felice Bauer, 6./7.12.1912 (BaF, 164). – Photos der Prager Visite sind nicht überliefert; das Photo auf der folgenden Seite zeigt Felice und ihre Mutter am Strand eines Ostseebades. / **20** An Grete Bloch, 8.5.1914 (BaF, 573). In dem Nebensatz »bis wir einmal verheiratet sind« verwendet Kafka, einer Eigenheit seines Pragerdeutsch folgend,

»bis« im Sinne von »wenn«. Vgl. dazu seinen Brief an Felix Weltsch, 22.9.1917 (Br, 169). / **21** Tb, 517. / **22** An Grete Bloch, 7.5.1914 (BaF, 572). / **23** An Grete Bloch, 8.5.1914 (BaF, 572). / **24** An Milena Jesenská, 8./9.8.1920 (BaM, 198). / **25** Tb, 523 f. / **26** Tb, 524. / **27** Tb, 524–526. **28** Tb, 526. / **29** Tb, 528 f. / **30** An Grete Bloch, 6.6.1914 (BaF, 595). / Hervorgehobenes Zitat aus einem Brief Kafkas an Milena Jesenská, 26.8.1920 (BaM, 228).

PROF. GRÜNWALD

Der Prof. Grünwald auf der Reise von Riva. Seine an den Tod erinnernde deutsch-böhmische Nase, angeschwollene, gerötete, bla-
sentreibende Backen eines auf blutleere Magerkeit angelegten
Gesichtes, der blonde Vollbart ringsherum. Von der Freß- und Trinksucht besessen. Das Einschlucken der heißen Suppe, das Hineinbeißen und gleichzeitige Ablecken des nicht abgeschälten Salami-
stumpfes, das schluckweise ernste Trinken des schon warmen Bieres,
das Ausbrechen des Schweißes um die Nase herum. Eine Widerlichkeit, die durch gierigstes Anschauen und Beriechen nicht auszu-
kosten ist.[1]

Obwohl Kafka an Physiognomien im allgemeinen interessiert ist, gilt
seine Aufmerksamkeit in der Regel bestimmten Einzelheiten. Dabei
dominiert der Blick für Zähne (→ Zukunftsaussichten), Hälse – und
Nasen. Wäre der Kalauer nicht bereits verbraucht, dürfte man sagen,
Kafka hatte eine Nase für Nasen. Aus seinen Aufzeichnungen läßt sich
ein regelrechtes Schreckenskabinett menschlicher Geruchsorgane
zusammenstellen.[2] Da gibt es »die kleine besonders im etwas geho-
nen Abschluß kantige Nase« der Heiratsvermittlerin, die »fast zerbrochene Nase« seiner Verlobten Felice Bauer, die »dicke Nase« der alten
Südländer, aus deren Löchern »ein starker Wind wie durch Pferde-
schnauzen gehn kann«, die »verdorbene Nase der Frau Blei«, die Nase
der Frau Liebgold, die »zu lang, zu spitz und grausam« hinabfährt, die
»rohe Nase« der Schauspielerin »mit dem aschebestaubten Gesicht«, die
»Nase ohne Zukunft« im Gesicht eines dicken Mädels, das »Waltraute
heißt und von der ein Fräulein sagt daß sie etwas Strahlendes habe«,
schließlich die »an den Tod erinnernde deutsch-böhmische Nase« Josef
Grünwalds, Professor für Mathematik an der Prager Karls-Univer-
sität, dem Kafka am 12. Oktober 1913 auf der Rückreise von Riva be-

gegnet, wo er sich im Sanatorium »Dr. von Hartungen« in die 18-jährige Gertrud Wasner verliebt hatte.

Die näheren Umstände von Kafkas Begegnung mit dem Mathematik-Professor sind leider nicht mehr aufzuklären. Vermutlich spielt die Szene in München, wo Kafka seine Zugfahrt für ein paar Stunden unterbrach. Die Annahme ist naheliegend, daß Grünwald ebenfalls aus dem Süden nach Prag zurückfahren wollte und sich Kafka angeschlossen hatte. Jedenfalls saßen beide offensichtlich in einem bajuwarischen Gasthaus. Wo Salami und Bier gereicht wurde, stand Kalorienarmes gewiß nicht auf der Karte; der fetten Speisen abholde Kafka wird daher wenig oder gar nichts gegessen haben. Womöglich war er in Gedanken versunken, dachte darüber nach, was er durch die platonisch gebliebene, bei seiner Abreise verblaßte Liebe zu der jungen Schweizerin »an Freuden mit der Russin eingebüßt« habe, »die mich vielleicht […] nachts in ihr Zimmer eingelassen hätte, das schief gegenüber dem meinigen lag«,[3] und wurde nur durch Grünwalds Gebaren zur Beobachtung gezwungen. Vermutlich aber hatte Grünwald ohnedies schon seine Aufmerksamkeit auf sich gezogen. Ein ermutigender Anblick war dieser Mensch jedenfalls nicht. Dennoch, wäre der Mathematiker Anblick geblieben, hätte Kafka sich, nach einem kurzen, konzentrierten Blick, wieder in seine Gedanken oder seine Lektüre einspinnen können, wie im Oktober 1911, als er im Zug einer alten Frau gegenübersaß, deren Nase ihn ebenfalls beschäftigte. »Im Waggon: Nasenspitze der alten Frau mit fast noch jugendlich gespannter Haut. Endet also die Jugend auf der Nasenspitze und fängt dort der Tod an?«[4]

Prof. Grünwald sah jedoch nicht nur aus, er aß auch und trank, offensichtlich von »der Freß- und Trinksucht besessen«, was Ungutes für die gemeinsame Zugfahrt befürchten ließ. Und mit essenden Abteilgenossen hatte Kafka bereits unerfreuliche Erfahrungen gemacht, zum Beispiel auf einer Dienstreise nach Reichenberg. »Reichenberger Jude im Koupe macht sich zuerst durch kleine Ausrufe über Schnellzüge, die es nur dem Fahrpreis nach sind bemerkbar. Unterdessen ißt ein magerer Reisender, das was man Windbeutel nennt, mit raschem Schlucken

Schinken, Brot und zwei Würste, deren Haut er mit dem Messer durchsichtig kratzt, bis er schließlich alle Reste und Papiere unter die Bank hinter das Heizungsrohr wirft. Während des Essens hat er in dieser unnötigen mir so sympathischen, aber erfolglos nachgeahmten Hitze und Eile zwei Abendblätter mir zugewendet ausgelesen. Abstehende Ohren. Nur verhältnismäßig breite Nase. Wischt mit den fetten Händen Haare und Gesicht, ohne sich schmutzig zu machen, was ich auch nicht darf. Das scheinbar umfangreiche Glied macht in den Hosen einen starken Wulst.«[5]

Als er Josef Grünwald gegenübersaß, war Kafka seit etwa anderthalb Jahren Vegetarier oder, in seiner Terminologie, »Vegetarianer«.[6] Auf die vegetarische Ernährung war er nicht aus Prinzipien, sondern »durch Probieren« gekommen,[7] und weil seinem Vegetarianismus das Grundsätzliche fehlte, blieb er liberal und franste gelegentlich aus. (➤ Bei Anatol) Kafka aß Fleisch;[8] hin und wieder unterzog er sich sogar, um zuzunehmen oder seine chronische Schlaflosigkeit zu bekämpfen, regelrechten Fleischkuren, allerdings mit niederschmetternden Resultaten. »Ich habe den scheinbaren Eigensinn […] aufgegeben, esse fast nur Fleisch«, schreibt er im Sommer 1914 aus dem dänischen Ostseebad Marielyst an seine Freunde Brod und Weltsch. Nur werde ihm davon übel, und er fühle morgens »den mißbrauchten und gestraften Körper wie eine fremde Schweinerei« in seinem Bett.[9] Und in einem ab Herbst 1917 während seines Aufenthalts in Zürau geführten Oktavheft findet sich die Notiz: »Gestern heute schlimmste Tage. […] Ekelhaftes Essen: gestern Schweinsfuß, heute Schwanz.«[10]

Daß andere Fleisch aßen, machte ihm jedoch nichts aus. »Fleisch kann um mich dampfen«, erklärt er Felice Bauer, »diese saftigen jüdischen Würste (wenigstens bei uns in Prag sind sie so üblich, sie sind rundlich wie Wasserratten) können von allen Verwandten ringsherum aufgeschnitten werden (die gespannte Haut der Würste gibt beim Aufschneiden einen Klang, den ich noch von Kinderzeiten her im Ohre habe) – alles das und noch viel Ärgeres macht mir nicht den geringsten Widerwillen, sondern tut mir im Gegenteil überaus wohl. Es ist ganz

gewiß nicht Schadenfreude (ich glaube gar nicht an die absolute Schäd-
lichkeit schädlichen Essens, wen es zu diesen Würsten zieht, wäre ein
Narr, wenn er dem Zug nicht folgte), es ist vielmehr die Ruhe, die gänzlich neidlose Ruhe beim Anblick fremder Lust«.[11] Diese Ruhe bewahrte
er auch gegenüber frisch Geschlachtetem: als er auf dem Landgut seiner Schwester eine »abgeschlachtete Stopfgans« in einer Schüssel liegen
sieht, übergibt er sich nicht, sondern kann trocken feststellen, sie sei
»anzusehn wie eine tote Tante«.[12]

Daß Grünwald Salami aß, wird ihn daher kaum erschüttert haben,
selbst wenn der Stumpf nicht abgeschält war. Auch daß der Mathematiker die Wurst beim Hineinbeißen ableckte, konnte möglicherweise
noch durchgehen. Schließlich war Kafka, wenn es um Eßsitten ging,
selbst auf die Toleranz seiner Mitmenschen angewiesen. Nicht nur,
daß er zu jedem Mahl zahlreiche Teller benötigte, aus denen er sich die
ihm jeweils zuträglich scheinende, komplizierte Joghurt-Obst-Nuß-
Gebäck-Mischung zusammenstellte[13] – er »fletscherte« auch, das heißt,
er kaute jeden Bissen und jeden Schluck, den er in den Mund nahm,
mehrfach gründlich durch, bevor er ihn herunterschluckte, eine Angewohnheit, die ihm selbst so wenig sozialverträglich erschien, daß er in
einer Meraner Pension darum bat, »auf einem separierten Tischchen«
serviert zu bekommen.[14] Kafkas Fixierung auf diese Eßtechnik, ein von
dem britischen Kunsthändler Horace Fletcher erfundenes Supplement
zur Diätetik,[15] das die Verdauung durch Vorverdauung im Mund ergänzen und Unverdauliches gar nicht erst in den Magen gelangen lassen
sollte – Fletcher empfahl, alles, was der Verflüssigung widerstehe, aus-
zuspucken –, trägt durchaus zwanghafte Züge. So macht ihn die Mitteilung, seine Verlobte Felice ernähre sich den Tag über von Kakao und
Brötchen »ohne auch nur annähernd zu fletschern, fast trübsinnig«.[16]
Er selbst fletscherte gelegentlich noch nachmittags »halb im Schlaf das
Gabelfrühstück und das Mittagessen«,[17] war allerdings auch fähig, die
retardierende Wirkung dieser Praktik mit Ironie zu behandeln, zum Beispiel in einem Brief an Max Brod, in dem es um seine Neigung geht,
wesentliche Entscheidungen so lange aufzuschieben, bis sie obsolet

wurden: »es ist etwa so wie wenn Napoleon zu dem Dämon der ihn nach Rußland rief gesagt hätte: ›Ich kann jetzt nicht, ich muß noch die Abendmilch trinken‹ und wenn er dann, als der Dämon noch fragte: ›Wird denn das lange dauern?‹ gesagt hätte: ›Ja, ich muß sie fletchern.‹«[18]

Mit Kafka am Tisch zu sitzen, war für jeden auf übliche Kost und Etikette eingestellten Mitessenden eine Zumutung, nicht nur für seinen Vater, der sich Monate lang »die Zeitung vors Gesicht halten« mußte, »ehe er sich daran gewöhnte«.[19] Man übertreibt daher kaum, wenn man sagt, daß Kafka dem Prof. Grünwald im Glashaus gegenübersaß. Eine gewisse, womöglich weitreichende Toleranz war gefordert, und Kafka wird sie aufgebracht haben. – Was war es also, das den Suppe einschluckenden und in einen ungeschälten Salamistumpf beißenden Grünwald in seinen Augen zu einer »Widerlichkeit« machte?

Es war wohl Grünwalds Physiognomie, genauer gesagt der Umstand, daß seine »Freß- und Trinksucht« sein Gesicht zu einer Fratze verformt hatte, die dessen natürliches Thema, »blutleere Magerkeit«, verfehlte. Kafka betrachtet Grünwalds Gesicht ätiologisch, ebenso, wie K. im *Schloß*-Roman die Köpfe der Bauern im Brückenhof betrachtet, von denen er sagt, sie sähen aus, als seien sie »oben platt geschlagen worden und die Gesichtszüge hätten sich im Schmerz des Geschlagenwerdens gebildet«.[20] Grünwalds Physiognomie war Resultat einer außer Kontrolle geratenen Lust am Essen und Trinken, und als solches stieß sie Kafka ebenso ab, wie sie ihn faszinierte. Eine Widerlichkeit zwar, aber eine mit Geschichte und Ziel: dem Tod, an den Grünwalds Nase bereits erinnert.

1 Tb, 583. / 2 Tb, 213; 432; 244 f.; 283; 302; 421; 981. / 3 Tb, 586. / 4 Tb, 85. / 5 Tb, 931. 6 Vgl. z. B. Kafkas Briefe an Felice Bauer vom 24.11.1912 (BaF, 119) und an seine Schwester Ottla vom 17.4.1920 (BaO, 80). / 7 So äußert sich Max Brod in einem Brief an Felice Bauer vom 22.11.1912 (BaF, 115). / 8 Vgl. neben den unten zitierten Briefen noch Kafkas Briefe an Ottla vom 25.2.1911, 21.7.1914 und 16.3.1921 (BaO, 14 f.; 21 u. 116) sowie seinen Brief an Felice Bauer vom 20.7.1916 (BaF, 667). / 9 An Max Brod und Felix Weltsch, Ende Juli 1914 (BKB, 138). / 10 NSuF II, 63. / 11 An Felice Bauer, 20./21.1.1913 (BaF, 259 f.). / 12 An Max Brod, 24.11.1917 (BKB, 199). / 13 Vgl. seinen Brief an Felice Bauer vom 21.11.1912 (BaF, 109). / 14 An Max Brod und Felix Weltsch, 10.4.1920 (BKB, 273). / 15 Vgl. den Wikipedia-Artikel <http://de.wikipedia.org/wiki/

Horace_Fletcher> 13.7.2011. **/ 16** An Felice Bauer, 26.7.1916 (BaF, 671). **/ 17** An Ottla David, 8.10.1923 (BaO, 138). **/ 18** An Max Brod, 13./14.4.1921 (BKB, 337). **/ 19** An Felice Bauer, 7.11.1912 (BaF, 79). **/ 20** *Das Schloß,* 39.

ERZIEHUNGSSCHÄDEN

Oft überlege ich es und immer muß ich dann sagen, daß mir meine Erziehung in manchem sehr geschadet hat. Dieser Vorwurf geht gegen eine Menge Leute, allerdings sie stehn hier beisammen, wissen wie auf alten Gruppenbildern nichts miteinander anzufangen, die Augen niederzuschlagen fällt ihnen gerade nicht ein und zu lächeln wagen sie vor Erwartung nicht. Es sind da meine Eltern, einige Verwandte einige Lehrer, eine ganz bestimmte Köchin, einige Mädchen aus Tanzstunden, einige Besucher unseres Hauses aus früherer Zeit, einige Schriftsteller, ein Schwimmeister, ein Billeteur, ein Schulinspektor, dann einige denen ich nur einmal auf der Gasse begegnet bin und andere, an die ich mich gerade nicht erinnern kann und solche, an die ich mich niemals mehr erinnern werde und solche endlich, deren Unterricht ich irgendwie damals abgelenkt überhaupt nicht bemerkt habe, kurz es sind so soviele daß man acht geben muß einen nicht zweimal zu nennen. Und ihnen allen gegenüber spreche ich meinen Vorwurf aus, mache sie auf diese Weise mit einander bekannt, dulde aber keine Widerrede. Denn ich habe wahrhaftig schon genug Widerreden ertragen und da ich in den meisten widerlegt worden bin, kann ich nicht anders als auch diese Widerlegungen in meinen Vorwurf miteinzubeziehn und zu sagen daß mir außer meiner Erziehung auch diese Widerlegungen in manchem sehr geschadet haben.[1]

Dieser Text ist die dritte von sechs Variationen desselben Themas, die Kafka im Sommer 1910 in sein Tagebuchheft schreibt.[2] Vier Variationen enthalten Listen der Menschen, denen der Erzähler den Vorwurf macht, ihm durch ihre pädagogische Infiltration geschadet zu haben. Neben den in der oben zitierten Variation angeführten Personen werden als Schädiger genannt: »langsam gehende Passanten, befreundete Familien, Eingeborene der Sommerfrischen, einige Damen im Stadtpark denen

man es gar nicht ansehn würde, ein Friseur, eine Bettlerin, ein Steuermann, der Hausarzt«, ferner »die Haufen der Kindermädchen, ein Papierverkäufer, ein Parkwächter«. Für den mit Kafkas Schriften, Tagebüchern und Briefen Vertrauten sind diese Listen Fundgruben zur Herstellung biographischer Bezüge.

Da ist zunächst die »ganz bestimmte Köchin«, die in jeder der vier Listen auftaucht. Keine Frage, daß Kafka jene »kleine trockene magere spitznasige« Frau mit »schmalen unbarmherzigen Lippen« meint, an deren Schikanen er sich noch zehn Jahre später in einem Brief an Milena Jesenská erinnert.[3] Jeden Morgen habe sie ihn zur Schule gebracht, jeden Morgen gedroht, seinem Lehrer zu erzählen, »wie unartig ich zuhause gewesen bin«. Während des gesamten Schulwegs lastete die Drohung auf dem kleinen Kafka, je näher sie der Schule kamen, »desto größer die Gefahr«, er bat, er flehte, drohte »mit der Vergeltung durch die Eltern, sie lachte, <u>hier</u> war sie allmächtig«. Sie sagte es dem Lehrer »nicht, niemals, aber immer hatte sie die Möglichkeit [...] und die ließ sie niemals los«.

Die »Bettlerin« wird jene alte Frau sein, der Kafka »als ganz kleiner Junge« begegnete und die schließlich die Geduld mit ihm verlor. Er habe ihr, erinnert sich Kafka später, ein »Sechserl« geben wollen. Da ihm diese Summe aber »ungeheuer« erschien und er sich schämte, »vor der Bettlerin etwas so Ungeheuerliches zu tun«, habe er das Sechserl gewechselt und der Alten nach und nach in kleiner Münze ausgezahlt, immer einen ganzen Häuserblock umlaufend, um jedesmal als »neuer Wohltäter« erscheinen zu können.[4]

Beim Stichwort »Kindermädchen« wäre zu denken an die Gouvernante, die dem jungen Kafka, als er »etwas verkühlt« im Bett lag, Tolstois »Kreutzersonate« vorlas, und es verstand, seine »Aufregung zu genießen«,[5] oder an die andere, »im Gesicht schwarzgelbe, mit kantigem Nasenrand und einer [...] Warze irgendwo auf der Wange«, mit der Kafka ein Jahr später im Tagebuch abrechnet.[6]

Der »Hausarzt« wird Dr. Heinrich Kral sein, der, wie Kafka entrüstet notiert, »durch Herumkratzen im Ohr« seiner Schwester »eine Trommelfellentzündung zu einer Mittelohrentzündung« machte, die Sturz-verletzungen eines Dienstmädchens als Angina diagnostizierte und rasch weglief, »um nicht vom nächsten Augenblick widerlegt zu werden«.[7] (➤ Empörende Ärzte)

Der »Billeteur« schließlich könnte jenen »Kondukteur« meinen, den Kafka unter den Personen auflistet, denen gegenüber er »Frechheiten gemacht« habe.[8]

Für die Identifizierung der übrigen genannten Personen, der Mädchen aus Tanzstunden, der Besucher im Hause Kafka, der befreundeten Familien, des Schwimmeisters, des Schulinspektors, der Eingeborenen der Sommerfrischen, der langsam gehenden Passanten, der Damen im Stadtpark, des Friseurs, des Steuermanns, des Papierverkäufers und des Parkwächters wird man der spezialisierten Forschung alles Gute wünschen dürfen. Betrachtet man die sechs Variationen in chronologischer Folge, ist allerdings unübersehbar, daß die Möglichkeit, den Erzähler mit Kafka zu identifizieren, von Text zu Text geringer und in den letzten beiden Variationen bewußt unterbunden wird. Kafka rückt seinen Protagonisten sowohl dem Konstitutionstyp als auch dem Lebensalter nach immer weiter von sich weg. Er sei »klein und etwas dick«, erklärt der Erzähler in der fünften Fassung,[9] und in der sechsten heißt es, man habe ihn zwar »ordentlich turnen« lassen, dennoch sei er »ziemlich klein« geblieben.[10] Kafka hingegen war auffallend groß und mager, zudem, wie er selbst einräumt, ein schlechter Turner.[11] (➤ Bei Anatol) Und Kafka war siebenundzwanzig, als er die Texte schrieb, während der Erzähler in seinen »vierziger Jahren« steht.[12] Obwohl sie stichwortartig autobiographische Versatzstücke verwenden, sind die sechs Variationen eindeutig fiktionale Texte. Es geht Kafka hier weder um Selbstanalyse noch gar um die Begleichung offener persönlicher Rechnungen. Es geht ihm um die narrativen Möglichkeiten des Themas, das der Satz anschlägt, mit dem, in leichten Abwandlungen, alle Variationen beginnen: »Wenn ich es bedenke, so muß ich sagen, daß mir meine Erziehung in mancher Richtung sehr geschadet hat.«

Der aus dieser Feststellung abgeleitete, im ersten Ansatz noch implizit bleibende Vorwurf wird in der zweiten und dritten Fassung unangefochten und in siegreicher Komik erhoben, unterschiedslos gegen so viele Menschen gerichtet, daß er sich »wie ein Dolch durch die Gesellschaft« windet.[13] Von Natur sei er, so der Erzähler, mit »guten Eigenschaften« ausgestattet gewesen, die bei ungestörter Entfaltung »mit der Macht des Unkrauts [...] hätten wachsen müssen«. Ungestörte Entfaltung, das meint die radikale Ausschaltung jedes menschlichen Einflusses. »Ich hätte der kleine Ruinenbewohner sein sollen, horchend ins Geschrei der Dohlen, von ihren Schatten überflogen, auskühlend unter dem Mond, abgebrannt von der Sonne, die zwischen den Trümmern hindurch auf mein Epheulager von allen Seiten mir geschienen hätte.« Stattdessen ist er »mitten in der Stadt« aufgewachsen, unablässig sozialen Kontakten ausgesetzt, die ihm im Rückblick als unablässige Störungen des Selbstwerdens erscheinen.[14] Schon der flüchtigste Kontakt hinderte das freie Wachsenlassen, jeder war, ob gewollt oder nicht, »Erziehung«, jede Erziehung aber als solche Schädigung. Keine dieser Schädigungen läßt sich rückgängig machen. Was dem Erzähler bleibt, ist nur, alle seine Erzieher zur eigenen, späten Befriedigung gedankenspielerisch zur Verantwortung zu ziehen.

In Kafkas vierter Fassung des Themas reflektiert der Erzähler auf das Medium dieses Spiels, die Erinnerung, und damit kommt ein Hamlet-Ton hinein, der den offensiven Schwung kränkeln läßt. Zwar besteht die Macht der Erinnerung darin, über Zeit und Raum verfügen und selbst die Grenze zwischen Leben und Tod überschreiten zu können. Obgleich allesamt »vergangene Personen«, sind die betreffenden Menschen dem Ich präsent, werden noch »mit einer vergessenen Energie in der Erinnerung festgehalten«, abgelöst von ihren Lebenswelten, ohne Boden unter den Füßen, »selbst ihre Beine werden schon Rauch sein«. Ihre Zeit ist vorbei, ihre Leben sind gelebt, »wie müde Hunde stehn sie da«, können sich dieser Form der Gegenwart aber nicht entziehen. Sie haben da zu sein, als die Menschen, die sie dem waren, der sich erinnert, in der Gruppierung, die ihm beliebt, und zu dem Zweck, dem sein Erinnern dient.

Fraglich wird jedoch, ob man Toten »mit irgendeinem Nutzen« Fehler vorwerfen könne, »die sie in früheren Zeiten einmal bei der Erziehung eines Jungen gemacht haben der ihnen jetzt so unbegreiflich ist wie sie uns. Aber man bringt sie ja nicht einmal dazu sich an jene Zeiten zu erinnern, sie können sich an nichts erinnern und dringt man auf sie ein, schieben sie einen stumm bei Seite, kein Mensch kann sie dazu zwingen, aber offenbar kann man gar nicht von zwingen reden, denn höchstwahrscheinlich hören sie gar nicht die Worte. [...] Wenn man sie aber wirklich dazu brächte zu hören und zu reden, dann würde es einem von Gegenvorwürfen nur so in den Ohren sausen, denn die Menschen nehmen die Überzeugung von der Ehrwürdigkeit der Toten ins Jenseits mit und vertreten sie von dort aus zehnfach. Und wenn diese Meinung vielleicht nicht richtig wäre und die Toten eine besonders große Ehrfurcht vor den Lebenden hätten, dann werden sie sich erst recht ihrer lebendigen Vergangenheit annehmen, die ihnen doch am nächsten steht und wieder würden uns die Ohren sausen. Und wenn auch diese Meinung nicht richtig wäre und die Toten gerade sehr unparteiisch wären, so könnten sie es auch dann niemals billigen, daß man mit unbeweisbaren Vorwürfen sie stört. Denn solche Vorwürfe sind schon von Mensch zu Mensch unbeweisbar. Weder das Dasein von vergangenen Fehlern in der Erziehung ist zu beweisen wie erst die Urheberschaft. Und nun zeige man den Vorwurf, der sich in solcher Lage nicht in einen Seufzer verwandelte.«[15]

Das Aussprechen des Vorwurfs, Erziehungsschäden an ihm verursacht zu haben, dient dem Ich nicht nur zur Abfuhr angestauten Ungenügens. Es dient auch, wenn nicht vor allem, der nachgeholten Emanzipation gegenüber den Menschen, deren Einfluß er als Kind und Jugendlicher hilflos unterlag. Dieser Zweck wird durch die in der vierten Fassung des Themas entfaltete Reflexion obstruiert – ein Vorwurf, »der immer auf dem Sprung ist, ein Seufzer zu werden«,[16] der den Verdacht der Vergeblichkeit in sich trägt, verliert seine Kraft.

In der fünften Fassung ist es das Schwinden des Affekts, das den Vorwurf schwächt. Der Erzähler, jetzt näher bestimmt als ein Junggeselle in seinen »vierziger Jahren«, blickt auf Zeiten zurück, in denen er in sich »nichts anderes als von Wuth getriebene Vorwürfe« gehabt habe, Vorwürfe, die sich in ihm »von einer Seite auf die andere warfen, wie Wasser in einem Becken, das man rasch trägt. Jene Zeiten sind vorüber. Die Vorwürfe liegen in mir herum, wie fremde Werkzeuge, die zu fassen und zu heben ich kaum mehr den Muth habe.« Ergreift er sie aber, verfehlen sie ihren Zweck, der darin besteht, sich von den Menschen, die durch ihre Erziehung seinen Selbstverlust verschuldet haben, abwenden und befreien zu können. Zitiert er seine Schädiger vor das innere Auge, dann ohne Affekt; es ist Erinnerung um der Erinnerung willen, Zuwendung zum Vergangenen, statt Abrechnung und Befreiung: »die Sucht sich zu erinnern, vielleicht eine allgemeine Eigenschaft der Junggesellen meines Alters öffnet wieder mein Herz jenen Menschen, welche meine Vorwürfe schlagen sollten«. Die Erinnerung heilt die Wunden nicht, sie reißt sie auf; die »Verderbnis« der »alten Erziehung« scheint »von neuem zu wirken«.[17] Ein Dilemma, dem der Sprecher auszuweichen sucht: »Überkommt mich Lust zu Vorwürfen, schaue ich aus dem Fenster. Wer leugnet es, daß dort in ihren Booten die Angler sitzen, wie Schüler, die man aus der Schule auf den Fluß getragen hat; gut, ihr Stillhalten ist oft unverständlich wie jenes der Fliegen auf den Fensterscheiben. Und über die Brücke fahren natürlich die Elektrischen wie immer mit vergröbertem Windesrauschen und läuten wie verdorbene Uhren, kein Zweifel, daß der Polizeimann schwarz von unten bis hinauf mit dem gelben Licht der Medaille auf der Brust an nichts anderes als an die Hölle erinnert und nun mit Gedanken ähnlich den meinen einen Angler betrachtet, der sich plötzlich, weint er hat er eine Erscheinung oder zuckt der Kork, zum Bootsrand bückt.«[18]

Man meint, es gelinge, der Ausweg sei gefunden, das Vergangene könne, statt unnütz heraufgerufen zu werden, ruhen, überglänzt vom Gegenwärtigen vor dem Fenster, das die Betrachtung auf sich zieht und lohnt. Es gelingt nicht. »Das alles ist richtig aber zu seiner Zeit jetzt sind nur die Vorwürfe richtig. Sie gehn gegen eine Menge Leute [...]«

1 Tb, 18 f. / **2** Vgl. Tb, 17–28. / **3** An Milena Jesenská, 21.6.1920 (BaM, 71 f.). / **4** An Milena Jesenská, 18.7.1920 (BaM, 126). / **5** Tb, 140. / **6** Tb, 261. / **7** Tb, 395 f. / **8** Tb, 15. / **9** Tb, 23. **10** Tb, 27. / **11** Vgl. z. B. NSuF II, 195. / **12** Tb, 24. / **13** Tb, 18. / **14** Tb, 19. / **15** Tb, 21 f. **16** Tb, 22. / **17** Tb, 25. / **18** Tb, 26.

IM ZOO GESESSEN

Denk z. B. an jenen Brief, den Du mir aus dem Zoologischen Garten geschrieben hast. Das war kein Brief, das war das Gespenst eines Briefes. Ich kenne ihn fast auswendig. »Wir sitzen alle zusammen hier im Restaurant am Zoo, nachdem wir den ganzen Nachmittag im Zoo gesessen haben.«[1]

»Ja aber warum, warum mußtest Du im Zoo sitzen? […] ›Ich schreibe jetzt hier unter dem Tisch und unterhalte mich nebenbei über Reisepläne für den Sommer.‹ Also diese Zeilen, die ersten nach 8 Tagen Pause, mußt Du noch in einer übrigens unvorstellbaren Situation schreiben, die übrigens noch für mich fast einen Vorwurf bedeutet, daß ich nach 8 Tagen endlich ein Wort von Dir hören will. Dann aber wirfst Du den Brief ohne Marke ein, so daß er 3 Tage später ankommt, und glaubst nun wieder 3 Tage nicht mehr mir schreiben zu müssen.«[2]

Die fast stupide wirkenden, hilflosen Sätze, die Kafka hier mit förmlich aus den Zeilen quellender Wut zitiert, stammen von Felice Bauer, seinem Opfer in mehr als einer Hinsicht. Die Vorgeschichte des Ganzen ist bizarr und zugleich von eigentümlicher innerer Logik. Man kann sie am 28. Juni 1912 beginnen lassen, dem Tag, an dem Kafka und sein Freund Max Brod zu einer »Thaliareise«[3] nach Weimar aufbrechen. Auf der Hinfahrt machen sie in Leipzig Station, Kafka lernt den Verleger Ernst Rowohlt kennen, der ein Buch von ihm will, und drei Rowohlt-Autoren, die zum »Nachmittagskaffee« in ein Bordell laden. »Nicht eingelassen, weil die Damen bis 4 Uhr schlafen.«[4] In Weimar besichtigen Kafka und Brod zuerst das Schillerhaus, dann das Goethehaus, wo Kafka sich in Margarethe verliebt, die Tochter des Hausmeisters.[5] Von den folgenden sechs Tagen verbringt Kafka fünf im oder vor dem Goethehaus, mit und ohne Brod; sie belauern sein Gretchen geradezu. Schließlich verspricht sie ihm ein Rendezvous, kommt aber nicht, dann noch eins, diesmal kommt sie. »Ohne jede Beziehung zu ihr gewesen. Abgerissenes, immer wieder angefangenes Gespräch. [...] Anstrengung, um keinen Preis deutlich werden zu lassen, wie wir mit keinem Fädchen zusammenhängen. Was treibt uns gemeinsam durch den Park? Nur mein Trotz?«[6]

Kafka fährt dann weiter, für drei Wochen in ein Harzer Naturheilsanatorium (➤ Jungborn), dessen Freikörperkultur humoristische Betrachtungen ebenso provoziert wie erotische Phantasien.[7] Margarethe schickt er Ansichtskarten, zu seiner Überraschung antwortet sie, schreibt »2 Karten, die mindestens aus einem unteren Himmel der deutschen Sprache kommen«. Zwar sei er ihr zweifellos »gleichgültig wie ein Topf«, erklärt Kafka Brod. »Aber warum schreibt sie dann so, wie ich es wünsche? Wenn es wahr wäre, daß man Mädchen mit der Schrift binden kann!«[8]

Zurück in Prag, macht er sich daran, eine Auswahl für Rowohlt zusammenzustellen, achtzehn kleine Texte, darunter »Das Unglück des Junggesellen« und »Die Abweisung«.[9] Am 13. August geht er abends mit dem Typoskript zu Brod, der wie Kafka noch bei seinen Eltern wohnt. Familie Brod hat Besuch; die Cousine von Max' Schwager ist gekommen, eine Berlinerin namens Felice Bauer. Kafka zeigt ihr Photos von der Weimar-Reise, man unterhält sich ein wenig, dabei bleibt es zunächst. »Knochiges leeres Gesicht, das seine Leere offen trug«, notiert er im Tagebuch.[10] Dennoch ist er auf unklare Weise interessiert.[11] Das Schema der Geliebten erfüllt die körperlich reizlose, praktisch veranlagte und unkomplizierter Geselligkeit zugetane Frau nicht, dafür paßt sie womöglich in ein anderes, das für den neunundzwanzigjährigen Versicherungsbeamten allmählich an Bedeutung gewinnt. (➤ Gepfählter Ehemann) Und sie lebt weit entfernt von Prag; Kafka wird sich ihr und sie sich mit Briefen nähern müssen. »Wenn es wahr wäre, daß man Mädchen mit der Schrift binden kann!« Er macht die Probe aufs Exempel. Ein paar Wochen später, am 20. September 1912, schreibt er Felice Bauer, »nach der sechsten Bürostunde und auf einer Schreibmaschine«. Es wird das aufreibendste Projekt seines Lebens, fünf Jahre Kampf am Rand seiner Abgründe.

»Sehr geehrtes Fräulein!

Für den leicht möglichen Fall, daß Sie sich meiner auch im geringsten nicht mehr erinnern könnten, stelle ich mich noch einmal vor: Ich heiße Franz Kafka und bin der Mensch, der Sie zum erstenmal am Abend bei Herrn Direktor Brod in Prag begrüßte, Ihnen dann über den Tisch hin Photographien von einer Thaliareise, eine nach der andern, reichte und der schließlich in dieser Hand, mit der er jetzt die Tasten schlägt, Ihre Hand hielt, mit der Sie das Versprechen bekräftigten, im nächsten Jahr eine Palästinareise mit ihm machen zu wollen.

Wenn Sie nun diese Reise noch immer machen wollen – Sie sagten damals, Sie wären nicht wankelmüthig und ich bemerkte auch an Ihnen nichts dergleichen –, dann wird es nicht nur gut, sondern unbedingt notwendig sein, daß wir schon von jetzt ab über diese Reise uns zu verständigen suchen. Denn wir werden unsere gar für eine Palästinareise viel zu kleine Urlaubszeit bis auf den Grund ausnützen müssen und das werden wir nur können, wenn wir uns so gut als möglich vorbereitet haben und über alle Vorbereitungen einig sind.

Eines muß ich nur eingestehen, so schlecht es an sich klingt und so schlecht es überdies zum Vorigen paßt: Ich bin ein unpünktlicher Briefschreiber. […] Zum Lohn dafür erwarte ich aber auch niemals, daß Briefe pünktlich kommen; selbst wenn ich einen Brief mit täglich neuer Spannung erwarte, bin ich niemals enttäuscht, wenn er nicht kommt und kommt er schließlich, erschrecke ich gern.«[12]

Auf Palästina war die Rede an jenem Abend im Hause Brod nur gekommen, weil Kafka neben seinem Typoskript eine Nummer der *Monatsschrift für die Erschließung Palästinas* dabei hatte.[13] Ein Thema für den Smalltalk, schönes Land, da möchte man mal hin, wir könnten gemeinsam fahren, warum nicht. So war es vermutlich, und auch Kafka, dem der implizite Code sozialer Diskurse manchmal abhanden kam (➤ Kniescheibe), wird sich darüber im klaren gewesen sein, obgleich er später behauptet, er habe unterstellt, Felice werde ihm, »kaum in Berlin angekommen, gleich mit Feuereifer über die Palästinareise schreiben«.[14] Palästina ist nur der Titel, unter dem die eigentliche Botschaft vermittelt wird: er möchte Briefe von Fräulein Bauer, wird sie erwarten, »mit täglich neuer Spannung«. Es ist ein Brief, der geschrieben wird, um Briefe zu bekommen. Felice antwortet einige Tage später, Kafka schreibt sofort zurück, »vier Seiten eines ungeheuren Formats«.[15] Thema dieses zweiten Briefes ist sein erster Brief, wie und in welchen Situationen er ihn entwarf, welche Unruhe und Mühen er ihm bereitete. Daß die Palästinareise ein Vorwand war, läßt er bereits durchblicken: »Ja wo ist die Palästinafahrt geblieben? Nächstens, übernächstens, aber im nächsten Frühjahr oder Herbst bestimmt.« Über Felices Brief fallen zwei, drei Sätze, Inhaltliches erfährt man nicht, es geht nur darum, daß sie einen Brief geschrieben hat. »Schreiben Sie mir doch bald wieder einen.«[16]

Sie schreibt nicht. Kafka wartet zwei Wochen, dann schreibt er erneut. »Warum haben Sie mir denn nicht geschrieben?«[17] Tags darauf wendet er sich an Brods Schwester Sophie, deren Mann Felices Cousin ist: »Ich habe, nachdem vielleicht zwei Monate seit jenem Abend verflossen waren, an dem ich das Fräulein zum ersten und letzten Mal bei Ihren Eltern gesehen hatte, einen Brief an das Fräulein geschrieben, dessen Inhalt hier nicht weiter erwähnenswert ist, da eine freundliche Antwort erfolgte. Es war durchaus keine abschließende Antwort und konnte ihrem Ton und Inhalt nach ganz gut als Einleitung einer später einmal vielleicht freundschaftlich werdenden Korrespondenz gelten. Der Zeitabstand zwischen meinem Brief und der Antwort betrug allerdings zehn Tage [...].« Er hätte dies Zögern, fährt er fort, als vielsagenden Hinweis nehmen können, habe das aber nicht getan, sondern einen weiteren Brief geschickt. »Seit diesem Brief nun sind heute sechzehn Tage vergangen, ohne daß ich eine Antwort bekommen hätte und ich wüßte wirklich nicht, was für eine Ursache jetzt eine nachträgliche Antwort noch bewirken könnte [...] Ich hätte ja zuerst glauben können, daß zufällige Umstände die Antwort auf jenen Brief verhindert oder unmöglich gemacht haben könnten, ich habe aber alle durchdacht und glaube an keine zufälligen Umstände mehr.«[18]

Die Intervention hat Erfolg. Daß Kafka sich gekränkt, enttäuscht, abgewiesen fühlt, wird Sophie verstanden und verstärkt weitergegeben haben. Felice muß sich verteidigen; eine Woche später kommt ein Brief aus Berlin, er wird Kafka im Büro zugestellt, während der Arbeitszeit, dennoch antwortet er sofort. »Ihr Brief kommt auf mich herunter, wie aus den Wolken, zu denen man drei Wochen umsonst hinaufgeschaut hat«, schreibt er, und daß sein Leben »jedenfalls zur Hälfte« aus dem Warten auf Felices Brief bestanden habe.[19] Sie habe auf sein zweites Schreiben geantwortet, behauptet Felice, der Brief sei wohl verloren-gegangen, was Kafka zwar nicht glaubt – »Ihr Brief soll also verloren gegangen sein« –, aber großzügig zurechtrückt: »Dieses erste Stolpern unserer Korrespondenz war vielleicht ganz gut, ich weiß jetzt, daß ich Ihnen auch über verlorene Briefe hinweg schreiben darf. Aber es dür-fen keine Briefe mehr verloren gehn.« Auf den sonstigen Inhalt ihres Briefes, kleine Geschichten aus dem Büroalltag, geht Kafka nicht wei-ter ein. »Was ich Ihnen heute schreibe, ist keine Antwort auf Ihren Brief, vielleicht wird die Antwort erst jener Brief sein, den ich morgen schreibe, vielleicht erst der von übermorgen.«[20]

Ein Brief heute, einer morgen, ein Brief übermorgen – dieser Satz ist das Grollen, mit dem sich der Abgang einer postalischen Lawine unge-kannten Ausmaßes ankündigt. In den folgenden zehn Monaten schreibt Kafka, seiner eigenen Schätzung nach, »etwa 500« Briefe an Felice Bauer;[21] praktisch kein Tag vergeht ohne Brief, an vielen Tagen schreibt er zwei, an manchen drei. Alle diese Briefe werden geschrieben, um Briefe zu bekommen. Das Modell des Bundes, der geschlossen werden soll, hatte er an jenem folgenreichen Abend bereits inszeniert, und daß es eine Inszenierung war, verhehlt er auch Felice nicht: »Sie reichten mir [...] die Hand oder besser ich lockte sie, kraft einer Eingebung, her-aus.«[22] Für ihn ist es die Urszene, mit ihr ruft er sich in Erinnerung – »Ich heiße Franz Kafka und bin der Mensch, der [...] in dieser Hand, mit der er jetzt die Tasten schlägt, Ihre Hand hielt« –, auf sie verpflichtet er Felice, ein- für allemal. Er hat ihre Hand gehabt, jetzt sind sie durch hunderte von Kilometern getrennt, der Bund aber, geschlossen »im Kla-vierzimmer« der Wohnung Brod, gilt. Sie werden ihre Hände halten, vermittelt durch das Medium Brief, sie wird berühren, was seine Hand

geschrieben hat, er, was ihre Hand geschrieben hat. Kafka will nicht das Fleisch dieser Frau,[23] er will ihre Briefe, sie soll sich ihm schreiben, so wie er sich ihr schreiben wird, es ist die Phantasie einer Beziehung, deren Körperlichkeit die Schrift ist, das Papier, der Umschlag, die Marke, und in der die denkbare flüchtige Berührung zweier gleichzeitig von Prag nach Berlin und von Berlin nach Prag beförderter Briefe irgendwo auf dem Postweg den Beischlaf ersetzt.

Ein Entwurf von Ehe, so radikal artistisch, daß auch seinem Schöpfer Zweifel kommen: »wie kann man […] einen Menschen mit bloßen geschriebenen Worten halten wollen, zum Halten sind die Hände da«.[24] Kafkas Hände waren zum Schreiben da – »Mein Leben besteht und bestand im Grunde von jeher aus Versuchen zu schreiben«[25] – und jeder Versuch, etwas anderes mit ihnen zu tun, zu gärtnern, zu tischlern, Ringe zu tauschen, war Flucht vor seiner Bestimmung und notwendiges Scheitern. »Ich […] bestehe aus Literatur, ich bin nichts anderes und kann nichts anderes sein.«[26] Vielleicht hätte sich zu Kafkas Zeit, in Kafkas Welt eine Partnerin gefunden, mit der sein Projekt einer Brief-Ehe realisierbar gewesen wäre, die Dada-Baroness[27] zum Beispiel. Warum ausgerechnet diese Frau, die in Revuen ging, Unterhaltungsromane las, vor allem aber tüchtig war und bürgerlich bis in die Knochen? Warum Felice Bauer?

Die einfache Antwort lautet: weil sie schrieb.[28] Felice hatte als Stenotypistin bei der Schallplattenfirma »Odeon« begonnen und war, als Kafka sie kennenlernte, Abteilungsleiterin bei der Carl Lindström AG, einem großen Grammophon- und Parlographen-Hersteller. In dieser Funktion schrieb sie nicht mehr nach Diktat, den Parlographen, Lindströms patentiertes Diktiergerät, bediente sie trotzdem gern, posierte mit ihm sogar zu Werbezwecken. (➤ 25 harte Eier) Kafka wußte das; an dem Abend bei Brods hatte man auch über Felices Beruf gesprochen. Und noch etwas war zur Sprache gekommen, wie sich Kafka erinnert: »Sie sagten […], Abschreiben von Manuskripten mache Ihnen Vergnügen, Sie schrieben auch in Berlin Manuskripte ab für irgendeinen Herrn«. Darüber habe er, Kafka, so gestaunt, »daß ich auf den Tisch schlug«.[29]

Die Voraussetzungen waren da, er mußte sie nur dazu bringen, statt Manuskripte ihr Leben abzuschreiben, für ihn und nicht für »irgendeinen Herrn«. Denn das stellt er sich vor, das Nahe und Nächste soll einander mitgeteilt, miteinander geteilt werden. Da Felice sich mit Briefen zunächst schwer tut, empfiehlt er ihr eine Vorübung: »schreiben Sie mir doch ein kleines Tagebuch, das ist weniger verlangt und mehr gegeben. Natürlich müssen Sie mehr hineinschreiben, als für Sie allein nötig wäre, denn ich kenne Sie doch gar nicht. Sie müssen also einmal auch eintragen, wann Sie ins Bureau kommen, was Sie gefrühstückt haben, wohin die Aussicht aus Ihrem Bureaufenster geht, was das dort für eine Arbeit ist, wie ihre Freunde und Freundinnen heißen, warum man Ihnen Geschenke macht, wer Ihrer Gesundheit mit Confektgeschenken schaden will und die tausend Dinge, von deren Dasein und Möglichkeit ich gar nicht weiß.«[30] Scheinbar als entlastende Alternative zum Briefeschreiben vorgeschlagen, wird rasch klar, daß das Tagebuch als Ergänzung gedacht ist, als Setzen des Rahmens sozusagen, in den Kafka das Tagesaktuelle, das die Briefe liefern sollen, fassen kann. Für beides bekommt Felice Vorgaben. Die Anweisungen zum Führen des Tagebuchs sind explizit, Erinnerungen folgen – »denken Sie an ein kleines Tagebuch«[31] –; als Muster für ihre Briefe sollen offensichtlich seine dienen, vor allem die nach dem anfänglichen »Stolpern« der Korrespondenz geschriebenen, die geradezu lehrhaft abgefaßt sind: so soll sie auch schreiben, das sind die Themen. Als flankierende Maßnahme dienen Fragen. Man hat den Eindruck, Kafka lege eine Liste an, auf der die gestellten Fragen notiert und gegebenenfalls als beantwortet abgehakt werden. Die noch offenen präsentiert er dann im Telegrammstil erneut, meist am Ende seiner Briefe: »Und der Augenarzt? Und die Kopfschmerzen? Ich lese Ihren nächsten Brief nicht, wenn er nicht zuerst Antworten darauf enthält.«[32] – »Ansichten der Bureaulokalitäten? Der Fabrik? der Immanuel-Kirchstraße? Prospekte der Fabrik? Die Adresse der Prager Filiale?«[33] (Eine Methode übrigens, die er bei entsprechender Trägheit später auch an anderen Adressaten exerziert, zum Beispiel an seiner Schwester Ottla, die Ende Mai 1920 folgende

Liste erhält: »Oskar? Felice? Memoiren einer Socialistin? Schwimmschule?« Nach Teilbearbeitung folgt dann die ergänzte Wiedervorlage: »Brief an Felice? Hanne? Schwimmschulkarte? Memoiren? Onkel Alfred?«[34] Ähnlich erging es Robert Klopstock, dem Freund aus Kafkas letzten Lebensjahren: »Mensa? Zähne? Übersetzungen? Sonstiger Verdienst? Zimmer? Prüfungen?«[35])

Die zweite, gleichrangig behandelte Aufgabe besteht darin, Felice dazu zu bringen, ihm regelmäßig zu schreiben, am liebsten täglich und in einem festen, verläßlichen Rhythmus: »es ist eben die Regelmäßigkeit, die dem Herzen so wohl tut, die immer gleiche Stunde, in der täglich ein Brief käme, diese gleiche Stunde, die das Gefühl der Ruhe, Treue, der geordneten Verhältnisse [...] bringt«.[36] Solche »geordneten Verhältnisse« zu erreichen, die gute Brief-Ehe, ist das Ziel. Der Weg dorthin ist mit Schwierigkeiten gepflastert, technischen wie psychologischen. Die technische Seite des Problems hat Kafka, als versierter, mit terminsensibler Korrespondenz befaßter Versicherungsjurist, rasch im Griff. Es ist lediglich eine Frage von Information und Koordination. Die Leerungszeiten der Postkästen und die Rhythmen der Zustellung müssen für Prag und Berlin ermittelt werden, wobei Freund Brod behilflich sein kann, der bei der Prager Postdirektion arbeitet, abweichende Sonntags- und Feiertagsregelungen sind zu berücksichtigen, schließlich ist die Möglichkeit von Verzögerungen beim Übergeben der Briefe, die aus Gründen der Diskretion und Kontrollierbarkeit in der Regel an die jeweiligen Büroadressen gehen, zu minimieren – Kafka verpflichtet in seiner Dienststelle »3 Leute«, ihm Felices Briefe »vor aller andern Post heraufzubringen«, den »Diener Mergl«, den »Chef des Expedits Wottawa« und »das Fräulein Böhm«, deren fein austariertes Zusammenwirken er ebenso anschaulich wie witzig beschreibt.[37]

Die psychologische Problematik, der Stachel des Ganzen, ist ungleich schwieriger zu behandeln. Felice, die bisher nur am Abschreiben fremder Manuskripte Vergnügen hatte, muß zum täglichen, pünktlichen Briefschreiben gebracht werden. Zur Lösung dieser Aufgabe, die von Anfang an dem Versuch gleicht, in der Wüste eine Quelle sprudeln zu lassen, fehlt Kafka jegliche Erfahrung. (Der Briefwechsel, den er von Herbst 1907 bis Ende 1908 mit der in Wien lebenden Hedwig Weiler geführt hatte, stand unter anderen Voraussetzungen.) In diesem Punkt versagt auch seine Phantasie. Er tut, was man eben tut, wenn man etwas will: er bittet, er fleht, appelliert an Mitgefühl und Menschlichkeit. »Jetzt ist Montag ½ 11 Uhr vormittag. Seit Samstag ½ 11 Uhr warte ich auf einen Brief und es ist wieder nichts gekommen. Ich habe jeden Tag geschrieben [...] verdiene ich wirklich kein Wort? Kein einziges Wort?« – »Du läßt mich auch heute, Samstag, ohne Brief, gerade heute, wo ich dachte, er müsse so bestimmt kommen wie es Tag wird nach der Nacht. Aber wer hat denn einen Brief verlangt, nur zwei Zeilen, ein Gruß, ein Briefumschlag, eine Karte, auf vier Briefe hin, dieses ist der fünfte, habe ich noch kein Wort von Dir gesehn. [...] sag nur welcher Mensch kann Dich abhalten, an ein Seitentischchen zu treten, mit Bleistift auf einen Fetzen Papier ›Felice‹ zu schreiben und mir das zu schicken. Und für mich wäre es schon so viel!« – »Heute wieder kein Brief, nicht mit der ersten, nicht mit der zweiten Post. Wie Du mich leiden läßt!«[38] Trägt das Flehen nichts aus, begibt er sich unter sein Niveau, droht, preßt Zusagen ab, deren Einhaltung er bis ins Kleinste nachrechnet und scheut auch vor der Instrumentalisierung Dritter nicht zurück, benutzt Felices Cousin, später ihre Freundin Grete Bloch, selbst ihre Eltern.

Erfolg hat er dennoch. Am 5. November 1912, anderthalb Monate nach seinem ersten Schreiben, erhält Kafka von Felice »das Versprechen, jeden Tag einen Brief zu bekommen«.[39] Das Unternehmen scheint gelungen; er hat sie durch Briefe, mit Briefen, gebunden und das – vermutlich: das allein – entbindet quasi-erotische Gefühle. Kafka geht, wie getrieben, vom »Sie« zum »Du« über: »Wie ich Dir angehöre, es gibt wirklich keine andere Möglichkeit es auszudrücken und die ist zu schwach«, schreibt er sechs Tage, nachdem er das Versprechen erhalten hat.[41] Plötzlich ist eine Nähe da, die nicht vorgesehen war, die Kafka nicht wollte, die er nicht aushalten kann. Das Ergebnis ist Verstörung. Im selben Brief erklärt er, die »täglichen Briefe« nicht ertragen zu können, nicht an Felice, sondern an sich gebunden zu sein: »Wollte ich mich mit Dein unterschreiben? Nichts wäre falscher. Nein, mein und ewig an mich gebunden, das bin ich und damit muß ich auszukommen suchen.«[41]

Das ist wahr, zu wahr, es ist der Widerruf aller seiner bisherigen Briefe an Felice und ein Verrat an der Urszene, dem Bund, der im Klavierzimmer bei Brods geschlossen worden war. Kafka erschrickt tief darüber, kaum daß der Brief abgeschickt ist. Er läßt durch Boten einen Strauß Rosen überbringen – »Armseliger Versuch, verbrecherischen Worten unschuldige Rosen nachzuschicken!«[42] –, und vertraut für alles Weitere auf Freund Max, an den sich Felice, ihrerseits verstört, wendet. Brod telephoniert mit ihr und wiegelt schriftlich ab: »dem Franz und seiner oft krankhaften Sensibilität« müsse man »manches zu Gute halten. Er gehorcht ganz der augenblicklichen Stimmung. Überhaupt ist er ein Mensch, der nur das Unbedingte will, das Äußerste in Allem.«[43] Felice genügt das, sie schickt Kafka eine Antwort, schreibt schon auf den Umschlag »Beruhigungszeilen«[44] und zeigt Verständnis.

Kafka antwortet ungläubig-verzückt wie ein Geretteter, es ist vielleicht der einzige wirklich glückliche Brief, den er Felice in diesen fünf Jahren schickt. »Liebste, Liebste! Wenn es so viel Güte in der Welt gibt, dann muß man sich nicht fürchten, muß nicht unruhig sein. […] Liebste, Liebste! Das Wort wollte ich seitenlang aneinanderreihen […].« Dann versucht er zu erklären, wie es zu jenem Brief kam, den er nicht geschrieben, sondern »erbrochen« hätte: er sei ihm eingefallen »als ein einziger, in schrecklicher Spannung sich befindlicher Satz, der mich töten zu wollen schien, wenn ich ihn nicht niederschrieb. […] Nichts mehr davon. Ich werde wieder Deine Briefe bekommen, schreib, wann Du willst oder besser wann Du kannst, halte Dich nicht im Bureau meinetwegen bis in den Abend auf, ich werde nicht leiden, wenn kein Brief kommt, denn wenn dann wieder einer kommt, wird er mir unter der Hand lebendig werden wie es noch – scheint mir – keinem Briefe je geschehen ist und meinen Augen und Lippen wird er alle nicht geschriebenen Briefe reichlich ersetzen.«[45] Nachts schreibt er noch einmal, er ist zur Ruhe gekommen, die verstörende Spannung hat sich gelöst, der

Bund mit Felice scheint wieder so möglich zu sein, wie er es wollte, wenngleich er jetzt die Bedingungen klarer sieht als vorher und sie ihr, zum ersten und einzigen Mal, mit rücksichtsloser Offenheit nennt: »Bleib in der Täuschung, daß Du mich nötig hast. Denke Dich noch tiefer hinein. Denn sieh, Dir schadet es doch nichts, willst Du mich einmal los sein, so wirst Du immer genug Kräfte haben, es auch zu werden, mir aber hast Du in der Zwischenzeit ein Geschenk gemacht, wie ich es in diesem Leben zu finden auch nicht geträumt habe. So ist es, und wenn Du auch im Schlaf den Kopf schüttelst.«[46]

Am nächsten Tag, dem 15. November 1912, schreibt Kafka dreimal. Im zweiten Brief bezieht er sich auf Felices bevorstehenden 25. Geburtstag: »Zu Deinem Geburtstag [...] darf gerade ich Dir gar nichts wünschen, denn wenn es auch sehr wahrscheinlich dringende Wünsche für Dich gibt, die gleichzeitig gegen mich gerichtet wären – nun, ich kann sie nicht aussprechen; was ich aber sagen könnte, wäre nur Eigennützigkeit. Damit ich nun, so wie es sein muß, ganz sicher schweige und keinen Wunsch aussprechen kann, erlaube mir, doch nur in der Ahnung, doch nur dieses eine Mal, Deinen geliebten Mund zu küssen.«[47] Nur in der Ahnung küssen, und nicht einmal das, nur schreiben, daß man nur in der Ahnung küßt – Mimikry der Vereinigung von Mann und Frau, eine Reproduktion unter den Bedingungen des artistischen Beziehungsentwurfs und für Kafka nur als solche erträglich. Die Konfrontation mit dem Original, anderthalb Jahre später, ist dann ein Schock. (➝ Gepfählter Ehemann)

Störe ich Dich denn nicht mit meinen Briefen, Felice?

Man darf sich Felice Bauer in diesen Novembertagen des Jahres 1912 nicht als glückliche Frau vorstellen, aber bewundern muß man sie. Sie schweigt ein paar Tage, dann schreibt sie wieder. Nicht täglich, aber sie schreibt. Und alles beginnt von vorn. Kafka vergißt, was war, dringt wieder auf regelmäßige Briefe, bittet, fleht, appelliert an Mitgefühl und Menschlichkeit, erhebt Vorwürfe, erpreßt Zusagen, deren Einhaltung er zu erzwingen versucht. Felice tut ihr Bestes, schreibt eine Zeit lang sogar jeden Tag. Halte sie diese »schöne

Regelmäßigkeit« ein, erklärt Kafka, habe er, »was das Schreiben anlangt, keine weiteren Wünsche«.[48] Zwei Monate später, im März 1913, weist er darauf hin, daß er »für das Ausbleiben von Nachrichten allerdings die alte Empfindlichkeit behalten« habe.[49] Im April 1913 fährt Felice zu einer Büromaschinenmesse nach Frankfurt. »Felice, seit Mittwoch nachmittag bist Du in Frankfurt und erst heute Sonntag vormittag erfahre ich es durch Deine Karte.«[50] Sie schickt noch einige Karten aus Frankfurt, das genügt ihm nicht. Es sind zwar »Nachrichten«, aber keine, die wirklich ihm gelten. Er fühlt sich nicht mehr angesprochen, sondern behandelt, abgehakt, hat das Gefühl, er sei zu einer ihrer Pflichten geworden. Sein Indiz dafür ist ihr Stil, das Mittel zur Korrektur die Stilkritik. Was ihn »so aufgeregt« habe, erklärt Kafka, als Felice wieder in Berlin ist, seien »diese kurzen Sätzchen« gewesen, die sie aus Frankfurt geschickt habe, syntaktische Kondensate, »die weder eine Mitteilung noch eine Erklärung und kaum einen Gruß, sondern nur Eile, nur Eile enthielten und mit einem Seufzer des Geplagtseins begonnen und mit einem Seufzer der Erleichterung beendet schienen – schienen! schienen!«[51] Und in einem ihrer Telegramme habe »innige« gestanden, innige Grüße, innige Verbundenheit, man erfährt den Zusammenhang nicht, das sei ein »Formelwort« gewesen.[52] Aus solchen Formeln müsse er nun alles, was er sich wünsche, heraussaugen. Dann vergleicht er in einer Art Rückblick Felices erste Briefe mit »denen der letzten Wochen«, und meint, Abwendung und Überdruß zu erkennen. Als schlagendes Beispiel wird der eingangs zitierte Brief angeführt, den sie ihm am 1. Juni 1913 aus dem Zoologischen Garten geschrieben hat, »das Gespenst eines Briefes«.

So geht es weiter, Tag um Tag, Woche um Woche, Monat um Monat. Bitten, Verzweiflung, Kritik. »Dann kam Dein letzter Brief, paar Zeilen im Restaurant nach dem Essen geschrieben, das Ausbleiben der Antwort nicht erklärt, die Reise nach Dresden (ohne Erklärung Deiner frühern, öftern Bereitwilligkeit zu einer solchen Reise) einfach abgelehnt, Flüstern Deiner Schwester, Du möchtest Dich kürzer (noch kürzer! noch kürzer!) fassen. Das war alles.«[53] Felice beantwortet seine Fragen nicht, sie schreibt nicht, was er will, und wenn doch, schreibt sie es nicht so, wie er will: »irgendetwas fehlt mir in Deinen letzten Karten; es sind so auf Formeln gebrachte Berichte; zum Teil widerwillig geschrieben«.[54]

Fast fünf Jahre lang habe er auf Felice »eingehauen«, erklärt Kafka später seiner Geliebten Milena Jesenská, der er sich ebenfalls durch Briefe genähert hatte (→ Nicht nach Wien), und fügt hinzu: »oder, wenn Sie wollen, auf mich«.[55] So war es, und Kafka wurde unter diesen Schlägen irre an seinem Projekt der Brief-Ehe, gab es preis, machte Felice am 1. Juli 1913 brieflich eine Art Heiratsantrag und verlobte sich mit ihr am 13. April 1914. Drei Monate später wurde die Verlobung wieder gelöst, zwei Jahre später verlobten sich beide erneut, diese Verlobung löste Kafka Ende Dezember 1917, nachdem er Felice am 16. Oktober 1917 einen letzten Brief geschrieben hatte. Anderthalb Jahre später, im März 1919, heiratet Felice einen Berliner Geschäftsmann; Kafka erhält die Nachricht, »unter schonender Vorbereitung«, von Max Brod. »Er war nichts als froh, dankte sehr.«[56]

Zu ergänzen bleibt, daß Kafka sein Verfahren, die »Schreibweise« als Indiz für die Haltung zu nehmen, mit und aus der einer schreibt, nicht allein an Felice Bauer erprobte. Schon Hedwig Weiler hatte lesen müssen, einer ihrer Briefe sei »nur eine verzierte Tapete«.[57] Auch Max Brod, als Literat zu Lebzeiten unvergleichlich erfolgreicher als Kafka, blieb nicht verschont: »Und solche Kritiken wie über Racine schreibst Du öfters? (Hübsch übrigens wie Du in der ersten Spalte einschläfst und in der letzten beim Aufwachen Dich ärgerst, daß so wenig Publikum da ist.)«[58] Ebensowenig der andere Freund, der Philosoph Felix Weltsch, dessen verdrossene Urlaubsgrüße Kafka ausgerechnet in einem Brief an Felice aufspießt: »Seine erste Karlsbader Karte fängt an: ›Es ist kalt, neblig, es regnet, mich friert, den Papa friert, meine Frau friert. Es ist teuer, das Brod ist schlecht, die Luft ist rauh. Ich habe Furunkeln. Meine Frau hat Halsschmerzen u.s.f.‹ Du siehst, das Leben ist auch dort nicht leicht.«[59] Und die Lieblingsschwester Ottla: »Unter den Themen hast Du glaube ich gut gewählt, führ es nun aber auch aus. In Deinem Brief schwimmt der Vorsatz, es zu tun, schrecklich unsicher herum, jeden Augenblick glaubt man, er ertrinkt endgültig.«[60]

»Meine Schreibweise ist natürlich nicht selbständig närrisch, sondern genau so närrisch wie meine gegenwärtige Lebensweise«, hatte Kafka selbstanalytisch und -kritisch Felice schon zu Beginn ihres Briefwechsels erklärt.[61] Das galt dann wohl auch für die andern. »Wir sitzen alle zusammen hier im Restaurant am Zoo, nachdem wir den ganzen Nachmittag im Zoo gesessen haben.« Närrisch.

1 An Felice Bauer, 1.6.1913 (BaF, 393). / **2** Ebd. / **3** An Felice Bauer, 20.9.1912 (BaF, 43). / **4** Tb, 1023. / **5** Tb, 1025 ff. / **6** Tb, 1035. / **7** Vgl. z. B. Tb 1040, 1041, 1045, 1047. / **8** An Max Brod, 14.7.1912 (BKB, 105). / **9** Vgl. Tb, 428 f. / **10** Tb, 432. / **11** Vgl. Tb, 430 und an Max Brod, 14.8.1912 (BKB, 111). / **12** An Felice Bauer, 20.9.1912 (BaF, 43 f.). / **13** BaF, 58, Fn. 2. Das Faksimile der Titelseite von Kafkas Exemplar, auf der er sich Felice Bauers Adresse notierte, in: Jürgen Born, *Kafkas Bibliothek. Ein beschreibendes Verzeichnis*. Frankfurt a. M. 1990, 164. / **14** An Felice Bauer, 27.10.1912 (BaF, 60). / **15** An Felice Bauer 13.10.1912 (BaF, 47). / **16** An Felice Bauer, 28.9.1912 (BaF, 46). / **17** An Felice Bauer 13.10.1912, 2.Brief (BaF, 47). / **18** An Sophie Friedmann, 14.10.1912 (BaF, 48 f.). / **19** An Felice Bauer, 23.10.1912 (BaF, 50). / **20** An Felice Bauer, 23.10.1912 (BaF, 51). / **21** An Carl Bauer, 28.8.1913 (BaF, 456). / **22** An Felice Bauer, 27.10.1912 (BaF, 58). / **23** Vgl. dazu, als Gegenpol: Gilles Deleuze/Félix Guattari, *Kafka. Für eine kleine Literatur*. Frankfurt a. M. 1976, 42. / **24** An Felice Bauer, 20.11.1912 (BaF, 107). / **25** An Felice Bauer, 1.11.1912 (BaF, 65). / **26** An Felice Bauer, 14.8.1913 (BaF, 444). / **27** Vgl. Irene Gammel, *Die dada Baroness. Das wilde Leben der Elsa von Freytag-Loringhoven*. Berlin 2003. / **28** Vgl. dazu auch Friedrich A. Kittler, *Aufschreibesysteme 1800–1900*. München 2003, 437 ff. / **29** An Felice Bauer, 27.10.1912 (BaF, 58). / **30** An Felice Bauer, 28.9.1912 (BaF, 46). / **31** An Felice Bauer, 23.10.1912 (BaF, 51). / **32** An Felice Bauer, 7.11.1912 (BaF, 80). / **33** An Felice Bauer, 24.11.1912 (BaF, 123). / **34** An Ottla Kafka, Ende Mai 1920 (BaO, 92) und 11.6.1920 (BaO, 93). / **35** An Robert Klopstock, 19.12.1923 (Br, 469). / **36** An Felice Bauer, 16.12.1912 (BaF, 186). / **37** An Felice Bauer, 15.11.1912 (BaF, 94). / **38** An Felice Bauer, 4.11.1912 (BaF, 74); 16.11.1912 (BaF, 97); 20.11.1912 (BaF, 106). / **39** An Felice Bauer, 5.11.1912 (BaF, 74). / **40** An Felice Bauer, 11.11.1912 (BaF, 88). / **41** An Felice Bauer, 11.11.1912 (BaF, 88 f.). / **42** An Felice Bauer, 13.11.1912 (BaF, 89). / **43** Max Brod an Felice Bauer, 15.11.1912 (BaF, 96). / **44** An Felice Bauer, 14.11.1912 (BaF, 90). / **45** An Felice Bauer, 14.11.1912 (BaF, 89–91). / **46** An Felice Bauer, 14.11.1912, 2.Brief (BaF, 93). / **47** An Felice Bauer, 15.11.1912, 2.Brief (BaF, 96). / **48** An Felice Bauer, 10./11.1.1913 (BaF, 242). / **49** An Felice Bauer, 28.3.1913 (BaF, 349). / **50** An Felice Bauer, 13.4.1913 (BaF, 364). / **51** An Felice Bauer, 2.5.1913 (BaF, 375). / **52** An Felice Bauer, 23./24.5.1913 (BaF, 389). / **53** An Felice Bauer, 3.4.1914 (BaF, 539). / **54** An Felice Bauer, 7.8.1916 (BaF, 676). / **55** An Milena Jesenská, 31.5.1920 (BaM, 30). / **56** Brod FK, 177; Tagebuch Max Brod; zitiert nach KChr, 160. / **57** An Hedwig Weiler, 11.9.1907 (Br, 42). / **58** An Max Brod, Ende April 1921 (BKB, 339). / **59** An Felice Bauer, 21.7.1916 (BaF, 668). / **60** An Ottla Kafka, 20.2.1919 (BaO, 66). / **61** An Felice Bauer, 23.10.1912 (BaF, 51). / Hervorgehobenes Zitat aus einem Brief Kafkas an Felice Bauer, 18.4.1913 (BaF, 366).

HEIDELANDSCHAFTEN

Der Maler zog unter dem Bett einen Haufen ungerahmter Bilder hervor, die so mit Staub bedeckt waren, daß dieser, als ihn der Maler vom obersten Bild wegzublasen suchte, längere Zeit atemraubend K. vor den Augen wirbelte. »Eine Heidelandschaft«, sagte der Maler und reichte K. das Bild. Es stellte zwei schwache Bäume dar, die weit von einander entfernt im dunklen Gras standen. Im Hintergrund war ein vielfarbiger Sonnenuntergang. »Schön«, sagte K., »ich kaufe es.« K. hatte unbedacht sich so kurz geäußert, er war daher froh, als der Maler statt dies übel zu nehmen, ein zweites Bild vom Boden aufhob. »Hier ist ein Gegenstück zu diesem Bild«, sagte der Maler. Es mochte als Gegenstück beabsichtigt sein, es war aber nicht der geringste Unterschied gegenüber dem ersten Bild zu merken, hier waren die Bäume, hier das Gras und dort der Sonnenuntergang. Aber K. lag wenig daran. »Es sind schöne Landschaften«, sagte er, »ich kaufe beide und werde sie in meinem Bureau aufhängen.« »Das Motiv scheint Ihnen zu gefallen«, sagte der Maler und holte ein drittes Bild herauf, »es trifft sich gut, daß ich noch ein ähnliches Bild hier habe.« Es war aber nicht ähnlich, es war vielmehr die völlig gleiche alte Heidelandschaft. [...] »Ich nehme auch dieses noch«, sagte K. »Wieviel kosten die drei Bilder?« »Darüber werden wir nächstens sprechen«, sagte der Maler [...]. »Im übrigen freut es mich, daß Ihnen die Bilder gefallen, ich werde Ihnen alle Bilder mitgeben, die ich hier unten habe. Es sind lauter Heidelandschaften, ich habe schon viele Heidelandschaften gemalt.«[1]

»Abends bei Max, wo der Maler Novak gerade die Litographien von Max ausbreitete. [...] Er behauptete, daß es die gefühlte und selbst bewußte Aufgabe des Künstlers wäre, den Porträtierten in seine eigene Kunstform aufzunehmen. Um dies zu erreichen hatte er zuerst eine Porträtskizze in Farben angefertigt, die auch vor uns lag [...]. Nach dieser

Skizze arbeitete nun der Maler zuhause an seinen Litographien, indem er, Litographie um Litographie verändernd, darnach trachtete, immermehr von der Naturerscheinung sich zu entfernen, dabei aber seine eigene Kunstform nicht nur nicht zu verletzen, sondern Strich für Strich ihr näherzurücken. So verlor z. B. die Ohrmuschel ihre menschlichen Windungen und den detaillierten Rand und wurde ein vertiefter Halbkreiswirbel um eine kleine dunkle Öffnung. Maxens knochig schon vom Ohr an sich bildendes Kinn verlor seine einfache Begrenzung, so unentbehrlich sie scheint und so wenig für den Beschauer aus der Entfernung der alten Wahrheit eine neue wurde. […] Sein nächstes Ziel war nun vor allem der Mund, an dem schon einiges aber nicht genug geschehen war, und dann die Nase in die Umwandlung einzubeziehn, wozu er auf die Klage Maxens, daß sich die Litographie auf diese Weise immer mehr von der schönen Farbenskizze entferne, bemerkte, daß es gar nicht ausgeschlossen sei, daß sie sich ihr wieder annähern werde. […] Zwei Litographien ›Apfelverkäuferin‹ und ›Spaziergang‹ gekauft.«[2] – Kafka hatte, die bildende Kunst betreffend, einen recht konservativen Geschmack. Die avantgardistischen Bewegungen seiner Zeit, Konstruktivismus, Dada, Futurismus, sind an ihm vorbeigegangen, und daß er Verständnis für Picasso geäußert haben soll,[3] mag man schon deshalb nicht glauben, weil dafür allein das Zeugnis des notorisch unzuverlässigen Gustav Janouch vorliegt. Die zeitgenössischen Maler, mit denen Kafka zusammengetroffen ist, Alfred Kubin, Friedrich Feigl, Richard Pollak-Karlin und andere, interessierten ihn in als Menschen, nicht als Künstler; in den Tagebucheinträgen, die die Begegnungen festhalten, fällt über ihre Bilder kaum ein Wort.[4] Das einzige Gemälde, das ihn je zu einer längeren Betrachtung anregt, ist »Boulter's Lock, Sunday Afternoon«, von Edward John Gregory, eine 1895 entstandene, impressionistisch angehauchte Darstellung von Bootsausflüglern auf der Themse,[5] und als er ein Mal von einem Gemälde träumt, ist es »angeblich von Ingres« und zeigt »Mädchen im Wald«.[6] Man darf wohl sagen, daß Kafka vorwiegend mit figurativer Kunst etwas anfangen konnte. Und da mochte er es gern naturalistisch, wie seine zitierte Kritik an Nowak, seine Vorliebe für den Bildhauer František Bilek[7] und der Umstand bezeugt, daß über seinem Schreibtisch in der elterlichen Wohnung eine große Reproduktion des »Pflügenden Bauern« von Hans Thoma hing.[8]

Bildende Kunst, die ihre mimetischen Möglichkeiten zugunsten von Konstruktionen oder Provokationen verläßt, die sich entweder als »absolut« versteht oder programmatisch das zufällig Vorgefundene integriert, blieb Kafka suspekt, weil er eben nicht zu erkennen vermochte, daß »für den Beschauer aus der Entfernung der alten Wahrheit eine neue wurde«. Dem Versuch Willy Nowaks, beiläufig auf die Leinwand geratene Elemente wie einen Kaffeefleck als »ein Notwendiges« auszugeben, vermochte er nur mit Ironie zu begegnen,[9] und als ihn Raoul Hausmann, einer der Mitbegründer des Dada, zu einer Stellungnahme bewegen wollte, suchte Kafka nach einigen höflich-abwehrenden Äußerungen rasch das Weite.[10] (Womit nicht bestritten sein soll, daß die von Werner Spies vertretene These, Odradek aus Kafkas kleiner Erzählung »Die Sorge des Hausvaters« sei mit den dadaistischen Readymades zu vergleichen, ihren Reiz hat.[11])

Kafkas Verhältnis zur Malerei erinnert in gewisser Weise an das Verhältnis des frühen Wittgenstein zur Sprache. Für Wittgenstein besteht die ursprüngliche und primäre Funktion der Sprache darin, Tatsachen, das heißt Konfigurationen von Gegenständen, abzubilden. Nach und nach sind der Sprache zwar viele andere Funktionen übertragen worden, der Sachwert einer Äußerung läßt sich laut Wittgenstein jedoch nur dadurch sichtbar machen, daß man prüft, was sie abbildet und ob sie überhaupt etwas abbildet.[12] Kafkas Urteile über bildende Kunst beruhen auf einer ähnlichen Überlegung. Kunst soll schön sein, soll dem Betrachter »Augenglück«[13] geben, zweifellos. Aber das vermag sie nur, indem sie zugleich sein Inneres anrührt, was Kafkas Verständnis nach allein dadurch möglich ist, daß sie Menschliches darstellt, zu dem der Betrachter sich in Beziehung setzen kann.

Es nimmt daher nicht wunder, daß die wenigen Gemälde, die in Kafkas Romanen auftauchen, Porträts sind. Im Arbeitszimmer des Advokaten Huld hängt ein Bild, das »einen Mann im Richtertalar« darstellt, in der Gaststube des Brückenhofs »das Brustbild eines etwa fünfzigjährigen Mannes«, in der kleinen Seitenkapelle des Doms eine »Grablegung Christi«, die als Porträt im weiteren Sinne gelten kann, weil in ihr »ein großer gepanzerter Ritter« auffällig ist, auf ein Schwert gestützt, »das er in den kahlen Boden vor sich [...] gestoßen hatte«.[14]

Auch auf der Staffelei Titorellis steht ein Porträt, das in Pastellfarben ausgeführte Bild eines Richters »mit schwarzem buschigen Vollbart, der seitlich weit die Wangen hinaufreichte«.[15] Titorelli, der Maler der Heidelandschaften, ist im Hauptberuf »Gerichtsmaler«. Seine Tätigkeit besteht darin, Richter zu porträtieren, eine Aufgabe, die aufgrund der für die Porträts verfügten subtilen Bedingungen Arkanwissen verlangt. »Schon mein Vater war Gerichtsmaler«, erklärt Titorelli, als K. ihn fragt, wie er zu seinem Amt gekommen sei. »Es ist das eine Stellung, die sich vererbt. Man kann dafür neue Leute nicht brauchen. Es sind nämlich für das Malen der verschiedenen Beamtengrade so verschiedene vielfache und vor allem geheime Regeln aufgestellt, daß sie überhaupt nicht außerhalb bestimmter Familien bekannt werden. Dort in der Schublade z. B. habe ich die Aufzeichnungen meines Vaters, die ich niemandem zeige. Aber nur wer sie kennt ist zum Malen von Richtern befähigt. Jedoch selbst wenn ich sie verlieren würde, blieben mir noch so viele Regeln, die ich allein in meinem Kopfe trage, daß mir niemand meine Stellung streitig machen könnte. Es will doch jeder Richter so gemalt werden wie die alten großen Richter gemalt worden sind und das kann nur ich.«[16] – Eine Stellung bei Gericht, die niemand streitig machen kann, das ist K.s Stichwort; er fragt ausdrücklich nach, ob Titorellis Stellung »also unerschütterlich« sei, und erst als der Maler dies stolz bestätigt, ist er bereit, sich auf ihn einzulassen.

K.s Besuch in dem in einer dunklen, verkommenen Vorstadt gelegenen Atelier gilt nämlich nicht Titorellis Bildern. Zwar besitzt er »aus früherer Zeit einige kunsthistorische Kenntnisse«, aber die sind längst verschüttet, und daß er »eine Zeitlang [...] Mitglied des Vereins zur Erhaltung der städtischen Kunstdenkmäler« gewesen war, hatte lediglich geschäftliche Gründe.[17] K. sucht Titorelli auf, weil gegen ihn ein Prozeß eröffnet worden ist, kein Prozeß »vor dem gewöhnlichen Gericht«, sondern ein diffuses Verfahren, das, der üblichen Rechtsordnung entzogen, in irgendeiner Weise »das ganze Leben« zu betreffen scheint.[18] Um in diesem Verfahren bestehen zu können, sammelt K. nach und nach einen »Kreis von Helfern«, in den sich Titorelli seines Erachtens »sehr gut« einfügt. Aufgrund seines ständigen Verkehrs mit den »Herren vom Gericht« ist der Maler nämlich nicht nur ein intimer Kenner der verzweigten juristischen Materie, er verfügt auch über Verbindungen, die Einflußnahme möglich erscheinen lassen.[19] Und darum geht es.

Obwohl Titorelli den Eindruck erweckt, er setze sich aus Menschenfreundlichkeit für die Angeklagten ein,[20] besteht kein Zweifel daran, daß seine Tätigkeit als Lobbyist bei dem ebenso allgegenwärtigen wie ungreifbaren Gericht honoriert werden muß. Allerdings ist diese Tätigkeit, wie er knapp und eher widerwillig einräumt, keine »öffentlich anerkannte Stellung«,[21] weshalb sich das formelle In-Rechnung-stellen von Leistungen verbietet. Stattdessen haben die Angeklagten, die sich der Dienste Titorellis versichern wollen, Bilder zu kaufen. Heidelandschaften. Diese seriell gefertigten, immer gleichen und immer gleich trostlosen Landschaften sind nicht als Kunstwerke zu verstehen. Schon daß sie offenbar als Kopien von Kopien produziert werden und ein Original, wenn es denn eines gab, längst nicht mehr aufweisbar ist, nimmt ihnen jeden künstlerischen Wert. Titorellis Heidelandschaften sind keine Kunstwerke, es sind Quittungen. Genau so versteht K. sie auch: weil er fürchtet, »bei irgendeiner Gelegenheit genötigt zu werden, sich dem Maler gegenüber mit ihnen auszuweisen«, widersteht er dem Impuls, die verstaubten Leinwände einfach wegzuwerfen.[22]

Drei Möglichkeiten gibt es, erläutert Titorelli, einen Prozeß wie den K.s zu bestehen: »die wirkliche Freisprechung, die scheinbare Freisprechung und die Verschleppung«.[23] Fälle wirklicher Freisprechung sind nicht überliefert; von ihnen handeln nur Legenden. Die scheinbare

Freisprechung kommt vor, schützt jedoch nicht vor erneuter Verhaftung und Anklage. Deshalb scheint Titorelli die dritte Möglichkeit, die Verschleppung, zu favorisieren. Die allerdings verlangt »dauernde Anstrengung«; es ist, wie er ausführt, »nötig, daß der Angeklagte und der Helfer, insbesondere aber der Helfer in ununterbrochener persönlicher Fühlung mit dem Gerichte bleibt«.[24] Vor diesem Hintergrund verliert Titorellis Bemerkung, er habe »schon viele Heidelandschaften gemalt«, ihren drohenden Unterton. Eher scheint die unabsehbare Zahl der Heidelandschaften, die der Maler unter seinem Bett hervorziehen wird, der unabsehbaren Dauer der Anstrengung zu korrespondieren, die eine Verschleppung erfordert. So betrachtet, bekäme auch das Motiv der unsäglichen Pinseleien einen Sinn: die beiden schwachen, weit voneinander entfernt im dunklen Gras stehenden Bäume, das könnten der Angeklagte und sein Helfer sein, und der vielfarbige Sonnenuntergang, der im Hintergrund flimmert, mag die Facetten des möglichen Endes repräsentieren.

---

1 *Der Proceß*, 220 f. / 2 Tb, 305–307; vgl. Binder KW, 272. / 3 Vgl. Gustav Janouch, *Gespräche mit Kafka. Aufzeichnungen und Erinnerungen.* Frankfurt a. M.-Hamburg 1961, 100. / 4 Vgl. Tb, 30, 40 f., 45; sowie Kafkas Brief an Felice Bauer vom 28.11.1912 (BaF, 140). / 5 Tb, 853 f.; vgl. Tb Komm, 203. / 6 Tb, 258. / 7 Vgl. dazu Kafkas Briefe an Max Brod vom 30.7. und 7.8.1922 (BKB, 395 u. 401). / 8 Brod FK, 59. / 9 Tb, 306. / 10 Vgl. Raoul Hausmann, »Begegnung mit Franz Kafka 1923 in Berlin« – in: EFK, 206 ff. / 11 In: *Kafkas Sätze.* Hg. v. Hubert Spiegel. Frankfurt a. M. 2009, 33. – Odradek, heißt es, erscheine als Ganzes »zwar sinnlos, aber in seiner Art abgeschlossen« (DzL, 283). / 12 Vgl. *Tractatus logico-philosophicus* (1922), Sätze 2.1 ff.; 4.002; 4.01. / 13 Den Begriff verwendet Kafka in seinem Brief an Max Brod vom 7.8.1922 (BKB, 401). / 14 *Der Proceß*, 141; Das Schloß, 15; *Der Proceß*, 281. / 15 *Der Proceß*, 195. / 16 *Der Proceß*, 204. / 17 *Der Proceß*, 272. / 18 *Der Proceß*, 124 und 170. / 19 *Der Proceß*, 203 und 203 f. / 20 Vgl. *Der Proceß*, 204. / 21 *Der Proceß*, 198. / 22 *Der Proceß*, 223. / 23 *Der Proceß*, 205. / 24 *Der Proceß*, 211 und 216.

UNMÖGLICHE KÜNDIGUNG

Ich gefalle mir [...] so wenig, ich sitze hier vor der Direktoratstür, der Direktor ist nicht da, aber ich würde nicht staunen, wenn er herauskäme und sagte: »Mir gefallen Sie auch nicht, deshalb kündige ich Ihnen.« »Danke« würde ich sagen »ich brauche das dringend für eine Wiener Reise.« »So« würde er sagen »jetzt gefallen Sie mir wieder und ich ziehe die Kündigung zurück.« »Ach« würde ich sagen »nun kann ich also wieder nicht fahren.« »O ja« würde er sagen »denn jetzt gefallen Sie mir wieder nicht und ich kündige.« Und so wäre das eine endlose Geschichte.[1]

Milena, Milena. Als »Liebe durch Briefwechsel«[2] hat Kafka später die Beziehung bezeichnet, die er im Frühjahr 1920 mit Milena Jesenská begann, der wilden Tochter eines angesehenen Prager Kieferorthopäden. Eine schwierige Liebe. Kafka war noch verlobt, Milena temperamentvoll, fordernd und verheiratet. Kennengelernt hatte er Milena in Prag, konnte sich aber, als der erste Brief von ihr kam, kaum an sie erinnern. »Nur wie Sie dann zwischen den Kaffeehaustischen weggiengen, Ihre Gestalt, Ihr Kleid, das sehe ich noch.«[3] Milena lebte in Wien, und der Entschluß zu einem ersten Treffen mit ihr hatte für Kafka eine fast übermenschliche Anstrengung bedeutet. (➤ Nicht nach Wien) Es war ein Abenteuer gewesen, das er, zurück in Prag, in mehreren Briefen verarbeiten mußte. Und nun sollte er, kaum einen Monat nach seiner Rückkehr, schon wieder fahren. »Ich habe ihm [...] telegraphiert, telephoniert, ihn bei Gott angefleht, er möge für einen Tag zu mir kommen«, berichtet Milena später Max Brod. Ein weiteres Treffen sei für sie »sehr notwendig« gewesen.[4] Daß der Tag, an dem sie Kafka sehen wollte, ein Werktag war, erschien ihr unproblematisch: sie würde ihm telegraphieren, daß seine in Wien lebende Verwandte schwer erkrankt und sein sofortiges Kommen nötig sei; mit diesem Telegramm könne er sich dann bei seinem Arbeitgeber, der Arbeiter-Unfall-Versicherungs-Anstalt, einen Tag Urlaub ausbitten. So einfach für Milena, so undenkbar für Kafka.

»Ich kam nachhause sah im Dunkel auf dem Schreibtisch den unerwarteten Brief […]. ›Ich kann nicht kommen‹ das wußte ich bei der ersten Zeile und wußte es bei der letzten, dazwischen war ich allerdings mehrmals in Wien so wie man in einer schlaflosen überwachen Nacht zehnmal etwa halbminutenlange Träume hat. Dann gieng ich zur Post, telegraphierte Dir, wurde ein wenig ruhiger und sitze jetzt da. Sitze jetzt da mit der kläglichen Aufgabe Dir zu beweisen, daß ich nicht kommen kann. […] Ich konnte nicht kommen, weil ich im Amt nicht lügen kann. Ich kann auch im Amt lügen aber nur aus 2 Gründen, aus Angst (das ist also eine Bureauangelegenheit, gehört dorthin, da lüge ich unvorbereitet, auswendig, inspiriert) oder aus letzter Not (also, wenn ›Else krank‹ wird, Else, Else, nicht Du Milena […]), also aus Not könnte ich sofort lügen, dann wäre kein Telegramm nötig. Not ist etwas, was gegenüber dem Bureau bestehen kann, dann fahre ich entweder mit oder ohne Erlaubnis. Aber in allen Fällen, wo unter den Gründen, die ich für das Lügen hätte, das Glück, die Not des Glücks der Hauptgrund ist, kann ich nicht lügen […]. Käme ich mit dem Else-Telegramm zum Direktor, es würde mir gewiß aus der Hand fallen und fiele es, ich würde gewiß darauf, auf die Lüge, treten und hätte ich das getan, würde ich gewiß vom Direktor weglaufen ohne um etwas zu bitten. Bedenke doch, Milena, das Bureau ist doch nicht irgendeine beliebige dumme Einrichtung (die ist es auch und überreichlich, aber davon ist hier nicht die Rede, übrigens ist es mehr phantastisch als dumm) sondern es ist mein bisheriges Leben, ich kann mich davon losreißen, gewiß, und das wäre vielleicht gar nicht schlecht, aber bis jetzt ist es eben mein Leben, ich kann damit lumpig umgehn, weniger arbeiten als irgendjemand (tue ich) die Arbeit verhudeln (tue ich) mich trotzdem wichtig machen (tue ich) die liebenswürdigste Behandlung, die im Bureau denkbar ist, als mir gebührend ruhig hinnehmen, aber lügen, um plötzlich als freier Mensch, der ich doch nur angestellter Beamter bin, dorthin zu fahren, wohin mich ›nichts anderes‹ treibt als der selbstverständliche Schlag des Herzens, nun ich kann also nicht so lügen.«[5]

»Ich habe ihn auf Tod und Leben verflucht. Er hat nächtelang nicht geschlafen, sich gequält, Briefe voll Selbstvernichtung geschrieben, ist aber nicht gekommen. Warum? Er hat nicht um Urlaub ersuchen können. Er hat doch dem Direktor, demselben Direktor, den er aus tiefster Seele bewundert (ernstlich!), weil er so schnell Maschine schreibt, – er hat ihm doch nicht sagen können, daß er zu mir fährt. Und etwas anderes sagen – wieder ein entsetzter Brief – wie denn? Lügen? Dem Direktor eine Lüge sagen? Unmöglich.«[6]

Um Milena zu besänftigen, ersinnt Kafka Alternativen, die freilich eher den Charakter hilflos-komischer Rechtfertigungen als den ernsthafter Vorschläge haben. Es könne sein, daß er, durch seine Unfähigkeit, den »Schlag des Herzens« der Angestelltenpflicht überzuordnen, auch als angesteller Beamter unbrauchbar und folglich gekündigt werde. Nein, das sei unmöglich, weil der Grund der Kündigung durch die Kündigung hinfällig und die Kündigung sich also selbst aufheben würde. Er könne am Wochenende kommen, Samstag nachmittag den Schnellzug nach Wien nehmen, wäre »um 2 Uhr nachts« dort, müßte »um 7 Uhr früh Sonntag« wieder zurückfahren. »Du erwartest mich am Bahnhof, wir haben über 4 gemeinsame Stunden […] (und wo? in einem Hotel am Franz-Josefsbahnhof?)«[7] An dieser »Möglichkeit« feilt er weiter – man könne sich auf halber Strecke, in Gmünd, treffen, dann habe man 15 oder sogar »21 gemeinsame Stunden«[8] –, konfrontiert Milena mit der Prosa von Fahrplänen, statt sie mit der Poesie der Selbstüberwindung zu entzücken. Sie beharrt auf ihrem Modell, das sie weiter ausschmückt, er glaubt, dazu alles gesagt zu haben. »So wenig Menschenkenntnis, Milena. Ich sagte es ja seit jeher. Gut, Else ist erkrankt, das wäre möglich und man müßte deshalb vielleicht nach Wien fahren, aber die alte Tante Klara schwer (erkrankt)? Glaubst Du denn ich könnte, von allem andern abgesehn, zum Direktor gehen und ohne zu lachen von der Tante Klara erzählen? (Natürlich, darin liegt wieder Menschenkenntnis, hat unter Juden jeder eine Tante Klara, aber die meine ist schon lange tot.) Also das ist ganz unmöglich.«[9] Milena hingegen will von Kafkas Fahrplan-Artistik nichts wissen und schreibt, daß er auf ihren Brief hin nach Wien komme, sei ihr nötig gewesen, aber »Du wartest bis es <u>Dir</u> nötig ist«.[10] Ein Vorwurf, den sie tags darauf wiederholt: »Du kommst nicht, weil Du wartest, daß es <u>Dir</u> einmal nötig sein wird, daß Du kommst.«[11]

Und alles, weil Kafka »im Amt nicht lügen kann«. »Gewiß steht die Sache so«, resümiert Milena in ihrem schon zitierten langen Brief an Max Brod, »daß wir alle dem Augenschein nach fähig sind zu leben, weil wir irgendeinmal zur Lüge geflohen sind, zur Blindheit, zur Begeisterung, zum Optimismus, zu einer Überzeugung, zum Pessimismus oder zu sonst etwas. Aber er ist nie in ein schützendes Asyl geflohen, in keines. Er ist absolut unfähig zu lügen, so wie er unfähig ist, sich zu betrinken. Er ist ohne die geringste Zuflucht, ohne Obdach. Darum ist er allem ausgesetzt, wovor wir geschützt sind. Er ist wie ein Nackter unter Angekleideten.«[12] Ein kluges Resumée. In gewisser Weise besaß Kafka allerdings doch eine Zuflucht: die Arbeiter-Unfall-Versicherungs-Anstalt.

> Als ich ihn einmal in seinem Büro aufsuchte, war er nicht da; nur sein Hut lag auf dem Tisch. Als er eintrat, sagte ich, der Hut habe ihn vollkommen vertreten. Da hätte man Kafkas Lachen hören sollen.

In der etwa achtjährigen Lebensphase, in der er sich durch sein Schreiben definierte, hatte Kafka »das Bureau« verflucht und als das Riff betrachtet, an dem sein Nachen zerschellen müsse. Ein »Schrecken« sei es, »die wahre Hölle«, der »Bodensatz des Jammers«. »Meine einzige Rettungsmöglichkeit, mein erstes Verlangen ist Freiheit vom Bureau.«[13] Weil er sich »von dem Schreiben auf der einen Seite und von dem Bureau auf der andern geradezu zerrieben« fühlte,[14] spielte er immer wieder mit dem Gedanken zu kündigen, unternahm auch zwei, allerdings halbherzige Versuche, die Anstalt zu verlassen. Diese Abwehrhaltung gegenüber seinem Brotberuf schlug dann langsam, aber entschieden um. Hatte er noch 1913 die Literatur als seine Substanz bezeichnet – »Ich [...] bestehe aus Literatur«[15] –, mußte er sich

1916 eingestehen, daß er »zumindest bis zu den Hüften im österreichi-schen Beamtentum« stecke.[16] Das war auch ein Zugeständnis gegenü-ber der Arbeiter-Unfall-Versicherungs-Anstalt, die als staatliche Behörde das österreichische Beamtentum fast idealtypisch repräsentierte. Auf unklare Art war Kafka mit der Anstalt, für die als pars pro toto sein »Bureau« steht, nahezu organisch verwachsen: »mir [...] ist das Bureau [...] ein lebendiger Mensch, der mich, wo ich auch bin, mit seinen unschuldsvollen Augen ansieht, ein Mensch, mit dem ich auf irgendeine mir unbekannte Weise verbunden worden bin, trotzdem er mir fremder ist, als die Leute, die ich jetzt im Automobil über den Ring fahren höre«.[17] Diese Verbundenheit hielt ihn fest, was er nun nicht mehr als Zurückgehalten- oder Gehindertwerden empfand, sondern als eine zwar merkwürdige, aber doch sichere Form von Geborgenheit. »Die Anstalt ist für mich ein Federbett, so schwer wie warm«, schreibt er im März 1921 an seine Schwester Ottla. »Wenn ich hinauskriechen würde, käme ich sofort in die Gefahr mich zu verkühlen. Die Welt ist nicht geheizt.«[18] Und die Temperatur der Welt zu erhöhen, hatte auch Mile-nas Glut nicht vermocht.

1 An Milena Jesenská, 1.8.1920 (BaM, 170). / **2** Nach einer Notiz aus Max Brods Tagebuch (KChr, 168), die wohl eine Formulierung Kafkas wiedergibt. / **3** An Milena Jesenská, April 1920 (BaM, 5). / **4** Milena Jesenská an Max Brod, Anfang August 1920 (BaM, 364). / **5** An Milena Jesenská, 31.8.1920 (BaM, 167 f.). / **6** Milena Jesenská an Max Brod, Anfang August 1920 (BaM, 364 f.). / **7** An Milena Jesenská, 1.8.1920 (BaM, 173 f.). / **8** An Milena Jesenská, 2.8.1920 (BaM, 175). / **9** An Milena Jesenská, 3.8.1920 (BaM, 178). / **10** Kafka zitiert diesen Satz in seinem Brief an Milena vom 4.8.1920 (BaM, 180). / **11** Von Kafka zitiert in seinem Brief vom 4./5.8.1920 (BaM, 185). / **12** Milena Jesenská an Max Brod, Anfang August 1920 (BaM, 366). / **13** An Felice Bauer, 1.11.1912 (BaF, 67); 7.4.1913 (BaF, 358); 25.7.1916 (BaF, 670); März 1916 (BaF, 649). / **14** An Felice Bauer, 3.12.1912 (BaF, 153). / **15** An Felice Bauer, 14.8.1913 (BaF, 444). / **16** An Felice Bauer, März 1916 (BaF, 649). / **17** An Milena Jesenská, 31.7.1920 (BaM, 169). / **18** An Ottla David, 9.3.1921 (BaO, 111). / Hervorgehobenes Zitat aus Ludwig Hardt, »Der Autor und sein Rezitator«– in: EFK, 213 f.

VERSICHERUNGSFÄLLE

Denn was ich zu tun habe! In meinen vier Bezirkshauptmannschaften fallen – von meinen übrigen Arbeiten abgesehn – wie betrunken die Leute von den Gerüsten herunter, in die Maschinen hinein, alle Balken kippen um, alle Böschungen lockern sich, alle Leitern rutschen aus, was man hinauf gibt, das stürzt hinunter, was man herunter gibt, darüber stürzt man selbst. Und man bekommt Kopfschmerzen von diesen jungen Mädchen in den Porzellanfabriken, die unaufhörlich mit Türmen von Geschirr sich auf die Treppe werfen.[1]

Als Kafka seinem Freund Max Brod diesen Stoßseufzer schickte, im Sommer 1909, war er seit einem Jahr bei der Prager Arbeiter-Unfall-Versicherungs-Anstalt (AUVA) tätig, der größten der sieben österreichischen Unfallversicherungsanstalten. Die Zuständigkeit der Prager Anstalt erstreckte sich auf das gesamte Königreich Böhmen; sie umfaßte 106 politische Bezirke mit rund 288 000 Unternehmen, wobei unfallversicherungspflichtig alle Gewerbebetriebe waren, die mehr als zwanzig Arbeiter beschäftigten und Maschinenkraft verwendeten.[2] Die Gründung der AUVAs geht zurück auf die Maßnahmen zur »positiven Förderung des Wohles der Arbeiter«, mit denen Bismarcks 1878 erlassene »Sozialistengesetze« flankiert wurden. Zu diesen Maßnahmen gehörten die 1883 bzw. 1884 im Reichstag verabschiedeten Kranken- und Unfallversicherungsgesetze. Österreich-Ungarn schloß sich der deutschen Sozialpolitik an; 1889 trat das »Arbeiterunfallgesetz« in Kraft, im selben Jahr nahmen die öffentlich-rechtlich verfaßten AUVAs ihre Arbeit auf, die darin bestand, den Versicherungsschutz der ihnen zugeordneten Betriebe zu regeln und zu überwachen.

Die Entschädigungsleistungen, vorwiegend Invalidenrenten, sollten im Prinzip von den Unternehmern aufgebracht werden, insofern mußte höheres Risiko höhere Versicherungsbeiträge bedeuten. Da die »Gefährlichkeit« jedes Betriebs nicht einzeln beurteilt werden konnte, wurden »Gefahrenklassen« definiert. Die »Einreihung« der verschiedenen Gewerbe in eine der insgesamt vierzehn Klassen stützte sich auf das statistische Material, das dem Innenministerium zur Verfügung stand. Dieses Material war jedoch, wie Kafka in einem Zeitungsartikel über »Die Arbeiter-Versicherung und die Unternehmer« rückblickend feststellt, »derart mangelhaft und unvollständig, daß es die tatsächlichen Verhältnisse überhaupt nicht erfaßte und eine ganz ungerechtfertigte Verteilung der Lasten auf die einzelnen Betriebsgruppen bewirkte«.[3] Auch die in der Folgezeit vorgenommenen »Gefahrenklassen-Revisionen« hätten diesen Mißstand nicht behoben, den AUVAs seien aber die Hände gebunden, da sie mit den ministerialen Vorgaben arbeiten müßten. Was wunder, daß die Unternehmer laufend Einwendungen gegen die Einreihung ihrer Betriebe erhoben und »den Rekurs ergriffen«, also Rechtsmittel suchten. Die »Beäußerung« dieser Vorgänge fiel in Kafkas Ressort und bildete den Schwerpunkt seiner Arbeit.[4]

Sein Engagement galt hingegen einem anderen Bereich: dem Arbeitsschutz. Die rapide steigende Zahl der Arbeitsunfälle – zwischen 1890 und 1912 erhöhte sich die Zahl um mehr als 250% –, der auf seiten der Unternehmer höhere Beiträge und damit wachsende finanzielle Belastungen, auf seiten der AUVA aber ein wachsendes Defizit korrespondierte, motivierte das gemeinsame Bemühen, die Unfallgefahren herabzusetzen.[5]

Als einer der ersten Industriezweige hatte die für Verstümmelungen besonders anfällige Holzindustrie die Zeichen der Zeit erkannt und verschiedene Arbeitsschutzmaßnahmen erprobt und empfohlen. In seinem für den Jahresbericht 1909 der Prager AUVA verfaßten Aufsatz »Unfallverhütungsmaßregel bei Holzhobelmaschinen«[6] propagiert Kafka die seines Erachtens effektivste Neuerung, die »Einführung der runden Sicherheitswellen«. Für deren weitere Verbreitung bürge, wie er im schönsten Behördendeutsch darlegt, »der Zirkularerlass der k.k. Statthalterei an die k.k. Bezirkshauptmannschaften betreffend die Einführung der Sicherheitswellen, sowie die Stellungnahme der k.k.

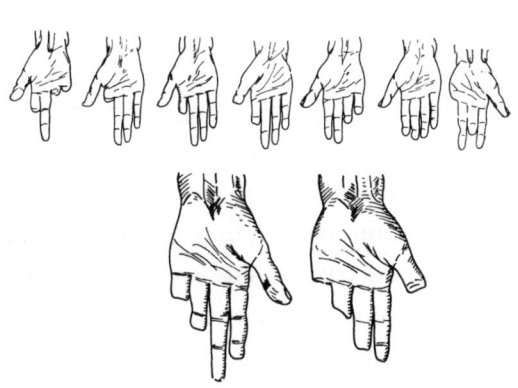

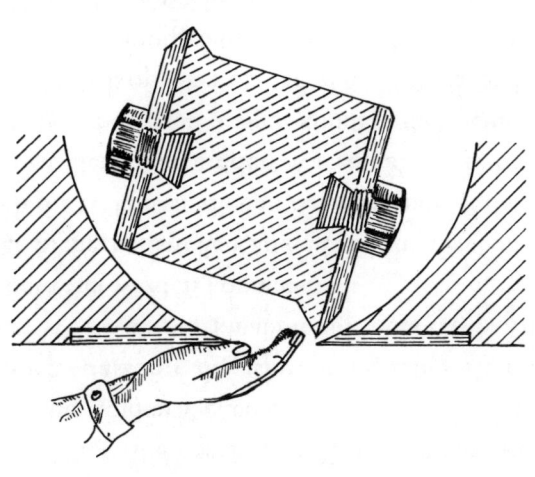

Gewerbeinspektorate, welche mehr und mehr auf Verwendung dieser Wellen dringen«. Es sei daher »die begründete Hoffnung vorhanden, dass in absehbarer Zeit die runden Wellen eine derartige Verbreitung werden gewonnen haben, dass für die Einreihung eines Betriebes Nichtverwendung dieser Wellen als Merkmal für eine über das Normale erhöhte Gefahr wird bewertet werden können«.

Um die Vorteile der Sicherheitswellen augenfällig zu machen, beschreibt Kafka drastisch die Gefahren, die mit der Verwendung der herkömmlichen »Vierkantwellen« verbunden waren. Zwar habe ein »äußerst vorsichtiger Arbeiter« darauf achten können, daß beim Führen des Holzes über den Hobelkopf »kein Fingerglied über das Arbeitsstück hinaus vorstand«, die »Hauptgefahr« habe jedoch jeder Vorsicht gespottet: »Selbst die Hand des vorsichtigsten Arbeiters musste in die Messerspalte geraten beim Abrutschen, bezw. bei dem nicht selten vorkommenden Zurückschleudern des Holzes, wenn er mit der einen Hand das zu hobelnde Stück auf den Maschinentisch aufdrückte und es mit der anderen Hand der Messerwelle zuführte. Dieses Emporheben und Zurückschleudern des Holzstückes war weder vorherzusehen, noch zu verhindern, denn dies geschah schon, wenn das Holz an einzelnen Stellen verwachsen oder ästig war, wenn sich die Messer nicht schnell genug drehten oder sich selbst schlecht stellten oder wenn der Druck der Hände auf das Holz ungleichmäßig verteilt war. Ein solcher Unfall aber ging nicht vorüber, ohne dass mehrere Fingerglieder, ja selbst ganze Finger abgeschnitten wurden.«[7] Die runde Sicherheitswelle schütze vor derartigen Verstümmelungen, zudem sei sie sowohl in der Anschaffung wie im Betrieb preiswerter als die Vierkantwellen. Nicht zuletzt werde durch ihren ruhigen Gang »jenes Heulen der alten Vierkantwellen vermieden, welches förmlich ihre Gefahr anzeigte«.[8]

Als Kafka-Leser ist man verführt, diesen Aufsatz als eine Art Vorübung für spätere literarische Texte zu nehmen, zumal für die Beschreibung der Arbeitsweise des Exekutionsapparats in der *Strafkolonie*. (→ Höllische Lesung) Der Dr. Jekyll, der Kafka als Versicherungsbeamter ist, scheint am heimischen Schreibtisch zu einem Mr. Hyde zu werden: jener setzt sich für die Vermeidung von Unfällen bei der Maschinenarbeit ein, dieser bringt lustvoll Phantasien maschineller Tötung zu Papier. Die Antithese ist reizvoll, dennoch sollte man ihr widerstehen. Kafkas sadistische und masochistische Phantasien haben komplexe Motive (→ Gepfählter Ehemann), und in seinen für die AUVA geschriebenen Berichten überwiegt das aufrichtige Engagement für die Belange der Arbeiter das Interesse an den Unfällen, die sie erlitten oder erleiden konnten, bei weitem. »Sein soziales Gefühl wurde mächtig aufgewühlt«, schreibt Max Brod, »wenn er die Verstümmelungen sah, die sich Arbeiter infolge mangelhafter Sicherheitsvorkehrungen zugezogen hatten«. Und Kafka habe sich gewundert, daß die Arbeiter mit demütigen Bitten zur AUVA kamen, anstatt »die Anstalt zu stürmen und alles kurz und klein zu schlagen«.[9]

Kafkas Bemühungen um den Arbeitsschutz blieben nicht auf Sicherheitswellen für Hobelmaschinen beschränkt. Der von ihm bearbeitete Bericht über »Maßnahmen zur Unfallverhütung«, der im Jahresbericht der AUVA für 1910 erschien,[10] zeigt, »daß das Rundwellenprinzip auch auf die Fraismaschinen angewendet« werden kann, und Kafka erklärt, die »Aktion der Anstalt, welche auf die allgemeine Einführung der runden Wellen bei Hobelmaschinen gerichtet war«, wolle nur »als Teil einer weitgehenderen Aktion angesehen werden, die nicht nur die Einführung der Sicherheitsfrisköpfe umfassen soll, sondern sich überhaupt auf die Ausbreitung guter Schutzvorrichtungen in allen Betriebskategorien ausdehnen wird«.[11] Welche Betriebskategorie besonderer Aufmerksamkeit bedurfte, deutet der letzte Absatz des Textes an: die landwirtschaftlichen und gewerblichen Steinbrüche. Deren »Ausschließung [...] aus den Unfallverhütungsvorschriften und aus einer regelmäßigen Inspektion« werde nämlich »auf die Dauer vom schutztechnischen Standpunkt aus eine verhängnisvolle Wirkung« haben.[12]

Belege für diese Behauptung lieferte Kafka dann in seinem Bericht »Die Unfallverhütung in den Steinbruchbetrieben«. Den Jahresbericht, in dem sein Text als Abschnitt der »Allgemeinen Bemerkungen zur Gebarung im Jahre 1914« gedruckt war, schickte er seiner Ex-Verlobten

Felice Bauer, »zur traurigen Unterhaltung«.[13] Bei einigen der Mißstände, die Kafka anführt, weiß man in der Tat nicht, ob man lachen
oder weinen möchte, und würden sie nicht in einer gegen jede Phantasie gefeiten Publikation berichtet, man könnte sie für gut erfunden
halten. Zum Beispiel diesen: »Der Besitzer eines Steinbruches war
gleichzeitig Besitzer eines Wirtshauses, das etwa 10 Min. vom Steinbruch entfernt war. Täglich brachte der Vorarbeiter – dies machte
einen Hauptteil seiner Tätigkeit aus – große Schnapskannen aus dem
Gasthaus in den Steinbruch, verteilte den Schnaps an die Arbeiter und
führte die Aufschreibungen über den Verbrauch. Das Lohnbuch, ebenso
wie die einzelnen Zettel, nach welchen der Vorarbeiter das Lohnbuch
zusammenstellte, enthielten nicht weniger Vormerkungen über den
Alkoholverbrauch wie über die Steinbrucharbeiten. Allerdings waren
die Vormerkungen über den Alkoholverbrauch durch den Ausdruck
›Konto‹ verdeckt. Allwöchentlich erfolgte die Verrechnung, welche in der
Weise vor sich ging, daß von dem Wochenlohn, auf welchen der Arbeiter nach seiner Zeit Anspruch hatte, das ›Konto‹ in Abzug gebracht
wurde, welches abgesehen von dem ganz geringfügigen Krankenkas-
senabzug, ausschließlich die Zahlung für Schnaps bedeutete. Diese
Abzüge waren ungemein groß; im ganzen ließen sich allerdings die auf
den Alkohol entfallenden Beträge infolge der Lücken in den Lohnauf-
zeichnungen nicht genau feststellen. Jedenfalls aber erreichten die auf
den Alkoholverbrauch entfallenden Abzüge bei einzelnen Arbeitern bis
30% des Gesamtlohnes. Tatsächlich bestand die Arbeiterschaft des
Steinbruches zum großen Teil aus Halbtrunkenen.«[14] Daß derartige
Mißstände überhaupt aktenkundig wurden, war eher Zufall. Die meisten Steinbruchbetriebe entzogen sich nämlich, wie Kafka ausführt, der
»behördlichen Revision«. Entweder, weil sie an »schwer zugänglichen
Stellen der Bezirke« lagen, oder weil sie als landwirtschaftliche Steinbrüche kaschiert wurden, über die keine behördliche Aufsicht bestand.[15]
Zu ergänzen bleibt, daß eine eher beiläufige Kontrolle des Steinbruchs
der Halbtrunkenen in der Hütte, die zur Aufbewahrung des Dynamits
diente, »eine Tabakspfeife« zutage förderte.[16]

Aber auch das ließ sich überbieten; Dummheit hatte »vom schutz-technischen Standpunkt aus« womöglich schlimmere Wirkungen als Alkohol: »Welche Naivität im Sprengwesen selbst an Stellen herrscht, welche man für genügend unterrichtet halten sollte, beweist folgende Unfallbeschreibung, welche von einer Forstverwaltung über einen töd-lichen Unfall abgeliefert wurde. Sie lautete: ›Der Verunglückte hat 4 Stück Dynamitpatronen, die aus dem kühlen Magazine eben ausgefolgt waren, wegen ihres erstarrten Zustandes bei einem kleinen Feuer, die-selben auf der Schaufel haltend, angewärmt, welche (auf bisher uner-klärliche Weise!) explodierten.‹«[17] Ob der in Klammern hinzugesetzte Kommentar von Kafka oder der berichtenden Forstverwaltung stammt, ist unklar. Das Ausrufezeichen wird man Kafka zuschreiben dürfen.

1 An Max Brod, Sommer 1909 (BKB, 63 f.). / 2 Für diese und die folgenden Angaben vgl. ASchr, 13 ff. / 3 ASchr, 155. / 4 Vgl. Kafkas Schreiben an den Vorstand der AUVA, 31.8.1910 (ASchr, 133), ferner die Angaben von Kafkas Kollegen Alois Gütling, der im selben Ressort tätig war (EFK, 93). – Zum Ganzen vgl. auch Klaus Wagenbach, »Kafkas Fabriken« – in: Wagenbach FKJ, 295–318. / 5 Vgl. ASchr, 33 ff. / 6 ASchr, 134–141. / 7 ASchr, 135. / 8 ASchr, 140. / 9 Brod FK, 87. / 10 ASchr, 142 ff. / 11 ASchr, 151. / 12 ASchr, 153. / 13 An Felice Bauer, 30.5.1916 (BaF, 660). / 14 ASchr, 253 f. / 15 ASchr, 246. / 16 ASchr, 254. / 17 ASchr, 264.

GEPFÄHLTER EHEMANN

Der Ehemann ist von einem Pfahl – man weiß nicht von wo der kam – von hinten getroffen niedergeworfen und durchbohrt worden. Auf dem Boden liegend klagt er mit erhobenem Kopf und ausgebreiteten Armen. Später kann er sich auch schon für einen Augenblick schwankend erheben. Er weiß nichts anderes zu erzählen, als wie er getroffen wurde und zeigt die beiläufige Richtung, aus der seiner Meinung nach der Pfahl gekommen ist. Diese immer gleichen Erzählungen ermüden schon die Ehefrau, zumal der Mann immer wieder eine andere Richtung zeigt.[1]

»Liebesgeschichten mit merkwürdigen Lagen« will der Protagonist einer frühen Erzählung Kafkas erfinden, Geschichten, in denen »auch ein wenig Roheit und feste Nothzucht« nicht zu fehlen brauchten.[2] Kafka hat solche Geschichten erfunden, und der obenstehende Text wirkt zunächst wie die ausgleichende, wenn man will, feministische Ergänzung dazu. Ist es hier doch in Umkehrung der sexuellen Rollen der Mann, der penetriert und dabei zu Boden geworfen wird, aufgespießt von einem Pfahl, der aus verschiedenen, gar nicht benennbaren Richtungen zu kommen scheint, während die Frau, die sein Gerede als Ausflucht nimmt, sich so gelangweilt abwendet, wie es im Fall hilfloser Frigidität Männer tun.

Den kleinen Text aus dieser Perspektive zu lesen, hieße indessen, ihn gründlich mißzuverstehen. Sein Thema ist die Ehe, nicht der Beischlaf, zwei Konstellationen, die für Kafka ein Abgrund trennt. Beischlaf ist befriedigtes Begehren, Ehe aber verbindet sich mit Bedrohung – der Bedrohung des Selbst, für die der Körper einstehen muß und die fleischlich auszutragen ist. »Ehe und Märtyrertod« stehen »auf ähnlicher Erkenntnisstufe«.[3]

»Und Felix – ich sage es dir als strenges Geheimnis, daß es sogar schon zu Tätlichkeiten mit seiner Frau gekommen ist und daß es nicht gut mit ihm steht.«[4] Felix Weltsch, Philosoph aus Neigung und Bibliothekar aus Profession, war, als Max Brod im Frühjahr 1921 diese Zeilen an Kafka schrieb, seit sieben Jahren verheiratet. Was Brod beunruhigt, Tätlichkeiten in der Ehe, scheint Kafka unbeeindruckt zu lassen. »Solche Dinge gab es doch irgendwie schon«, antwortet er trocken. »Es steigert sich? Es greift ihn im Kern an? Das tat es doch bisher nicht eigentlich, im Grunde lebte er immerhin noch in Rom und nur an den asiatischen Grenzen wurde mit den Barbaren gekämpft.«[5] Die ironische Distanz ist jedoch nur scheinbar. Kafka hält zwar Weltschs Unbill von sich ab, aber er tut es mit einem Bild, das eine für ihn traumatische Vorstellung evoziert: die Möglichkeit, der »Kern« könne angegriffen werden, das schlechthin Andere, Fremde könne Grenzen überschreiten, die man gesichert glaubte, und ins Innere dringen.

Die paradigmatische Darstellung dieses Traumas ist seine 1920 im *Landarzt*-Band veröffentlichte Erzählung »Ein altes Blatt«.[6] Auch wenn Kafka nicht eindeutig auf sie anspielt, läßt sie sich als Kontext seines Kommentars zu Weltschs Gefährdung lesen. Weltsch lebte, in der bisherigen Geschichte seiner Ehe, »immerhin noch in Rom«, einem inneren Bezirk, in dem er seine Identität als Philosoph bewahren konnte. Die Auseinandersetzungen mit seiner hysterischen Frau Irma schienen Kämpfe an weit entlegenen Grenzen zu sein. Nun hat sich die Lage riskant verändert; eine Situation ist eingetreten, die der in »Ein altes Blatt« geschilderten entspricht. Auch hier sehen sich die Bewohner der Hauptstadt plötzlich mit besorgniserregenden Entwicklungen konfrontiert. Bewaffnete, »offenbar Nomaden aus dem Norden«, sind »auf eine unbegreifliche Weise […] bis in die Hauptstadt gedrungen, die doch sehr weit von der Grenze entfernt ist«. Jetzt lagern sie auf dem »Platz vor dem kaiserlichen Palast«, beschäftigen sich »mit dem Schärfen der Schwerter, dem Zuspitzen der Pfeile, mit Übungen zu Pferde«. Verständigen kann man sich mit ihnen nicht; selbst »gegen jede Zeichensprache« zeigen sie sich ablehnend. »Du magst dir die Kiefer verrenken und die Hände aus den

Gelenken winden, sie haben dich doch nicht verstanden und werden dich nie verstehen.« »Felix leidet stumm an seiner Ehe«, berichtet Brod, »das heißt: selbst seine eventuellen Gegenangriffe sind zu stumm dieser absolut unbesiegbaren Frau gegenüber«.[7] Was an Verteidigungskräften da wäre, zieht sich zurück, gelassen beherrschen die Eindringlinge das Feld. »Vor ihrem Zugriff tritt man beiseite und überläßt ihnen alles.« Und sie wollen Fleisch. »Auch ihre Pferde fressen Fleisch; oft liegt ein Reiter neben seinem Pferd und beide nähren sich vom gleichen Fleischstück, jeder an einem Ende. [...] Bekämen die Nomaden kein Fleisch, wer weiß, was ihnen zu tun einfiele; wer weiß allerdings, was ihnen einfallen wird, selbst wenn sie täglich Fleisch bekommen.«

In seiner Antwort auf Kafkas Brief teilt Brod weiteres über den gemeinsamen Freund mit: »bei Felix ist wieder die Sache ruhiger geworden. Vor allem hat dazu eine neue ›Perle‹ von Dienstmädchen beigetragen. – Aber daß er kein philosophisches Werk mehr schaffen wird, wenn sich die Situation nicht total ändert, ist mir leider klar.« Dann berichtet er über einen »Besuch Berliner Zionisten, auch jungen Mädchen, herrlichen starken Geschöpfen«, und fährt fort: »Wie Großes hätte Felix leisten können, an Seite eines dieser harmonischen Wesen.«[8] Dabei leidet Brod unter verwandten Schwierigkeiten, steckt in einer Ehekrise, hat eine Geliebte, für die er sich entscheiden müßte, aber nicht kann, reibt sich auf zwischen beiden Frauen. Kafka versucht zu vermitteln und, vorsichtig genug, Sympathie mit Elsa Brod zu zeigen. »In einem gewissen gesellschaftlichen, socialen Sinn (gerade in jenem Sinn, welcher für die Vereinsamung Deiner Frau entscheidend ist) bin ich Deiner Frau ungemein ähnlich (was aber nicht Nähe bedeutet) so ähnlich, daß man bei flüchtigem Hinsehn sagen könnte, daß wir gleich sind. Und diese Ähnlichkeit [...] umfaßt auch die ursprüngliche Anlage, die Anlage guter, strebender aber irgendwie befleckter Kinder.«[9] Zur Verteidigung der Ehe fällt in diesen Briefen allerdings kein Wort, und auch die Vorgänge im Hause Weltsch kommentiert Kafka nicht weiter.

Felix Weltsch bildete mit Max Brod, Kafka und dem blinden Schriftsteller Oskar Baum den von Brod so genannten »Engeren Prager

Kreis«,[10] ein Quartett von Freunden, das sich im Herbst 1904 gefunden und viele Jahre lang zu gemeinsamen Lesungen und literarischen Diskussionen getroffen hatte. Oskar Baum heiratete als erster der vier, im Dezember 1907; eine Reaktion Kafkas ist nicht überliefert. Fünf Jahre später verlobte sich Max Brod, und nun war Kafka beunruhigt. »Schließlich wird er mir doch wegverlobt.« Die Braut sei zwar dem Freund ergeben und er habe sie »fast immer gern – und doch und doch«.[11] Ein gutes Jahr später verlobte sich dann sein »letzter näherer, unverheirateter oder unverlobter Freund«, Felix Weltsch. Dadurch verliere er Felix, stellte Kafka fest. »Ein verheirateter Freund ist keiner.«[12]

Dennoch oder gerade aus diesem Grund: zwei Monate nach Weltsch verlobte sich schließlich auch Kafka, mit einer entfernten Berliner Verwandten Max Brods, die er in der Wohnung von dessen Eltern kennengelernt hatte. Sinnliche Neigung spielte dabei, das darf man bei aller gebotenen Zurückhaltung feststellen, keine Rolle.[13] Der »Körper jedes zweiten Mädchens« habe ihn damals gelockt, schreibt er im Rückblick an Brod, nur »der Körper jenes Mädchens, in das ich (deshalb?) meine Hoffnung setzte, gar nicht«.[14] Seine Hoffnung, worin immer sie bestand, gebar ein Abenteuer aus hunderten von Briefen, wirren Telefonaten, filmreifen Zusammentreffen (➤ Schmutzian), Trennungen, Nebenaffären und Wiederfinden. Am Ende stand wie ein ahnungslos, fast wider Willen verfolgtes Ziel die Verlobung. (➤ Im Zoo gesessen) Als es am Ostermontag 1914 endlich erreicht war, spürte Kafka mit einem Schlag das Gewicht der Ehe: »als sie mir im großen Zimmer entgegenkam um den Verlobungskuß anzunehmen, ging ein Schauder über mich«. Die Verlobungsanzeige aufgeben: »ich konnte nicht«. Die »Verlobungsexpedition« nach Berlin, mit seinen Eltern: »eine Folterung Schritt für Schritt«. Zurück in Prag, wenige Tage nach der offiziellen Verlobungsfeier: »War gebunden wie ein Verbrecher. Hätte man mich mit wirklichen Ketten in einen Winkel gesetzt und Gendarmen vor mich gestellt und mich nur auf diese Weise zuschauen lassen, es wäre nicht ärger gewesen.«[15] Hatte er in den Fällen seiner Freunde Brod und Weltsch zwischen Verlobung und Ehe allenfalls einen graduellen Unterschied

gemacht, bemühte er sich jetzt um kategoriale Differenzierung. Ver-
lobtsein, erklärte er Felice, sei nichts anderes, »als ohne Ehe eine
Komödie der Ehe zum Spaß der andern aufzuführen«.[16] Mit Ehe konnte
eine Tragödie daraus werden.

Ein Vierteljahr nach der Verlobung stellt Kafka im Tagebuch penibel
zusammen, »was für und gegen meine Heirat spricht«.[17] (➤ Einwände
gegen Hunde) Die Contra-Argumente überwiegen bei weitem. Eines
lautet, ihm gebe alles, was mit Ehe zu tun habe, »zu denken. Gestern
sagte meine Schwester: ›Alle Verheirateten (unserer Bekanntschaft)
sind glücklich, ich begreife es nicht‹ auch dieser Ausspruch gab mir zu
denken, ich bekam wieder Angst.« Das entscheidende Gegenargument
bildet indessen die »Angst vor der Verbindung, dem Hinüberfließen«.
Es gibt kaum einen Zweifel daran, daß dies »Hinüberfließen« körperlich zu verstehen ist. Kafka meint den Koitus, den er als »Bestrafung des
Glückes des Beisammenseins«[18] versteht. Bereits zwei Tage nach der Verlobung hatte er Felice mitgeteilt: »Alles Recht, das mir die Sitte aus der
Tatsache des Verlobtseins gibt, ist für mich widerlich und völlig
unbrauchbar.«[19] Einige Monate vor der Verlobung hielt er im Tagebuch
fest: »Möglichst asketisch leben, asketischer als ein Junggeselle, das ist
die einzige Möglichkeit für mich, die Ehe zu ertragen.«[20] Und in einem
wenige Wochen nach diesem Eintrag geschriebenen Brief an Brod
heißt es: »die Vorstellung einer Hochzeitsreise macht mir Entsetzen,
jedes Hochzeitsreisepaar, ob ich mich zu ihm in Beziehung setze oder
nicht, ist mir ein widerlicher Anblick, und wenn ich mir Ekel erregen
will, brauche ich mir nur vorzustellen, daß ich einer Frau den Arm um
die Hüfte lege«.[21] (In diesen Zusammenhang gehört, als bizarres Detail,
daß Kafka sich unter dem Titel »Liebeserlebnisse aus meiner Jugend«
erinnert, eine Erektion bekommen zu haben, als seine Gouvernante ihm
Tolstois *Kreutzersonate* vorlas.[22])

Verlobung war ein Wechsel auf die Ehe, und die Ehe schließen hieß,
sie vollziehen. Daß Heirat zur »Erweiterung und Erhöhung der Existenz« führen könne, blieb »Predigtspruch«.[23] De facto handelte es sich
um einen Kontrakt zur Preisgabe des Körpers, zur Öffnung der Gren-

zen nach dem Muster eines »gewaltsamen Stromschlusses«.[24] Fremdes konnte an den innersten Bezirk dringen, Nomaden, die dich »nie verstehen« werden und Fleisch wollen, dein Fleisch – »verheiratetsein« war das Gegenteil von »reinbleiben«.[25]

Darum aber geht es. Reinheit ist in Kafkas Leben und Schreiben ein zentrales Thema,[26] das er wiederum in einer Erzählung des *Landarzt*-Bandes paradigmatisch gefaßt hat, in »Schakale und Araber«, seinem womöglich schönsten Text.[27] Die Schakale, »schlanke Leiber, wie unter einer Peitsche gesetzmäßig und flink bewegt«, sind an die Araber gebunden, unter »Volk verstoßen«, vor dem es sie ekelt: »Schmutz ist ihr Weiß; Schmutz ist ihr Schwarz; ein Grauen ist ihr Bart; speien muß man bei dem Anblick ihrer Augenwinkel; und heben sie den Arm, tut sich in der Achselhöhle die Hölle auf.« Vor »dem bloßen Anblick ihres lebenden Leibes« fliehen die Schakale, »in reinere Luft, in die Wüste«, die sie deshalb ihre Heimat nennen. Was sie an die Araber bindet, ist »ein sehr alter Streit; liegt also wohl im Blut; wird also vielleicht erst mit dem Blute enden« – der Kampf um Reinheit. »Die Araber töten Tiere, um sie zu fressen, und Aas mißachten sie.« Ein in den Augen der Schakale widernatürliches Verhalten. Für sie gilt, daß jedes Tier unberührt zu lassen ist, solange es lebt: »ruhig soll alles Getier krepieren; ungestört soll es von uns leergetrunken und bis auf die Knochen gereinigt werden. Reinheit, nichts als Reinheit wollen wir.« Und so suchen sie seit Schakalgedenken den Einen, der sie von denen befreit, die für Unreinheit stehen. »Eine unsinnige Hoffnung haben diese Tiere; Narren, wahre Narren sind sie.«

Kafka wollte nicht nur die Verlobung, er wollte die Ehe, zugleich aber, wie die Schakale, wollte er »Reinheit« – ein unauflöslicher Konflikt. Dreimal war er verlobt, geheiratet hat er nie (➤ Zukunftsaussichten), er mußte diesen Konflikt also nicht bestehen, dennoch hat er ihn ausgetragen, in einer Serie autoaggressiver Phantasien. »Ein grobes Holzstück sein und von der Köchin gegen ihren Leib gestemmt werden, die aus der Seite dieses steifen Holzstückes (also etwa in meiner Hüftengegend) das Messer mit beiden Händen heranziehend mit aller Kraft Späne zum

Anmachen des Feuers losschneidet.«²⁸ – »Das Fenster war offen, ich sprang in meinen zerworfenen Gedanken viertelstundenlang ununterbrochen aus dem Fenster, dann kamen wieder Eisenbahnzüge und einer hinter dem andern fuhr über meinen auf den Schienen liegenden Körper und vertiefte und verbreitete die zwei Schnitte im Hals und in den Beinen.«²⁹ – »Vorstellungen wie z. B. die, daß ich ausgestreckt auf dem Boden liege, wie ein Braten zerschnitten bin und ein solches Fleischstück langsam mit der Hand einem Hund in die Ecke zuschiebe – solche Vorstellungen sind die tägliche Nahrung meines Kopfes.«³⁰ – »Immerfort die Vorstellung eines breiten Selchermessers, das eiligst und mit mechanischer Regelmäßigkeit von der Seite her in mich hineinfährt und ganz dünne Querschnitte losschneidet, die bei der schnellen Arbeit fast eingerollt davonfliegen.«³¹ – »Durch das Parterrefenster eines Hauses an einem um den Hals gelegten Strick hineingezogen und ohne Rücksicht wie von einem der nicht acht gibt, blutend und zerfetzt, durch alle Zimmerdecken, Möbel, Mauern und Dachböden hinaufgerissen werden, bis oben auf dem Dach die leere Schlinge erscheint, die meine Reste erst beim Durchbrechen der Dachziegel verloren hat.«³²

Alle diese hier in chronologischer Folge zitierten Phantasien entstanden im Jahr vor Kafkas erster Verlobung. Es sind weder die Phantasien eines Suizidgefährdeten noch die eines Masochisten, es sind Märtyrerphantasien – Prolepsen des fleischlichen Dramas, das die Ehe für Kafka bedeutet hätte. Der Einwand, durch diese Interpretation werde für allgemeingültig genommen, was nur im besonderen Fall Geltung habe, da Kafkas Grauen vor dem ehelichen Geschlechtsverkehr allein der sinnlichen Reizlosigkeit Felice Bauers geschuldet sei, wäre irrig. Ähnliche Phantasien wiederholten sich jedesmal, wenn es um Zusammenleben und die Aussicht auf Ehe ging.

Mitte September 1919, fünf Jahre nach Felice, verlobt Kafka sich mit Julie Wohryzek, deren sexuelle Attraktion zweifellos um ein Vielfaches größer war als die von Fräulein Bauer, auch wenn er über sie schreibt, sie sei körperlich »so nichtig [...], wie etwa die Mücke, die gegen mein Lampenlicht fliegt«.³³ Kafka drängt auf Hochzeit, die für Mitte November angesetzt wird, Julie findet eine Wohnung, ein Zimmer nur in einem Vorort, aber das schien genug. »Ich erinnere mich: wir saßen nebeneinander auf dem Kanapee einer einzimmrigen Wohnung in Wrschowitz (es war wohl im November, die Wohnung sollte in einer Woche unsere Wohnung sein), sie war glücklich nach vieler Mühe wenigstens diese Wohnung erobert zu haben, neben ihr saß ihr künftiger Mann [...]. Wenn ich an diese Szene denke mit ihren Einzelnheiten, zahlreicher als Fieber-Herzschläge, dann glaube ich jede menschliche Verblendung [...] bis auf den Grund verstehen zu können und ich fürchte mich das Milchglas zum Mund zu heben, weil es doch, nicht aus Zufall, aus Absicht recht gut vor meinem Gesicht zerspringen und mir die Splitter ins Gesicht jagen könnte.«[34] Drei Tage später zeigt sich, daß die Wohnung bereits anderweitig vergeben ist, und Kafka sagt die Hochzeit ab.

Wenige Monate darauf beginnt er eine sich zunächst nur in Briefen entwickelnde Beziehung mit Milena Jesenská, die nach zwei Treffen und der endgültigen Trennung von Julie konkreter wird. Milena ist zwar verheiratet, erwägt aber, sich scheiden zu lassen, und Kafka ringt mit der Frage, ob ein Zusammenleben mit ihr möglich sei. »Damit Du etwas von meinen ›Beschäftigungen‹ siehst, lege ich Dir eine Zeichnung bei. Es sind 4 Pfähle, durch die zwei mittleren werden Stangen geschoben an denen die Hände des ›Delinquenten‹ befestigt werden; durch die zwei äußern schiebt man Stangen für die Füße. Ist der Mann so befestigt, werden die Stangen langsam weiter hinausgeschoben, bis der Mann in der Mitte zerreißt.« Eine Vorrichtung, die »dem Fleischhauer abgeschaut« sei, »der das ausgeweidete Schwein vor seinem Laden ausspannt«.[35] Das Foltern sei ihm »äußerst wichtig«, bestätigt er auf Milenas vermutlich besorgte Nachfrage: »ich beschäftige mich mit nichts anderem als mit Gefoltert-werden und Foltern«.[36]

Auch der von einem Pfahl getroffene Ehemann gehört in den Zusammenhang der kafkaschen Märtyrerphantasien. Kafka trägt diesen eingangs zitierten kleinen Text am 3. Mai 1913 in sein Schreib- und Tagebuchheft ein. Tags zuvor hatte er nach mehrwöchiger Pause ein

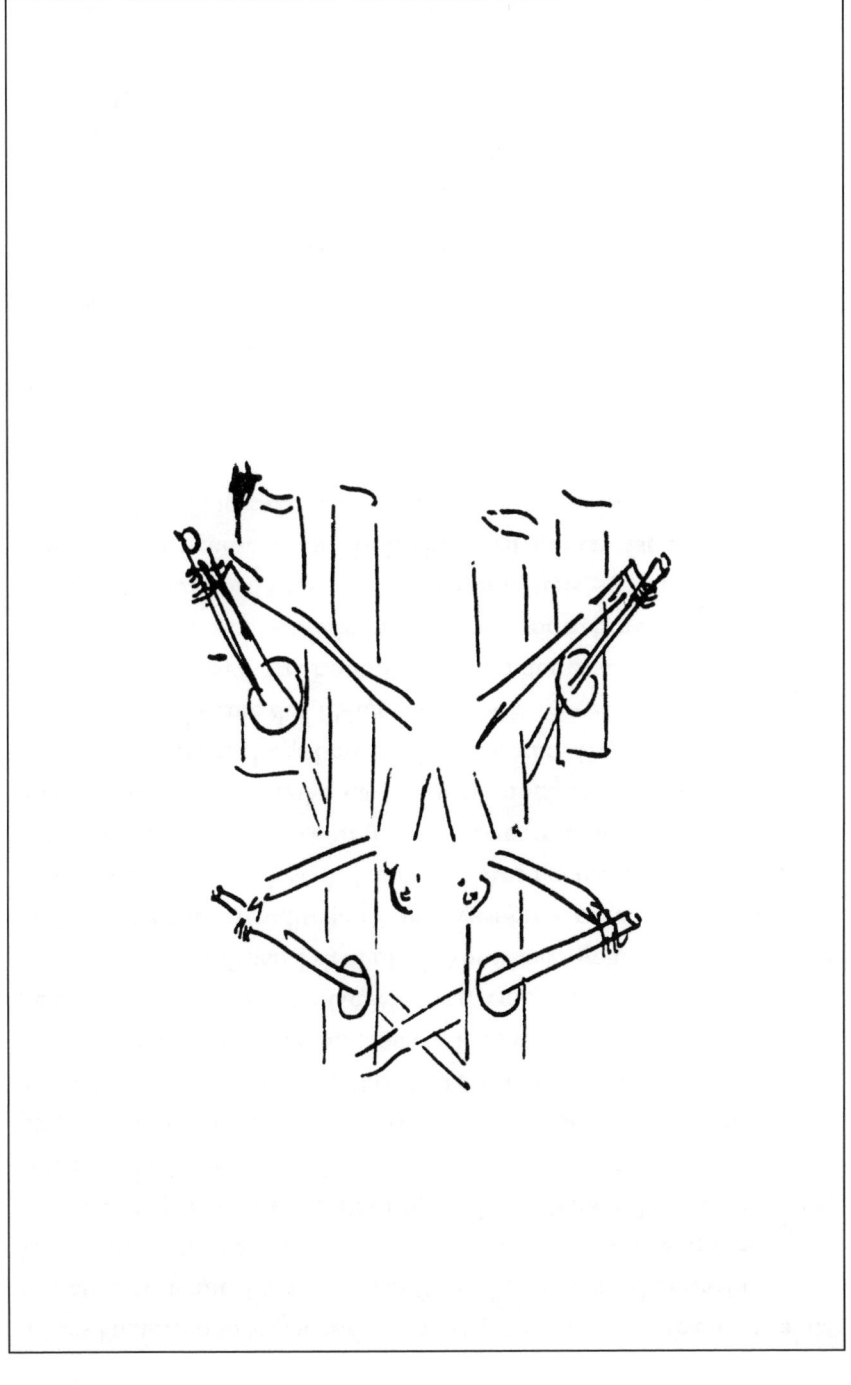

neues Heft begonnen; einer der Gründe, die er für das Weiterführen des Tagebuchs nennt, lautet »Felice«.[37] Und gerade an diesem Tag wurde das Thema Ehe wieder aufdringlich. Zunächst kommt seine frisch verheiratete Schwester Valli zu Besuch. »Valli geht hinter dem Schwager [...] aus unserer Tür hinaus. Merkwürdig die in diesem Ihm-Folgen liegende Anerkennung der Ehe als Einrichtung, mit der man sich bis in den Grund hinein abgefunden hat.«[38] Dann beschäftigt ihn, daß sich der Sohn des Gärtners, bei dem er nach den Bureaustunden ein wenig aushalf, vergiftet hat. »Seine Geliebte war eine Beamtin [...]. Sie giengen zusammen oft auf den Friedhof.«[39] Am Abend geht er ins »Café Picadilly«, die »Wiener Jüdische Bühne« gastiert – gegeben wird »Die goldene Hochzeit« von Joseph Lateiner.[40] Am nächsten Morgen folgt ein Kurztext »Der Aussätzige und seine Frau«,[41] dann der gepfählte Ehemann, ein Bild, das Kafka nach einem mißglückten Treffen mit Felice auch auf die eigene Lage bezog: »War in Berlin. Es konnte nicht schlimmer sein. Jetzt käme das Pfählen daran.«[42]

Jahre später, nach drei Entlobungen und der gescheiterten Beziehung zu Milena Jesenská, schreibt er an Max Brod: »Eine Frau lieben und unangefochten von Angst sein oder wenigstens der Angst gewachsen und überdies diese Frau als Ehefrau zu haben, ist ein mir derart unmögliches Glück, daß ich es – klassenkämpferisch – hasse.«[43]

1 Tb, 559 f. / **2** NSuF I, 64. / **3** NSuF II, 52 f. / **4** Max Brod an Kafka, 27.4.1921 (BKB, 338). / **5** An Max Brod, Anfang Mai 1921 (BKB, 344). Vgl. Kafkas Brief an Felix Weltsch vom 11.7.1916, der, sehr dezent, ebenfalls auf Tätlichkeiten in der Ehe des Freundes anspielt (Br, 138). / **6** DzL, 263–265. / **7** Max Brod an Kafka, 21.2.1921 (BKB, 317). / **8** Max Brod an Kafka, 14.5.1921 (BKB, 345). / **9** An Max Brod, Ende Mai 1921 (BKB, 350). / **10** Brod PK, 39. / **11** An Felice Bauer, 15./16.12.1912 (BaF, 185). / **12** Tb, 638; vgl. an Grete Bloch, 19.2.1914 (BaF, 504). / **13** Vgl. Tb, 431 f. / **14** An Max Brod, 13./14.4.1921 (BKB, 336). / **15** An Max Brod, 12.–14.7.1916 (BKB, 147 f.); an Felice Bauer, 20.4.1914 (BaF, 558); an Max Brod, 12.–14.7.1916 BKB, 148); Tb, 528 f. / **16** An Felice Bauer, 14.4.1914 (BaF, 549). / **17** Tb, 568 f. / **18** Tb, 574. / **19** An Felice Bauer, 14.4.1914 (BaF, 549). / **20** Tb, 574 f. / **21** An Max Brod, 28.9.1913 (BKB, 131). / **22** Tb, 140. / **23** Tb, 564. / **24** An Max Brod, 18.9.1917 (BKB, 163). / **25** NSuF II, 24. / **26** Vgl. z.B. *Der Proceß*, 37; Tb, 200 f.; NsuF I, 230; NsuF II, 24; an Milena Jesenská, 9.8.1920 und 26.8.1920 (BaM, 197 ff. u. 228). / **27** DzL, 270–275. – Die Bezüge dieses Motivs zu den mosaischen Reinheitsgeboten (Lev 17,15; Deut 12,23) liegen auf der Hand. / **28** An Felice Bauer, 21./22.2.1913 (BaF, 310). / **29** An Felice Bauer, 28.3.1913 (BaF, 347). / **30** An Max Brod, 3.4.1913 (BKB, 126). / **31** Tb,

560 (4.5.1913). / **32** Tb, 567 f. (21.7.1913). Direkt nach diesem Eintrag folgt die »Zusammenstellung alles dessen, was für und gegen meine Heirat spricht«. Leicht variiert dieselbe Phantasie im Brief an Felice Bauer, 2.9.1913 (BaF, 459). / **33** An Max Brod, 8.2.1919 (BKB, 264). / **34** An Milena Jesenská, 10.6.1920 (BaM, 51). / **35** An Milena Jesenská, September 1920 (BaM, 271 f.). / **36** An Milena Jesenská, Mitte November 1920 (BaM, 290). / **37** Tb, 557. / **38** Ebd. / **39** Tb, 558. / **40** KChr, 102. / **41** Tb, 559. / **42** An Grete Bloch, 1.3.1914 (BaF, 506). / **43** An Max Brod, Anfang Februar 1921 (BKB, 316).

EIN SCHÖNES GEBÄUDE

Der Rabbi kommt zunächst schwer in Gang, ein Bein, das rechte, versagt ihm ein wenig den Dienst, auch muß er anfänglich husten, achtungsvoll umsteht ihn das Gefolge. Nach einem Weilchen scheint es aber kein äußeres Hindernis zu geben, wohl aber beginnen jetzt die Besichtigungen und bringen den Zug jeden Augenblick zum Stillstehn. Er besichtigt alles, besonders aber Bauten, ganz verlorene Kleinigkeiten interessieren ihn, er stellt Fragen, macht selbst auf manches aufmerksam, das Kennzeichnende seines Verhaltens ist Bewunderung und Neugierde. Im Ganzen sind es die belanglosen Reden und Fragen umziehender Majestäten, vielleicht etwas kindlicher und freudiger, jedenfalls drücken sie alles Denken der Begleitung widerspruchslos auf das gleiche Niveau nieder. L[anger] sucht oder ahnt in allem tiefern Sinn, ich glaube, der tiefere Sinn ist der, daß ein solcher fehlt und das ist meiner Meinung nach wohl genügend. Es ist durchaus Gottesgnadentum, ohne die Lächerlichkeit, die es bei nicht genügendem Unterbau erhalten müßte.

Das nächste Haus ist ein Zanderinstitut. Es liegt hoch über der Straße auf einem Steindamm und hat einen durch ein Gitter eingefaßten Vorgarten. Der Rabbi bemerkt einiges zum Bau, dann interessiert ihn der Garten, er fragt was das für ein Garten ist. Ähnlich wie etwa der Statthalter vor dem Kaiser im ähnlichen Fall sich benehmen würde, rast Schlesinger [...] die Treppe zum Garten hinauf, hält sich oben gar nicht auf, sondern rast sofort (alles im strömenden Regen) wieder herunter und meldet, (was er natürlich schon gleich anfangs von unten erkannt hat) daß es nur ein Privatgarten ist, der zu dem Zanderinstitut gehört.

Der Rabbi wendet sich, nachdem er nochmals den Garten genau angeschaut hat, und wir kommen zum Neubad. Hinter dem Gebäude, wohin wir zuerst kommen, laufen in einer Vertiefung die Röhren für das

Dampfbad. Der Rabbi beugt sich tief über das Geländer und kann sich an den Röhren nicht sattsehn, es wird Meinung und Gegenmeinung über die Röhren ausgetauscht.

Das Gebäude ist in einem gleichgültigen unkenntlichen Mischstil aufgebaut. Die unterste Fensterreihe ist in laubenartige aber vermauerte Bogen eingebaut, welche im Scheitel einen Tierkopf tragen. Alle Bogen und alle Tierköpfe sind gleich, trotzdem bleibt der Rabbi fast vor jedem der etwa 6 Bogen der Breitseite besonders stehn, besichtigt sie, vergleicht sie, beurteilt sie undzwar von der Ferne und Nähe. Wir biegen um die Ecke und stehn jetzt an der Frontseite. Das Gebäude macht großen Eindruck auf ihn. Über dem Tor steht in goldenen Lettern »Neubad«. Er läßt sich die Inschrift vorlesen, fragt warum es so heißt, ob es das einzige Bad ist, wie alt es ist u.s.w. Öfters sagt er, mit dem besondern ostjüdischen Staunen: »Ein schönes Gebäude«.[1]

Marienbad, 16. Juli 1916. Vor einigen Tagen hat Kafka sich zum zweiten Mal mit Felice Bauer verlobt. »So klar ist es ja nicht, Zweifel bleiben«, hatte er ins Tagebuch geschrieben.[2] Jetzt ist sie abgereist, Kafka bleibt noch eine Woche, allein mit seinen Zweifeln. Sein eigenes großes, helles, ruhiges Hotelzimmer ist irrtümlich – Kafka glaubt: mit Absicht – weitervermietet worden, er mußte in das Zimmer übersiedeln, das Felice bewohnt hatte, was ihm mißhagt, nicht nur, weil es laut ist.[3] Im übrigen regnet es seit Tagen. Immerhin hat er eine Nachricht von seinem Freund Max Brod bekommen: der Belzer Rabbi sei in Marienbad.[4] Und in seinem Gefolge Georg Langer, ein entfernter Verwandter und Freund Brods, den Kafka im Jahr zuvor kennengelernt und mehrmals getroffen hatte.

Langer, der aus einer gutbürgerlichen, tschechisch assimilierten Familie stammte, hatte sich schon früh dem ostjüdischen Chassidismus zugewandt und 1913 und 1914 einige Monate in der galizischen Kleinstaadt Belz gelebt, im Umkreis von Issachar Dov Rokeach, dem dritten Rabbiner der Belzer chassidischen Bewegung. Beim Ausbruch des

Ersten Weltkrieges wurde Langer eingezogen und sogleich inhaftiert, da er sich weigerte, eine Waffe in die Hand zu nehmen. 1915 gelang es seinem Bruder, dem Schriftsteller František Langer, ihn für unzurechnungsfähig erklären zu lassen; Langer kehrte für kurze Zeit nach Prag zurück und schloß sich dann erneut Rabbi Rokeach an, der Galizien bei Kriegsbeginn hatte verlassen müssen und seither im Exil lebte.[5]

Als Kafka Brods Nachricht erhielt, war der Belzer Rabbi bereits seit drei Wochen in Marienbad; Kafka hatte es, mit inneren Kämpfen beschäftigt (→ Bregenz), ebenso wenig bemerkt wie Felice. »Sieh nur«, schreibt er ihr am 18. Juli, »den höchsten Kurgast von Marienbad, d. h. denjenigen, auf den das größte menschliche Vertrauen gerichtet ist, haben wir gar nicht gekannt: der Belzer Rabbi, jetzt wohl der Hauptträger des Chassidismus«.[6]

Tags zuvor hatte er sich auf die Suche nach Langers Quartier gemacht, die, wie er Brod berichtet, nicht ohne Schwierigkeiten verlief: »Zunächst war Langer unauffindbar. Es sind dort einige Häuser und Häuserchen zusammengedrängt, auf einer Anhöhe, die eine Verbindung der Häuser [...] nur durch halb unterirdische Treppen und Gänge zuläßt. Die Namen der Häuser sind zum Verwechseln eingerichtet: Goldenes Schloß, Goldene Schüssel, Goldener Schlüssel, manche haben zwei Namen, vorn einen und hinten einen andern, dann wieder heißt die Restauration anders als das zugehörige Haus, auf den ersten Anlauf kommt man also nicht durch. Später zeigte sich allerdings eine Ordnung, es ist eine kleine nach Ständen geordnete Gemeinde, eingefaßt von 2 großen eleganten Gebäuden Hotel national und Florida. Der goldene Schlüssel ist das ärmlichste. Aber auch dort kannte man Langer nicht. Erst später erinnerte sich ein Mädchen an einige junge Leute die auf dem Dachboden wohnen; suche ich den Sohn eines Prager Branntweinhändlers, dann dürfte ich ihn dort finden. Jetzt sei er aber wahrscheinlich bei Herrn Klein in Florida. Als ich dorthin gieng, kam er gerade aus dem Tor.«[7] Kafka erfährt, daß der Rabbi, der im Hotel »National« wohnt, sich jeden Abend »um ½ 8 Uhr oder 8« in den Wald fahren läßt, seine Anhänger folgen zu Fuß, anschließend geht man »bis zum Dunkelwerden auf den Waldwegen hin und her. Zur Gebetszeit gegen 10 Uhr kommt er nachhause zurück.«

Um halb acht findet sich Kafka vor dem Hotel ein, wo Langer schon auf ihn wartet. »Es regnete selbst für diese Regenzeit außerordentlich stark. Gerade zu dieser Stunde hatte es vielleicht in den letzten 14 Tagen nicht geregnet. Langer behauptete, es werde gewiß aufhören, aber das tat es nicht, sondern regnete noch stärker. Langer erzählte, nur einmal habe es bei der Ausfahrt geregnet, im Wald dann aber gleich aufgehört. Diesmal hörte es aber nicht auf.«[8] Kafka und Langer stehen im Regen, der Rabbi kommt nicht.

Vielleicht schweifen Kafkas Gedanken ab, während er naß und nässer wird und Langer weitere Durchhalteparolen äußert. Vielleicht denkt er an jenen Abend im September des Vorjahres, an dem Langer ihn und Brod in die Prager Vorstadt Žižkov mitgenommen hatte, zum Wunderrabbi von Grodeck. Den Besuch hatte er im Tagebuch festgehalten. »Ein Gasthaus. Oben vollständig finster, blindlings paar Schritte mit vorgehaltenen Händen. Ein Zimmer mit bleichem Dämmerlicht, weißgraue Wände, einige kleine Frauen und Mädchen, weiße Kopftücher, blasse Gesichter, stehn herum, kleine Bewegungen; Eindruck des Blutleeren. Nächstes Zimmer. Alles schwarz, voll mit Männern und jungen Leuten. Lautes Beten. Wir drücken uns in eine Ecke. Kaum sehen wir uns ein wenig um, ist das Gebet zu Ende, das Zimmer leert sich. Ein Eckzimmer mit zwei Fensterwänden mit je 2 Fenstern. Wir werden zu einem Tisch gedrängt, rechts vom Rabbi. Wir wehren uns, ›Ihr seid doch auch Juden.‹ Das stärkste väterliche Wesen macht den Rabbi. Alle Rabbi sehen wild aus, sagte Langer. Dieser im Seidenkaftan, darunter schon Unterhosen sichtbar. Haare auf dem Nasenrücken. Mit Fell eingefaßte Kappe, die er immerfort hin und her rückt. Schmutzig und rein, Eigentümlichkeit intensiv denkender Menschen. Kratzt sich am Bartansatz, schneuzt durch die Hand auf den Fußboden, greift mit den Fingern in die Speisen – wenn er aber ein Weilchen die Hand auf dem Tisch liegen läßt, sieht man das Weiß der Haut, wie man ein ähnliches Weiß nur in Vorstellungen der Kindheit gesehn zu haben glaubt.«[9] Kafka sei damals »recht kühl« geblieben, schreibt Brod in seinen Erinnerungen an den betreffenden Abend, und habe beim Nachhausegehen gesagt: »Genau genommen war es etwa so wie bei einem wilden afrikanischen Volksstamm. Krasser Aberglauben.« In dieser Äußerung habe, meint Brod, zwar etwas »nüchtern Abwehrendes«, aber »nichts Verletzendes« gelegen.[10] Vielleicht denkt Kafka auch an Langers Erzählungen,[11] an den Baalschem, den legendären Gründer der chassidischen Bewegung, an den obersten Zadik, der alle 100 Jahre erscheint, oder daran, daß ein orthodoxer Jude laut Langer weltliche Bücher nur an Tagen und Orten lesen darf, an denen das Tora-Studium untersagt ist. »Auf dem Kloset darf man nicht an die Tora denken, daher darf man dort weltliche Bücher lesen. Ein sehr frommer Prager, ein gewisser Kornfeld, wußte viel Weltliches, er hat alles auf dem Kloset studiert.«[12]

Es regnet weiter; der Rabbi kommt nicht. Als Kafka und Langer Schutz unter einem Baum suchen, sehen sie »einen Juden mit einer leeren Sodawasserflasche aus dem Haus laufen. Der holt Wasser für den Rabbi sagt Langer. Wir schließen uns ihm an. Er soll Wasser aus der Rudolfsquelle holen, die dem Rabbi verordnet ist. Leider weiß er nicht, wo diese Quelle ist. Wir laufen im Regen ein wenig irre. Ein Herr, dem wir begegnen, zeigt uns den Weg, sagt aber gleichzeitig, daß alle Quellen um 7 geschlossen werden. ›Wie können denn die Quellen geschlossen werden‹ meint der zum Wasserholen Bestimmte und wir laufen hin. Tatsächlich ist die Rudolfsquelle geschlossen, wie man schon von weitem sieht. Es ändert sich nicht, als man trotzdem näher geht. ›Dann nimm Wasser aus der Ambrosiusquelle‹ sagt Langer ›die ist immer offen.‹ Der Wasserholer ist sehr einverstanden und wir laufen hin. Tatsächlich waschen dort noch Frauen die Trinkgläser. Der Wasserholer nähert sich verlegen den Stufen und dreht die schon ein wenig mit Regenwasser gefüllte Flasche in den Händen. Die Frauen weisen ihn ärgerlich ab, natürlich ist auch diese Quelle seit 7 Uhr geschlossen. Nun so laufen wir zurück. Auf dem Rückweg treffen wir zwei andere Juden, die mir schon früher aufgefallen sind, sie gehn wie Verliebte neben einander, schauen einander freundlich an und lächeln, der eine die Hand in der tief hinabgezogenen Hintertasche, der andere städtischer. Fest Arm in Arm. Man erzählt die Geschichte von den geschlossenen Quellen; die zwei können das nicht begreifen, der Wasserholer begreift es nun wieder auch nicht und so laufen die 3 ohne uns wieder zur Ambrosiusquelle. Wir gehn weiter zum Hotel National, der Wasserholer holt uns wieder ein und überholt uns, außer Atem ruft er uns zu, daß die Quelle wirklich geschlossen ist.«[13]

Völlig durchnäßt, gehen sie nun ins Foyer des Hotels – »da springt L. zurück und zur Seite. Der Rabbi kommt. Niemand darf sich vor ihm aufhalten, vor ihm muß immer alles frei sein, es ist nicht ganz leicht, dies immer einzuhalten, da er sich oft und überraschend wendet und es nicht leicht ist, im Gedränge schnell genug auszuweichen. (Noch schlimmer soll es im Zimmer sein, da ist das Gedränge so groß, daß es den Rabbi selbst in Gefahr bringt. Letzthin soll er geschrien haben: ›Ihr seid Chassidim? Ihr seid Mörder‹) [...] Er sieht aus, wie der Sultan, den ich als Kind in einem Dorée-Münchhausen oft gesehn habe. Aber keine Maskerade, wirklich der Sultan. Und nicht nur Sultan, sondern auch Vater, Volksschullehrer, Gymnasialprofessor u.s.f. Der Anblick seines Rückens, der Anblick der Hand, die auf der Hüfte liegt, der Anblick der Wendung dieses breiten Rückens – alles das gibt Vertrauen. Auch in den Augen der ganzen Gruppe ist dieses ruhige glückliche Vertrauen, das ich gut ahne.«[14]

An diesem Tag verzichtet der Rabbi, des Regens wegen, zum ersten Mal auf die Fahrt in den Wald. Stattdessen beginnt ein Spaziergang durch Marienbad, mit »etwa 10 Juden hinter und neben ihm«. Kafka ist einer von ihnen, und sicher der auffälligste, weil er so unauffällig ist, kein Kaftan, keine Schläfenlocken, keine Kopfbedeckung. Auch wenn Kafka schreibt, er sei »in seinem Gefolge« gewesen,[15] folgt er dem Belzer Rabbi doch nicht. Er begleitet den Gang, sieht zu, hört zu. Wie aus seiner eingangs zitierten Beschreibung hervorgeht, ist es ein anscheinend zufällig gewählter Weg durch Marienbad, ein zeitvergessenes, fast träumerisches Besichtigen von allem, »besonders aber Bauten«, die genommen werden, wie sie gerade auftauchen. Keine Sehenswürdigkeit ist darunter, nicht die Kuranlagen, nicht die Kolonnade, nicht der Kreuzbrunnen, stattdessen ein Institut für Körperübungen nach der Methode Gustav Zanders und eine Badeanstalt. Den Rabbi interessiert alles, »ganz verlorene Kleinigkeiten [...], er stellt Fragen, macht selbst auf manches aufmerksam, das Kennzeichnende seines Verhaltens ist Bewunderung und Neugierde«. Das Gefolge folgt, öffnet ihm, bei jeder seiner Wendungen, die Sicht und ist beflissen bemüht, mit Informationen zu dienen, selbst wenn sie überflüssig sind, weil man, was zu wissen ist, schon sieht. Einer trägt »den Sessel, auf den sich der Rabbi vielleicht wird setzen wollen, einer trägt das Tuch, mit dem er den Stuhl abtrocknen wird, einer trägt das Glas, aus dem der Rabbi trinken wird«, ein vierter, der vorher erfolglose Wasserholer, trägt eine Flasche mit dem eisenhaltigen Wasser der Rudolfsquelle, »er hat sie offenbar in einem Geschäft gekauft«.[16]

»Seine Nähe zur ostjüdischen, ›chasidischen‹ Volksliteratur hat Kafka selbst gesehen und tief empfunden«, schreibt Karl Erich Grözinger in seiner Studie über »Das Jüdische in Werk und Denken von Franz Kafka«[17] und zitiert dann einen Brief Kafkas an Max Brod, in dem es heißt: »die chassidischen Geschichten im Jüdischen Echo sind vielleicht nicht die besten, aber alle diese Geschichten sind, ich verstehe es nicht, das einzig Jüdische, in welchem ich mich, unabhängig von meiner Verfassung, gleich und immer zuhause fühle«.[18] Grözinger fährt fort: »Dieses Zuhause aufzusuchen, ist Kafka buchstäblich hingegangen, etwa als er 1916 in Marienbad sich mehrfach in das Gefolge des Belzer Rebben begab oder in Žižkov in das Haus des dortigen ›Wunderrabbi‹ ging. Kafka hat solche Gelegenheiten offenbar genutzt, echte chasidische Erzählungen kennenzulernen«.

Daß Kafka sich vom Ostjudentum angezogen fühlte, steht außer Zweifel. Die Faszination begann, als Ende September 1911 eine ostjüdische Theatertruppe aus Lemberg nach Prag kam, die im Café »Savoy« auftrat. Kafka freundete sich bald mit Jizchak Löwy an, dem Leiter der Truppe, und besuchte nahezu jede Vorstellung.[19] Dutzende von Seiten seiner Tagebuch-Hefte füllt er mit Berichten über die

»Savoy«-Abende, wobei es vermutlich weniger um den Inhalt der nicht unbedingt anspruchsvollen Stücke und Geschichten geht, als um »das Jüdische« in ihnen, die Atmosphäre, die sie transportieren. Es ist die Ahnung einer fernen, Kafka zugleich seltsam nah scheinenden Lebenswelt, die sich ihm durch Gesten, Haltungen, vor allem aber über die Sprache vermittelt: bei manchen Liedern, manchem Wortklang geht ihm »ein Zittern über die Wangen«.[20] Welche Kraft er im Jiddischen spürt, wird auch in seinem Vortrag über den Jargon deutlich, den er zur Einleitung eines Abends hält, an dem Löwy ostjüdische Gedichte und Szenen rezitiert: »Bleiben Sie […] still, dann sind Sie plötzlich mitten im Jargon. Wenn Sie aber einmal Jargon ergriffen hat – und Jargon ist alles, Wort, chassidische Melodie und das Wesen dieses ostjüdischen Schauspielers selbst, – dann werden Sie Ihre frühere Ruhe nicht mehr wiedererkennen. Dann werden Sie die wahre Einheit des Jargon zu spüren bekommen, so stark, daß Sie sich fürchten werden, aber nicht mehr vor dem Jargon, sondern vor sich. Sie würden nicht imstande sein, diese Furcht allein zu ertragen, wenn nicht gleich aus dem Jargon das Selbstvertrauen über Sie käme, das dieser Furcht standhält und noch stärker ist.«[21] Kafkas große Erwartungen werden jedoch auch gedämpft. Schon am vierten Abend im »Savoy«, gespielt wird »Kol-Nidre« von Abraham Scharkansky, bemerkt er seine »deutliche Unfähigkeit einen reinen Eindruck zu bekommen«.[22] Zwar versucht er in diesem Fall noch, die Schuld auf die Unruhe am Tisch und andere Nebenumstände zu schieben, aber zwei Monate später, nach der zehnten Vorstellung, muß er sich eingestehen, daß ihn die »Eindrucksfähigkeit für das Jüdische in diesen Stücken« verlassen hat. »Bei den ersten Stücken konnte ich denken, an ein Judentum geraten zu sein, in dem die Anfänge des meinigen ruhen und die sich zu mir hin entwickeln und dadurch in meinem schwerfälligen Judentum mich aufklären und weiterbringen werden, statt dessen entfernen sie sich, je mehr ich höre, von mir weg.«[23]

Trotzdem werden die Aufführungen der Lemberger Truppe und die Gespräche mit Löwy, dessen Erzählungen er ebenfalls im Tagebuch festhält,[24] für Kafka zum Auslöser, sich seiner eigenen jüdischen Identität zu vergewissern oder sie überhaupt erst zu suchen. Seinem Vater gestand er zwar zu, aus der »kleinen ghettoartigen Dorfgemeinde«, aus der er stammte, noch »etwas Judentum« mitgebracht zu haben, so viel zumindest, daß es »knapp zu einer Art jüdischen Lebens« ausgereicht habe.[25] Aber »zum Weiter-überliefert-werden« sei das zu wenig gewesen; aus diesem »Nichts von Judentum« habe er, der Sohn, dann auch nur »ein ähnliches Nichts« machen können.[26] Probeweise sucht er in der Familie seiner Mutter, da findet er Geschichten und eine Namensgleichheit: »Ich heiße hebräisch Anschel wie der Großvater meiner Mutter von der Mutterseite, der als ein sehr frommer und gelehrter Mann mit langem weißem Bart meiner Mutter erinnerlich ist, die 6 Jahre alt war als er starb. Sie erinnert sich, wie sie die Zehen der Leiche festhalten und dabei Verzeihung möglicher dem Großvater gegenüber begangener Verfehlungen erbitten mußte. [...] Ein noch gelehrterer Mann [...] war der Urgroßvater der Mutter, bei Christen und Juden stand er in gleichem Ansehen, bei einer Feuersbrunst geschah infolge seiner Frömmigkeit das Wunder, daß das Feuer sein Haus übersprang und verschonte, während die Häuser in der Runde verbrannten.«[27] Er liest, »gierig und glücklich«, Heinrich Graetz' dreibändige *Volkstümliche Geschichte der Juden,* anschließend die *Histoire de la Littérature Judéo-Allemande* von Meyer Pinès, die er ausgiebig exzerpiert, dann Jakob Fromers *Der Organismus des Judentums,*[28] besucht eine Veranstaltung des zionistischen Vereins »Bar-Kochba« und einen Vortrag von Kurt Blumenfeld, dem Generalsekretär der zionistischen Weltorganisation.[29]

Obgleich vieles, gerade auch Kafkas Haltung zum Zionismus,[30] ambivalent bleibt und daher Zurückhaltung des Urteils geboten ist, darf man insgesamt wohl sagen, daß diese Erkundungsgänge an kein Ziel führten. Kafkas Hoffnung, sein verschüttetes Judentum »aufklären« und damit bewußt als Jude leben zu können, erfüllte sich nicht. Schon den Umstand, daß seine Muttersprache Deutsch war, empfand er als nicht mehr zu übersteigende Barriere. »Die jüdische Mutter ist keine ›Mutter‹, [...] wir geben einer jüdischen Frau den Namen deutsche Mutter, vergessen aber den Widerspruch, der desto schwerer sich ins Gefühl einsenkt [...]. Ich glaube, daß nur noch Erinnerungen an das Ghetto die jüdische Familie erhalten, denn auch das Wort Vater meint bei weitem den jüdischen Vater nicht.«[31] Der Feststellung, daß seine Wurzeln zerschnitten sind, daß die Fundamente fehlen, kann Kafka nicht ausweichen. Er ist der »abbröckelnde Jude«, von »jeder großen, tragenden Gemeinschaft ausgeschieden«.[32] Als er in Halberstadt einen Mann, der aus der »Gastwirtschaft Nathan Eisellsberg mit hebräischer Aufschrift« kommt, anspricht, um etwas über die jüdische Gemeinde der Stadt zu erfahren, wird er abgewiesen. »Erfahre nichts. Bin ihm zu verdächtig. Immerfort schaut er auf meine Füße.«[33] Und obwohl er aufbegehrt – »Aber ich bin doch auch Jude« – spürt Kafka diesen Abstand in sich selbst. »Was habe ich mit Juden gemeinsam? Ich habe kaum etwas mit mir gemeinsam und sollte mich ganz still, zufrieden damit daß ich atmen kann in einen Winkel stellen.«[34]

Auch der Versuch einer inneren Annäherung an das Ostjüdische mißlingt letzten Endes. Im März 1915 hört Kafka einige Vorträge in der vom »Jüdischen Volksverein« veranstalteten Reihe »Ost und West«. Der erste Vortrag trägt den Titel »Ost- und Westjudentum«. Über den Inhalt erfährt man aus seinen Aufzeichnungen nichts, Kafka registriert nur die seines Erachtens berechtigte »Verachtung der Ostjuden für die hiesigen Juden« und seine Verlorenheit unter den Zuhörern: »Ich wie aus Holz, ein in die Mitte des Saales geschobener Kleiderhalter.«[35] Dann spricht Max Brod über »Religion und Nation«. Kafka notiert: »Talmudcitate. Ostjuden. Die Lembergerin. Der Westjude, der sich den Chassidim assimiliert hat [...]. Die Art wie die Ostjüdinnen parteiisch sich entzücken. Die Gruppe der Ostjuden beim Ofen. Götzl, im Kaftan, das selbstverständliche jüdische Leben. Meine Verwirrung.«[36] Umgekehrt stellt er bei einer Begegnung mit dem Arzt und Schriftsteller Ernst Weiß fest, daß er sich dem »Typus des westeuropäischen Juden«, den dieser verkörpert, »gleich nahe fühlt«.[37] Die Faszination, die das Ostjudentum auf Kafka ausgeübt hatte, ist in dieser Zeit, den ersten Kriegsjahren, schon gebrochen. Erloschen ist sie nicht. Es bleibt »doch Hoffnung«.[38] Erhalten bleibt auch das Interesse für die ostjüdische Sprache und Literatur.

Kafka liest chassidische Geschichten und läßt sie sich von Langer erzählen; sie berühren ihn nach wie vor.[39]

Der Belzer Rabbi jedoch erzählt keine chassidischen Geschichten, und nichts spricht dafür, daß Kafka sie erwartet hätte, als er sich seinen Marienbader Gängen anschloß. Brod meint, Kafkas Verhalten damit erklären zu können, daß er sich »zu allem, was die chassidische Bewegung betraf, in einer seltsamen Mischung von Begeisterung, Neugierde, Skepsis, Zustimmung und Ironie« hingezogen gefühlt habe.[40] Aber dieser Erklärungsversuch greift ebenso zu kurz wie die oben zitierte These Karl Erich Grözingers. Kafka ist weder vorrangig an chassidischen Geschichten interessiert, die bei den Besichtigungen Marienbads abfallen mögen, noch von einer womit auch immer vermischten Neugierde bestimmt. Es geht ihm durchaus um den Rabbi. Als »Hauptträger des Chassidismus« allerdings interessiert ihn Issachar Dov Rokeach nicht. In dieser Hinsicht ist seine Distanz von Anfang an markiert, und sie bleibt unreduzierbar. Langers Weg, sich als Westjude dem Chassidismus zu assimilieren, war kein Weg für ihn, und ein Leben als Chassid, im Umkreis eines erhobenen Rabbis, unvorstellbar, so fremd, daß er diese Lebensform anstaunt, wo er sie sieht oder von ihr hört, auch des Komischen wegen, das ihr in seinen Augen anhaftet: »Die Gesellschaften der Chassidim, bei denen sie sich fröhlich über Talmudfragen unterhalten. Stockt die Unterhaltung oder beteiligt sich einer nicht, entschädigt man sich mit Gesang. Melodien werden erfunden, gelingt eine werden Familienmitglieder hereingerufen und mit ihnen repetiert und studiert. Ein Wunderrabbi, der öfters Hallucinationen hatte, versenkte bei einer solchen Unterhaltung plötzlich sein Gesicht in die auf den Tisch gelegten Arme und verblieb so unter allgemeinem Schweigen 3 Stunden. Als er erwachte weinte er und trug einen ganz neuen lustigen militärischen Marsch vor.«[41] Sicherlich blieb Kafka nicht deshalb distanziert, weil ihm die »Gesellschaften der Chassidim« komisch erschienen. Eher war es umgekehrt: weil Kafka distanziert blieb, konnte er das nach außen Komische dieser Gesellschaften wahrnehmen. Soweit es den Glauben betraf, sah er allein die Schale, nicht die Nuß.

Aber es gab eine Dimension, die davon ganz unbetroffen war: Issachar Dov Rokeach war nicht nur Rabbi, nicht nur der Hauptträger des Chassidismus, er war auch Mensch. Und den Menschen wollte Kafka sehen. Schon als er feststellen mußte, daß der Eindruck der Lemberger Theateraufführungen verblaßte, daß ihm die Anfänge seines Judentums, die er in ihnen zu finden meinte, entglitten, hatte er hinzugefügt: »Die Menschen bleiben natürlich und an die halte ich mich.«[42] So ist es wohl auch hier. Kafka hat, so scheint es, in der Nähe des Belzer Rabbi wie zuvor in der des Grodecker Rabbi nicht mehr und nicht weniger gesucht als einfache, existenzielle Wahrheit, eine Wahrheit, die nicht nur den Menschen trägt, der in ihr ist, sondern auch die tragen kann, die um ihn sind. Wenn er in seiner zitierten Postkarte an Felice davon spricht, daß der Belzer Rabbi der Kurgast sei, »auf den das größte menschliche Vertrauen gerichtet ist«, meint er, was er sagt. Und auch »das ruhige glückliche Vertrauen«, das er im Gefolge des Rabbi spürt, wird ohne einen Hauch von Ironie notiert.[43]

Dies Vertrauen hat sein Recht, unabhängig davon, daß es sich ihm nicht mitteilt. Immerhin versichert er Brod, daß er es »gut ahne«. Was Kafka suchte, war wirklich da. Es gab die einfache Wahrheit, er mußte sie nur sehen, und um sie zu sehen, mußte er minutiös beobachten, noch das Kleinste registrieren. »Man sieht […] nur allerkleinste Kleinigkeiten und das allerdings ist bezeichnend meiner Meinung nach. Es spricht für die Wahrhaftigkeit auch gegenüber dem Blödesten. Mehr als Kleinigkeiten kann man mit bloßem Auge dort wo Wahrheit ist nicht sehn.«[44] In diesen Kleinigkeiten jedoch hat Kafka den Schimmer dessen gefunden, was er suchte. Nicht in der Gestalt des Belzer oder Grodecker Rabbis, nicht in ihrem Auftreten, nicht in dem Einfluß, den sie auf ihr Gefolge ausübten, nicht in ihren Gebeten. All das war für ihn wie ein Mantel, der das Wahre verbarg. In den raren Augenblicken jedoch, in denen der Mantel sich hob, wurde es auch »dem Blödesten« sichtbar, und Kafka hat keinen dieser Augenblicke versäumt: das Weiß der Haut des Grodecker Rabbi, das bemerkbar wird, als er »ein Weilchen die Hand auf dem Tisch liegen läßt«, ein Weiß, wie man es ähnlich »nur in

Vorstellungen der Kindheit gesehn zu haben glaubt«;[45] die unbeschattete »Bewunderung und Neugierde«, mit der der Belzer Rabbi sich selbst an den Fensterbögen des Dampfbads erfreuen kann, immer aufs neue, obgleich sie kunstlos sind und jeder dem andern auf das Haar gleicht. »L[anger] sucht oder ahnt in allem tiefern Sinn, ich glaube, der tiefere Sinn ist der, daß ein solcher fehlt und das ist meiner Meinung nach wohl genügend. Es ist durchaus Gottesgnadentum, ohne die Lächerlichkeit, die es bei nicht genügendem Unterbau erhalten müßte.«[46]

1 An Max Brod, 18.7.1916 (BKB, 154 f.). / 2 Tb, 795. / 3 Vgl. an Max Brod, 12.–14.7.1916 (BKB, 148); an Felice Bauer, 14.7.1916 (BaF, 664). / 4 Vgl. dazu Max Brods Erläuterung in: Br, 505, Anm. 3; ferner Tb, 751 f., 766 ff., 776 f. / 5 Vgl. Brod PK, 181 f.; Ritchie Robertson, Kafka. *Judentum– Gesellschaft–Literatur.* Stuttgart 1988, 234 ff.; Binder KW, 470. / 6 An Felice Bauer, 18.7.1916 (BaF, 666). / 7 An Max Brod, 18.7.1916 (BKB, 150). / 8 An Max Brod, 18.7.1916 (BKB, 151). / 9 Tb, 751 f. / 10 Brod FK, 163. / 11 Vgl. Tb, 766 f. / 12 Tb, 776 f. / 13 An Max Brod, 18.7.1916 (BKB, 152). / 14 An Max Brod, 18.7.1916 (BKB, 153). / 15 An Felix Weltsch, 19.7.1916 (Br, 146). / 16 An Max Brod, 18.7.1916 (BKB, 153 f.). / 17 Karl Erich Grözinger, *Kafka und die Kabbala.* Frankfurt a. M. 1992, 101. / 18 An Max Brod, 28.9.1917 (BKB, 170). / 19 Vgl. an Felice Bauer, 3.11.1912 (BaF, 73). / 20 Tb, 349 u. 59. / 21 NSuF I, 193; vgl. Tb, 376 f. / 22 Tb, 96. / 23 Tb, 349. In der Kafka-Chronik (KChr, 71) ist dieser Satz verkürzt und damit in der Tendenz verfälschend zitiert. / 24 Vgl. Tb, 199 ff., 209, 224 f., 264, 276 f., 316 ff. / 25 NSuF II, 188. / 26 NSuF II, 186. / 27 Tb, 318 f. 28 Tb, 215; für die genannten Titel vgl. Tb, 215 u. 360. / 29 Tb, 360 (vgl. Tb 229); Tb, 379. 30 Vgl. z. B. Max Brod, *Franz Kafkas Glauben und Lehre.* München 1948, 97 ff.; Brod PK, 108 f., 115 ff.; Wagenbach FKJ, 181 ff. / 31 Tb, 102. / 32 An Oskar Baum, November 1917 (Br, 189); an Grete Bloch, 11.6.1914 (BaF, 598). / 33 Tb, 1039. / 34 Tb, 622. / 35 Tb, 730 f. / 36 Tb, 733. / 37 Tb, 563. / 38 Tb, 731. / 39 Vgl. an Brod, 28.9.1917 (BKB, 170); Tb, 766 ff. / 40 Anmerkung Brods zu Kafkas Brief an ihn vom 18.7.1916 (Br, 505, Anm. 3). / 41 Tb, 276 f. / 42 Tb, 349. / 43 An Felice Bauer, 18.7.1916 (Baf, 666); an Max Brod, 18.7.1916 (BKB, 153). / 44 An Max Brod, 18.7.1916 (BKB, 150). / 45 Tb, 752. / 46 An Max Brod, 18.7.1916 (BKB, 154).

AWUA

Eben habe ich vor meinem Balkon ein landwirtschaftliches Gespräch gehört, das auch den Vater interessiert hätte. Ein Bauer gräbt aus einer Grube Rübenschnitte aus. Ein Bekannter, der offenbar nicht sehr gesprächig ist, geht nebenan auf der Landstraße vorüber. Der Bauer grüßt, der Bekannte in der Meinung, ungestört vorbeigehn zu können, antwortet freundlich: »Awua«. Aber der Bauer ruft ihm nach, daß er hier feines Sauerkraut habe, der Bekannte versteht nicht genau, dreht sich um und fragt verdrießlich: »Awua?« Der Bauer wiederholt die Bemerkung. Jetzt verstehts der Bekannte, »Awua« sagt er und lächelt verdrießlich. Weiter hat er aber nichts zu sagen, grüßt noch mit »Awua!« und geht. – Es ist hier viel zu hören vom Balkon.[1]

Diese Szene, die Kafka seiner Schwester Ottla in einem Brief vom 20. Februar 1919 beschreibt, spielt in Schelesen (Železná), einem Dorf in Nordböhmen. Kafka ist zum zweiten Mal dort. Mitte Oktober 1918 war er an der damals in Europa epidemischen Spanischen Grippe erkrankt, Ende November hatte seine Mutter ihn für drei Wochen in der »Pension Stüdl« in Schelesen untergebracht. Es sei »nicht schlecht [...] und lehrreich wie überall«, schrieb Kafka seinem Freund Max Brod; »der Tag ist kurz [...] und viele Stunden liege ich im Freien«.[2] Diesem Zweck diente die verkleidete Veranda der Villa Stüdl,[3] auf der Kafka, nach den Erinnerungen einer Mitbewohnerin, »in viele Decken eingehüllt [...] in frischer Winterluft« lag, »eine Kappe tief ins Genick gezogen«. Auf die Bemerkung, das sei aber »eine schöne Fliegerkappe«, die er da trage, habe Kafka, mit resigniertem Lächeln, geantwortet: »Mehr Lieger- als Fliegerkappe«.[4] Bei seinem zweiten Aufenthalt in Schelesen bewohnt er ein Zimmer mit Balkon, auf dem er nun liegt, »Waldanhöhen gegenüber« und vermutlich in derselben Montur.[5]

Trotz der gewiß noch spürbaren Folgen der schweren Erkrankung ist seine Stimmung gelöst, er ist offen für seine Um- und Mitwelt und alles Menschliche und Unterhaltende, das sie zu bieten hat. Dazu gehört in erster Linie Julie Wohryzek, eine junge Frau aus »dem Volk der Komptoiristinnen«, die ebenfalls bei Stüdl wohnt und mit der er sich einige Monate später verloben wird. »Eine gewöhnliche und eine erstaunliche Erscheinung«, erklärt er Max Brod: »verliebt in das Kino, in Operetten und Lustspiele, […] Besitzerin einer unerschöpflichen und unaufhaltbaren Menge der frechsten Jargonausdrücke«.[6] Die »Aufnahme eines neuen Menschen in sich« koste zwar Kraft, dennoch habe er »in den letzten 5 Jahren nicht so viel gelacht wie in den letzten Wochen«.[7] Fraglos tragen dazu auch die Landbewohner bei, die, in eigenen Geschäften lebend und webend, von seinem Balkon aus zu sehen sind. An diesem Nachmittag gräbt ein Bauer in der Nähe, Rüben, behauptet Kafka, obwohl später »Sauerkraut« in Aussicht gestellt wird. Andererseits kann es sich um Weißkohl nicht handeln, da man danach kaum graben müßte. Jedenfalls Wintergemüse. Der Boden wird hart sein, vermutlich gefroren, der Bauer wird den Spaten hin und wieder absetzen, die Mütze in den Nacken schieben und sich umschauen. Der Mann mit der Liegerkappe gilt ihm wohl nicht als geeigneter Gesprächspartner, wenn er ihn überhaupt wahrnimmt. Aber dann kommt ein anderer, mit dem sich reden läßt.

»Kafkas Ohr, geschult, die konsonantenreiche tschechische Sprache aufzunehmen, […] empfand die mundfaulen Äußerungen der beiden Männer offensichtlich als undifferenzierten Vokalbrei«, schreibt einer der Herausgeber der *Briefe an Ottla und die Familie* zu Kafkas Wiedergabe des folgenden Gesprächs.[8] Das ist nicht nur als Kommentar enttäuschend, sondern auch eine Fehlinterpretation. Zunächst scheint es unangemessen, den Rübengräber mundfaul zu nennen, da er nicht nur in Sätzen spricht, sondern zudem bereit ist, den vom Adressaten beim ersten Hören nicht erfaßten Satz zu wiederholen. Kafka bezeichnet ja auch lediglich den anderen als »nicht sehr gesprächig«. Zweitens ist, was der Rübengräber sagt, für Kafka kein undifferenzierter Vokalbrei, sondern eine differenzierte Mitteilung, die er, im Gegensatz zu dem Kollegen auf der Landstraße, sogleich versteht. Die Pointe der Anekdote liegt nicht darin, daß ein Bauer einen unverständlichen Laut von sich gibt. Die Pointe liegt darin, daß er diesen immergleichen Laut, mit wechselnder Intonation, zu ganz verschiedenen Ausdruckszwecken verwenden kann: Begrüßung, Frage, Zustimmung, Abschied. »Awua.«

»Als ich an einem andern Tage nach einem kurzen Nachmittagsschlaf die Augen öffnete meines Lebens noch nicht ganz sicher, hörte ich meine Mutter in natürlichem Ton vom Balkon hinunterfragen: ›Was machen Sie?‹ Eine Frau antwortete aus dem Garten: ›– Ich jause im Grünen‹. Da staunte ich über die Festigkeit mit der die Menschen das Leben zu tragen wissen.«[9] Diese Festigkeit, von der Kafka hier in einem frühen Brief an Max Brod spricht, ist eine Funktion der Existenz, die sich der Sprache mitteilt. Man kann »in natürlichem Ton« fragen, was einer macht, und die Antwort kann in einem einfachen Hauptsatz erfolgen, in dem das finite Verb in der ersten Person Singular, Präsens, Indikativ, Aktiv steht. »Ich jause im Grünen.« Worte, die die Wirklichkeit umschließen wie ein Handschuh die Hand. Vielleicht hat Kafka auch den Laut, den der Landmann unter seinem Balkon in Schelesen ausstößt, in diesem Sinne verstanden. Als in der Sprache widergespiegelte Festigkeit, mit der das Leben getragen wird, wobei der schlichtere Ausdruck der schlichteren Welt geschuldet ist. Hier, auf dem Land, wird nicht einmal mehr Syntax verlangt. Ein Wort reicht aus. Und weil es jeder linguistischen Anforderung des einfachen Lebens ohne Unterschied genügt, bedarf es auch keiner unterscheidbaren Bedeutung mehr.

Wenn Kafka, unbeschadet aller Komik der Situation, diese Nebengedanken gehabt haben sollte, wird ihm sein eigener Weg zu den Worten demgegenüber gebrochen erschienen sein. Er fühle sich physisch vor jedem Wort gewarnt, hatte er Max Brod geklagt, »die Sätze zerbrechen mir förmlich«.[10] Und im Tagebuch notierte er zum selben Thema: »Meine Zweifel stehn um jedes Wort im Kreis herum, ich sehe sie früher als das Wort«.[11]

Franz *falsch* F *falsch* Oliver *falsch*
nichts mehr, Stille, tiefer Wald

Allerdings bezogen sich diese Klagen aufs Schreiben, genauer, aufs Schreiben im emphatischen Sinn: es ging um seine oft zermürbenden Versuche, die »ungeheure Welt« zu fassen, die er »im Kopfe« hatte.[12] (➔ Wortgeschichten) Und das oben zitierte Staunen über »die Festigkeit mit der die Menschen das Leben zu tragen wissen«, war, als Kafka in Schelesen auf dem Balkon lag, schon vierzehn Jahre alt.

Fraglich ist auch, ob er die romantische Auffassung, wer in ländlicher Idylle lebe, sei dem Leben näher, geteilt haben würde. »Die Sehnsucht nach dem Land? Es ist nicht gewiß.«[13] Zwar hatte Kafka, nach anfänglicher Reserve allem Rustikalen gegenüber,[14] behauptet, er sei »heimlich, ohne es zu merken [...] aus einem Stadtmenschen ein Landmensch oder wenigstens etwas ihm sehr Ähnliches geworden«.[15] Und während seines Aufenthalts in Zürau, einem anderen böhmischen Dorf, in dem Ottla ein kleines Gut bewirtschaftete, verstieg er sich sogar zu einer Apotheose des Bauerseins: »Allgemeiner Eindruck der Bauern: Edelmänner, die sich in die Landwirtschaft gerettet haben, wo sie ihre Arbeit so weise und demütig eingerichtet haben, daß sie sich lückenlos ins Ganze fügt und sie vor jeder Schwankung und Seekrankheit bewahrt werden bis zu ihrem seligen Sterben. Wirklich Erdenbürger.«[16] Nur ließen sich die Voraussetzungen für solches Erdenbürgertum nicht erwerben – man hatte sie oder hatte sie nicht. Daß Kafka sie besaß, darf man bezweifeln, daß er sie zu haben glaubte, auch. Womöglich sei es ›falsche Hoffnung, Selbsttäuschung‹, daß er immer auf dem Land bleiben wolle, hatte er Max Brod aus Zürau geschrieben. Wenn es Selbsttäuschung sei, locke ihn wohl sein Blut zu einer »neuen Verkörperung« seines Onkels, des Landarztes Dr. Siegfried Löwy. Der lebe »unausreißbar, zufrieden« auf dem Land, »so wie einen eben ein leise rauschender Irrsinn zufrieden machen kann, den man für die Melodie des Lebens hält«.[17]

1 An Ottla Kafka, 20.2.1919 (BaO, 67 f.). / 2 An Max Brod, Anfang Dezember 1918 (BKB, 253). / 3 Ansichten der Villa Stüdl finden sich in: Binder KW, 570 f. / 4 Dora Geritt, »Kafka in Schelesen« – in: EFK, 156. / 5 An Max Brod, 8.2.1919 (BKB, 264). – Die nebenstehende Zeichnung von sich, mit »Liegerkappe« und in Decken gehüllt auf der Veranda ruhend, schickte Kafka

seiner Schwester Ottla Anfang Dezember 1908. / **6** An Max Brod, 8.2.1919 (BKB, 263). / **7** An Max Brod, 2.3.1919 (BKB, 265). / **8** Binder KW, 571; ähnlich der Kommentar von Binder und Wagenbach in: BaO, 187. / **9** An Max Brod, 29.08.1904 (BKB, 12). Kafka hat diese Stelle, mit einigen Änderungen, in die erste Fassung der »Beschreibung eines Kampfes« übernommen (NSuF I, 91 f.). / **10** An Max Brod, 17.12.1910 (BKB, 84). / **11** Tb, 130. / **12** Tb, 562. / **13** Tb, 883. **14** Vgl. z. B. Kafkas Brief an Grete Bloch, 15.4.1914 (BaF, 551). / **15** An Felice Bauer, 23.10.1916 (BaF, 732). / **16** Tb, 840. / **17** An Max Brod, 18.9.1917 (BKB, 162 f.).

BREGENZ

Einer lag schwer krank im Bett. Der Arzt saß beim Tischchen, das an das Bett geschoben war, und beobachtete den Kranken, der wiederum ihn ansah. »Keine Hilfe« sagte der Kranke, nicht als frage sondern als antworte er. Der Arzt öffnete ein wenig ein großes medicinisches Werk, das am Rande des Tischchens lag, sah flüchtig aus der Entfernung hinein und sagte, das Buch zuklappend: »Hilfe kommt aus Bregenz.« Und als der Kranke angestrengt die Augen zusammenzog, fügte der Arzt hinzu: Bregenz in Vorarlberg. »Das ist weit« sagte der Kranke.[1]

Kafka berührte Bregenz auf der Durchfahrt, als er Ende August 1911 mit Max Brod eine Bahnreise unternahm, die über die Schweiz und Italien nach Paris führen sollte.[2] (➤ Deutscher mit Goldzahn) Irgendein anderer Bezug zu der Stadt am Ostufer des Bodensees ist nicht bekannt. In Kafkas Reisetagebuch wird der Name nicht einmal erwähnt; Gefährte Brod scheint die Station gar verschlafen zu haben. Fünf Jahre später, am 6. Juli 1916, taucht »Bregenz« dann plötzlich im Tagebuch auf, am Ende einer Assoziationskette, die so skurril wie zwingend wirkt: Kranker – Arzt – Hilfe – Bregenz. Selbst der präzisierende Zusatz »in Vorarlberg« scheint einer inneren Logik zu folgen, obgleich er überflüssig ist. Es gibt nur ein Bregenz. »Das ist weit«. Von wo?

Von Marienbad. Dort macht Kafka Urlaub, als er den kleinen Text in sein Tagebuch schreibt. Er wohnt im noblen Hotel »Schloß Balmoral und Osborne«, mit Felice Bauer, einer Berlinerin, mit der er sich, nach einer Tragödie in mehr als 500 Briefen, im April 1914 verlobt hatte. Die Verlobung war ein Opfer gewesen, die Preisgabe einer ganz anders gedachten Beziehung (➤ Im Zoo gesessen); daß sie keinen Bestand haben konnte, erschien nur folgerichtig. Als Kafka am 2. Juli in Marienbad eintrifft, einen Tag vor seinem 33. Geburtstag, sind Felice und er seit fast seit zwei Jahren entlobt, dennoch ist die Verbindung nicht abgerissen, sie schreiben sich weiterhin und haben sich in der Zwischenzeit dreimal getroffen, zuletzt im Sommer 1915 in Karlsbad. Was ihn in Marienbad erwartet, weiß Kafka dennoch nicht, obgleich er »sehr lieb von Felice vom Bahnhof abgeholt« wird.[3]

Die erste Nacht verbringen sie in dem heruntergekommenen Hotel »Neptun«, Tür an Tür. Das ist zu nah, für Kafka wird es eine »verzweifelte Nacht«.[4] Am nächsten Tag übersiedeln sie ins »Balmoral«, wo ihre Zimmer entfernt voneinander liegen, das Kafkas hat eine Doppeltür.[5] »Und darin werde ich jetzt versuchen den Urlaub zu bewältigen«, schreibt er seinem Freund Max Brod.[6] Felice will die gehobene Umgebung genießen, Zeitung lesen, Tee trinken, in Gesellschaft spazieren gehen. Kafka weiß nicht, was er will. Im übrigen regnet es häufig; der Regen verfolgt ihn bis in seine Phantasien. Die zwischen ihm und Felice offenen Fragen werden schweigend gestellt, Kafka ringt mit sich um Antworten, wie damals, vor der Verlobung, als er alles aufgelistet hatte, »was für und gegen meine Heirat spricht«.[7] (➤ Einwände gegen Hunde) Er liest das Alte Testament, leidet unter Kopfschmerzen, führt sein Tagebuch.

»6 Juli Unglückliche Nacht. Unmöglichkeit mit F. zu leben. Unerträglichkeit des Zusammenlebens mit irgendjemandem. Nicht Bedauern dessen, Bedauern der Unmöglichkeit nicht allein zu sein. Weiter aber: Unsinnigkeit des Bedauerns, sich Fügen und endlich Verstehn. Von der Erde aufstehn. Halte Dich an das Buch. Aber wieder zurück: Schlaflosigkeit, Kopfschmerzen, von dem hohen Fenster hinunterspringen, aber auf den vom Regen durchweichten Boden, auf dem der Aufschlag nicht tödlich sein wird. Endloses Wälzen mit geschlossenen Augen, dargeboten irgendeinem offenen Blick. – Nur das alte Testament sieht – nichts darüber noch sagen. – Traum von Dr. Hanzal, saß hinter seinem Schreibtisch, irgendwie gleichzeitig angelehnt und vorgebeugt, wasserhelle Augen, führt langsam und genau in seiner Art einen klaren Gedankengang aus, höre selbst im Traume kaum etwas von seinen Worten, folge nur dem Methodischen von dem sie getragen werden.«[8]

Im Anschluß daran notiert Kafka, am selben Tag, den Bregenz-Text. Hält man die zitierten Stellen daneben, liegt es nahe, diesen Text als »bricolage« zu betrachten, als sinnspielerische Reorganisation der in den vorhergehenden Eintragungen bereitgelegten Elemente. Der »schwer krank« im Bett Liegende, das ist Kafka, für den auf eine »verzweifelte Nacht« eine »unglückliche« folgt. Zum »beim Tischchen« sitzenden Arzt wird der »hinter seinem Schreibtisch« sitzende, methodisch argumentierende Dr. Hanzal (ein Kollege Kafkas bei der Arbeiter-Unfall-Versicherungs-Anstalt[9]); das große medizinische Werk, das auch »aus der Entfernung« Rat gibt, ist die kontextbezogene Metamorphose des Alten Testaments, eines Buches, das »sieht«. Und der Regen, der in gewisser Weise Hilfe bringt, weil er den Boden so durchweicht hat, daß der Sprung vom hohen Fenster »nicht tödlich sein wird«, verwandelt sich in einen Ort: Hilfe kommt vom Regen, aus B-regen-z. Vielleicht fällt Kafka der Name beim Vergleich des Marienbad-Aufenthalts mit anderen, früheren Urlauben ein, vielleicht läßt er um die Zeichenkette »Regen« auch nur Buchstaben tanzen, bis eine Kombination entsteht, die den Signifikanten so ändert, daß sich ein neues Signifikat ergibt – ein Wort, das einen Ort bezeichnet, der weit ist von Marienbad, wo der Mann, der all dies schreibt, seine Lösung sucht und nichts findet außer Zeichen, mit denen er spielt.

Wem diese Interpretation weit hergeholt erscheint, der sei darauf verwiesen, daß Kafka eine analoge Erfahrung macht, wenn sich ihm das Schreiben versagt. In Schreibkrisen treibt sein Erleben von der Ebene des Sinns und der Handlung an die Oberfläche der Zeichen. »Ich lebe nur hie und da in einem kleinen Wort, in dessen Umlaut […] ich z. B. auf einen Augenblick meinen unnützen Kopf verliere. Erster und letzter Buchstabe sind Anfang und Ende meines fischartigen Gefühls«, notiert er in einer solchen Situation.[10] Und in einer anderen: »Kein Wort fast das ich schreibe paßt zum andern, ich höre wie sich die Konsonanten blechern an einander reiben und die Vokale singen dazu wie Ausstellungsneger.«[11]

Denkbar sogar, daß Kafka dieser Satz durch den Kopf geht, als er am 6. Juli 1916 die Eintragungen in seinem Tagebuch fortsetzt, nachdem er den Bregenz-Text abgebrochen hat. Denkbar auch, daß er einfach weiter mit dem Wort »Regen« spielt, es von hinten liest, »Neger«, und der folgende Text als Entwicklung der auf der Hand liegenden Kombination beider Worte zu verstehen ist: »Es fuhren die Neger aus dem Gebüsch. Um den mit silberner Kette umzogenen Holzpflock warfen sie sich im Tanz. Der Priester saß abseits ein Stäbchen über dem Gong erhoben. Der Himmel war umwölkt aber regenlos und still.«[12] Ein Regentanz, offensichtlich.

Schritte zwischen Zeichen, im Zeichenhaften. Unter dem Datum des 15. Juli findet sich dieser Text: »Er suchte Hilfe in den Wäldern, er sprang fast durch die Vorberge, er eilte zu den Quellen der ihm begegnenden Bäche, er schlug die Luft mit den Händen, er schnaufte durch Nase und Mund.«[13] Wer die Marienbader Eintragungen im Zusammenhang liest, wird die graphemische Verwandtschaft zwischen »Vorberge« und »Voralberg« nicht übersehen. Sie entspricht weitgehend der zwischen »Bregenz« und »Regen«; hier markieren zwei Buchstaben die Differenz, dort drei. Drei Buchstaben sind es auch, die »Vorberge« von »Berge« trennen, dem Genitivattribut des ersten Satzes der folgenden Eintragung: »Tönend erklang in der Ferne der Berge / langsame Rede. Wir horchten.«[14]

Als Kafka diese Verse ins Tagebuch schreibt, am 19. Juli 1916, ist Felice seit einer Woche fort. Und er ist zum zweiten Mal mit ihr verlobt. Hilfe war gekommen, nicht aus Bregenz.[15] In Marienbad aber regnete es jetzt »selbst für diese Regenzeit außerordentlich stark«.[16]

1 Tb, 793. / 2 Vgl. Hartmut Binder, *Mit Kafka in den Süden. Eine historische Bilderreise in die Schweiz und zu den oberitalienischen Seen.* Prag 2007, 137. / 3 An Max Brod, 5.7.1916 (BKB, 145). / 4 Ebd.; vgl. Tb, 790. / 5 Zur Zimmerfrage in Marienbad vgl. Kafkas Briefe an Max Brod vom 5.7.1916 und 12. Bis 14.7.1916 (BKB, 145 u. 148) sowie seinen Brief an Felice Bauer vom 14.7.1916 (BaF, 664). / 6 An Max Brod, 5.7.1916 (BKB, 145). / 7 Tb, 568. / 8 Tb, 791 f. / 9 Tb Komm, 103 f. 10 Tb, 38. / 11 Tb, 130. / 12 Tb, 794. / 13 Tb, 796. / 14 Tb, 797. / 15 Womöglich mag Kafkas Traum-Sentenz »Hilfe kommt aus Bregenz« sogar das Zeug zum geflügelten Wort haben. Zu kleiner Prominenz ist sie jedenfalls durch die gleichnamige Folge einer Fernsehserie Martin Walsers gelangt, abgesunken indessen zur Beliebigkeit, weil wörtlich genommen (Martin Walser, *Tassilo: Hilfe kommt aus Bregenz.* Frankfurt a. M. 1991, vgl. 29, 30 u. 87). Jahrzehnte früher hatte Walser noch mit einer bis heute lesenswerten Arbeit über Kafka promoviert (Martin Walser, *Beschreibung einer Form. Versuch über Franz Kafka.* Frankfurt a. M. 1992; überarbeitete und ergänzte Fassung seiner 1951 entstandenen Dissertation). / 16 An Max Brod, 18.7.1916 (BKB, 152).

ITALIENER WERDEN

Wir sind angekommen. Vor dem Aerodrom liegt noch ein großer Platz mit verdächtigen Holzhäuschen, für die wir andere Aufschriften erwartet hätten, als: Garage, Grand Büfett International und so weiter. Ungeheure in ihren Wägelchen fettgewordene Bettler strecken uns ihre Arme in den Weg, man ist in der Eile versucht, über sie zu springen. Wir überholen viele Leute und werden von vielen überholt. Wir schauen in die Luft, um die es sich hier ja handelt. Gott sei Dank, noch fliegt keiner! Wir weichen nicht aus und werden doch nicht überfahren. Zwischen und hinter den Tausend Fuhrwerken und ihnen entgegen hüpft italienische Kavallerie. Ordnung und Unglücksfälle scheinen gleich unmöglich.

Einmal in Brescia spät am Abend wollten wir rasch in eine bestimmte Gasse kommen, die unserer Meinung nach ziemlich weit entfernt war. Ein Kutscher verlangt 3 Lire, wie bieten zwei. Der Kutscher verzichtet auf die Fahrt und nur aus Freundschaft beschreibt er uns die geradezu entsetzliche Entfernung dieser Gasse. Wir fangen an, uns unseres Anbotes zu schämen. Gut, 3 Lire. Wir steigen ein, drei Drehungen des Wagens durch kurze Gassen, wir sind dort, wohin wir wollten. Otto, energischer als wir zwei andern, erklärt, es falle ihm natürlich nicht im geringsten ein, für die Fahrt, die eine Minute gedauert hat, 3 Lire zu geben. Ein Lire sei mehr als genug. Da sei ein Lire. Es ist schon Nacht, das Gäßchen ist leer, der Kutscher ist stark. Er kommt gleich in einen Eifer, als dauere der Streit schon eine Stunde: Was? – Das sei Betrug. – Was man sich denn denke. – 3 Lire seien vereinbart, 3 Lire müssen gezahlt werden, 3 Lire her oder wir würden staunen. Otto: »Den Tarif oder die Wache!« Tarif? Da sei kein Tarif. – Wo gäbe es dafür einen Tarif? – Es sei eine Vereinbarung über eine Nachtfahrt gewesen, wenn wir ihm aber 2 Lire geben, so lasse er uns laufen. Otto zum Angst bekommen: »Den Tarif oder die Wache!« Noch einiges Geschrei und Suchen, dann wird ein Tarif herausgezogen, auf dem nichts zu sehen ist, als Schmutz. Wir einigen uns daher auf 1 Lire 50 und der Kutscher fährt weiter in die enge Gasse, in der er nicht wenden kann, nicht nur wütend, sondern auch wehmütig, wie mir scheinen will. Denn unser Benehmen ist leider nicht das Richtige gewesen; so darf man in Italien nicht auftreten, anderswo mag das recht sein, hier nicht. Nun wer überlegt das in der Eile! Da ist nichts zu beklagen, man kann eben in einer kleinen Flugwoche nicht Italiener werden.[1]

»Ich lerne Italienisch, denn zuerst komme ich wohl nach Triest«, schreibt Kafka im November 1907 an seine Freundin Hedwig Weiler.[2] Wenige Wochen zuvor hatte er eine Stelle als »Aushilfskraft« in der Prager Niederlassung der »Assicurazioni Generali«, einer großen privaten Versicherungsgesellschaft, angetreten. Kafka war in der Abteilung für Lebensversicherungen tätig, aber für den Außendienst vorgesehen und hegte die Hoffnung, in nicht allzu ferner Zukunft »auf den Sesseln sehr entfernter Länder« zu sitzen und »aus den Bureaufenstern auf Zuckerrohrfelder oder mohammedanische Friedhöfe« zu schauen.[3] Prag sollte nur der Ausgangspunkt sein, Triest, der Hauptsitz des Unternehmens, nur eine Zwischenstation. Daraus wurde nichts, weil Kafka sich weder in die langen Arbeitszeiten noch in den bei der »Generali« herrschenden Umgangston einfinden konnte. Das dort übliche »Schimpfen«[4] erinnerte ihn zu sehr an die Verhältnisse im väterlichen Galanteriewarengeschäft, und so wie dessen Angestellte, die intern »bezahlte Feinde« hießen,[5] wollte er denn doch nicht behandelt werden. Er suchte eine neue Stelle, die er schließlich bei der staatlichen Arbeiter-Unfall-Versicherungs-Anstalt (AUVA) fand, wo er am 30. Juli 1908 als »Aushilfsbeamter« begann. Statt Triest und der weiten Welt folgten Dienstreisen nach Cernowitz und ins nordböhmische Industriegebiet.[6]

Ein gutes Jahr später war Kafka mit seinen Kräften erst einmal am Ende. Er beantragte bei der AUVA einen achttägigen Erholungsurlaub und fuhr am 4. September 1909 gemeinsam mit seinem Freund Max Brod nach Riva am Gardasee. Brods Bruder Otto, der Riva schon kannte und als Urlaubsort vorgeschlagen hatte, kam zwei Tage später. Riva war nicht Triest, aber doch ein guter Ersatz, und obwohl die kleine Stadt damals noch zu Österreich-Ungarn gehörte, sprach die große Mehrheit der Bevölkerung italienisch, so daß Kafka seine erworbenen Sprachkenntnisse nutzen konnte. Die drei Freunde legten den Urlaub als Badeurlaub an. Sie verbringen Stunden in der kleinen Badeanstalt unter der Ponalestraße, in den »Bagni della Madonnina«, lassen sich auf einem gemieteten Ruderboot über den See treiben und faulenzen vor sich hin.[7] Kafka rafft sich zu einer einzigen Ansichtskarte auf: »Liebe Ottla, arbeite bitte fleißig im Geschäft, damit ich ohne Sorgen es mir hier gut gehen lassen kann und grüße die lieben Eltern von mir Dein Franz.«[8] In den »Bagni della Madonnina« treffen sie zwar auf Carl Dallago,[9] einen verschrobenen Tiroler Dichter und Zivilisationskritiker, dessen Sendungsdrang keinen Urlaub anerkennt, aber die Diskussionen, in die er sie verwickelt, bleiben Nebengeräusche, ein Summen, das die Wellen und die anderen, italienischen Stimmen verschlucken.

Italienisch hören sie nicht nur, sie lesen es auch, kaufen italienische Zeitungen, unter anderem *La Sentinella Bresciana,* die am 9. September auf der Titelseite über »La Prima Giornata del Circuito Aereo« berichtet, den ersten Tag der Flugschau in Brescia, an dem über 50 000 Besucher gezählt worden waren.[10] Mit dröhnenden Motoren kannte man sich in Brescia aus, schließlich fanden dort seit 1899 die Automobilwochen statt, eine ambitionierte Technologieausstellung, deren Höhepunkt das Autorennen Brescia–Cremona–Mantua bildete. Die 1909 organisierte Flugschau war der Versuch, die Konkurrenten Mailand und Bologna zu überbieten, die die Idee der Technologieausstellung kopiert hatten und ebenfalls internationale Autorennen planten. Vom 8. bis zum 19. September sollten die Piloten auf der »Brughiera«, einer zwischen Brescia und Montichiari gelegenen Ebene, um insgesamt sechs Preise wetteifern, wobei es unter anderem um den schnellsten Flug über fünfzig Kilometer, die schnellste Beförderung von Passagieren über neun Kilometer und die größte Flughöhe ging. Zum illustren Teilnehmerfeld gehörten Louis Blériot, der zwei Monate zuvor als erster Mensch den

Ärmelkanal überflogen hatte, Glenn Curtiss, der den Geschwindig-
keitsweltrekord für Kraftfahrzeuge hielt, Mario Calderara und Henri
Rougier.

»Aeroplane hatten wir noch nie gesehen«, schreibt Max Brod, »mit
großer Begeisterung faßten wir den Entschluß, trotz knappen Kassa-
bestandes nach Brescia zu fahren. Kafka vor allem trieb zu diesem Ausflug.«[11] Kafka drückt die Sache anders aus: »Als meine zwei Freunde
und ich diese Nachrichten lesen, bekommen wir Mut und Angst
zugleich. Mut: denn wo ein so schreckliches Gedränge ist, pflegt alles
hübsch demokratisch zuzugehen, und wo gar kein Platz ist, muss man
ihn nicht suchen. Angst: Angst vor der italienischen Organisation der-
artiger Unternehmungen, Angst vor den Komitees, die sich um uns sorgen werden, Angst vor den Eisenbahnen, denen die Sentinella vier-
stündige Verspätungen nachzurühmen weiss.«[12] So oder so, am nächsten
Tag steigen Kafka und die Brüder Brod in den Zug nach Brescia. Dort
eingetroffen, lassen sie sich eine billige Unterkunft vermitteln, verbringen den Abend auf noch zu erörternde Weise und fahren am nächsten Morgen in der völlig überfüllten Lokalbahn Richtung Flugfeld,
wobei Kafka die »Hoffnung, mit diesem jämmerlichen Zug bis zum
circuito zu kommen«, bisweilen »ganz und gar« verläßt.[13]

Aber sie kommen an, erwerben eine Tageskarte für Stehplätze und
werden mit der Masse auf die Wiese am Rande des Flugfelds gedrängt.
»Wir kommen an den Hangars vorüber, die mit ihren zusammengezo-
genen Vorhängen dastehen, wie geschlossene Bühnen wandernder
Komödianten. Auf ihren Giebelfeldern stehen die Namen der Aviatiker,
deren Apparate sie verbergen, darüber die Trikolore ihrer Heimat.«[14]

Blériot und seine Kollegen waren für ihre Flüge auf günstige Bedingungen angewiesen, wobei in erster Linie die Windverhältnisse eine
Rolle spielten. Ob geflogen wurde und, gegebenenfalls, wer gerade flog
oder sich zu fliegen anschickte, wurde den Zuschauern durch Flaggen
und Wimpel signalisiert. Am 9. September fliegt zunächst niemand.
Blériot ist nicht zu sehen, Curtiss liest Zeitung, Calderaras Maschine
ist »zerbrochen« und Rougier, »ein kleiner Mensch mit auffallender

I° CIRCVITO AEREO INTERNAZIONALE DI BRESCIA - 1909

chronometrischer Meßpunkt

Beobachtungsstand

Nebentribüne

Standort Brods und Kafkas

Restaurant

Haupttribüne

Club Aviatore Roma

Curzon

Montclair

Curtiss

Rougier

Calderara

Cobianchi

Autogaragen

Buffet

Eingang

Ticketbüro für Tribünenbesucher

Eingang zum recinto

Blériot

Leblanc

Da Zara

recinto

Nase«, läuft vor seinem Hangar auf und ab. »Er ist in äußerster, etwas unklarer Tätigkeit, er wirft die Arme mit den stark bewegten Händen, betastet sich im Gehen überall, schickt seine Arbeiter hinter den Vorhang des Hangars, ruft sie zurück, geht selbst, alle vor sich drängend, hinein.«[15] Fliegen tut auch er nicht. Schließlich erscheint Blériot, will fliegen, nur springt seine Maschine nicht an. »Bald reißt dieser Mann an der Schraube, bald jener. Aber der Motor ist unbarmherzig, wie ein Schüler, dem man immer hilft, die ganze Klasse sagt ihm ein, nein, er kann es nicht, immer wieder bleibt er stecken, immer wieder bei der gleichen Stelle bleibt er stecken, versagt.«[16]

Kafka kommt dennoch auf seine Kosten, mehr vielleicht, als im anderen Fall, schließlich ist das Nichtgelingen sein Metier. Im übrigen steht auch er in einem Wettkampf, ebenso wie die Piloten auf dem Flugfeld, einem Schreibwettkampf, zu dem ihn Max Brod herausgefordert hatte: jeder sollte »all das, was er beobachten würde, sofort niederschreiben und in einem Artikel zusammenfassen«, dann werde man sehen, »wem die treffenderen Bemerkungen gelungen seien«.[17] Während seiner Zeit bei der »Assicurazioni Generali« und auch während des ersten Jahres bei der AUVA hatte Kafka so gut wie nichts geschrieben, und Brod hoffte, auf diese Weise Kafkas Schreiblust wieder zu wecken – was gelang. Kafkas Aufsatz »Die Aeroplane in Brescia«, aus dem die hier zitierten Textstellen stammen, war schon bei der Rückkehr nach Prag weitgehend fertig und erschien, allerdings um nahezu die Hälfte seines Umfangs gekürzt, am 29. September 1909 in der Morgenausgabe der Prager Tageszeitung *Bohemia*.[18]

Am 9. September stiegen schließlich doch noch Maschinen in die Luft. Der erste war Alfred Leblanc, am späten Nachmittag startet Blériot. »Hingegeben sehn alle zu ihm auf, in keinem Herzen ist für einen andern Platz. Er fliegt eine kleine Runde und zeigt sich dann fast senkrecht über uns. Und alles sieht mit gerecktem Hals, wie der Monoplan schwankt, von Blériot gepackt wird und sogar steigt. Was geschieht denn? Hier oben ist 20 M. über der Erde ein Mensch in einem Holzgestell verfangen und wehrt sich gegen eine freiwillig übernommene unsichtbare Gefahr. Wir aber stehn unten ganz zurückgedrängt und wesenlos und sehen diesem Menschen zu.«[19] Dann folgt der trockene Curtiss, der unspektakulär einen neuen Rekord über fünfzig Kilometer aufstellt und damit den »Großen Preis von Brescia« gewinnt. »Gerade als Curtiss nach seinem Siegesflug vorüberkommt, ohne herzuschauen ein bißchen lächelnd die Mütze abnimmt, fängt Blériot einen kleinen Kreisflug an, den ihm alle schon vorher zutrauen! Man weiß nicht, ob man Curtiss applaudiert oder Blériot oder schon Rougier, dessen großer schwerer Apparat sich jetzt in die Luft wirft. Rougier sitzt an seinen Hebeln wie ein Herr an einem Schreibtisch, zu dem man hinter seinem Rücken auf einer kleinen Leiter kommen kann. Er steigt in kleinen Runden, überfliegt Blériot, macht ihn zum Zuschauer und hört nicht auf zu steigen.«[20] Aber die Freunde brechen auf, um noch eine Kutsche zu bekommen, die sie zum Bahnhof bringt. »Man weiß ja, dieser Flug ist nur ein Experiment, da es schon gegen 7 Uhr geht, wird er nicht mehr offiziell registriert.«[21] Sie finden eine Kutsche, Brod sinniert über die Möglichkeit, etwas ähnliches wie hier in Brescia auch in Prag zu veranstalten, Rougier steigt in ihrem Rücken weiter. Und dann, an der nächsten Kurve, sehen sie ihn wieder, er »erscheint so hoch, daß man glaubt, seine Lage könne bald nur nach den Sternen bestimmt werden, die sich gleich auf dem Himmel zeigen werden, der sich schon dunkel verfärbt. Wir hören nicht auf, uns umzudrehen; gerade steigt noch Rougier, mit uns aber geht es endgültig tiefer in die Campagna.«[22]

Höher steigt der eine, tiefer geht es mit den anderen, man hat den Eindruck, hier verabschieden sich nicht bloß Besucher, hier trennen sich Lebensformen, verschiedene Weisen des Umgangs mit der Welt. Daß der pedantisch seine Hebel bedienende Rougier Kafka wie ein »Herr am Schreibtisch« vorkommt, könnte daher mehr sein als nur ein komischer Vergleich. Es könnte ein Hinweis darauf sein, wie Kafka das Fliegen wahrnimmt: als eine andere Art von Schreiben, jedenfalls als etwas, das sich vor ihnen in eigener Logik entfaltet, als Diskurs. Wenn diese Perspektive ihre Berechtigung hat, wäre das Fliegen der dritte Diskurs, mit dem Kafka und die Brüder Brod in diesen Urlaubstagen konfrontiert werden. Der erste ist der zivilisationskritische, mit dem sie Carl Dallago in den »Bagni di Madonnina« überzieht, der zweite der italienische, in dem sich, von außen gesehen, Anarchie mit Charme und tieferer Berechtigung paart, der dritte der aviatische, die einer gemeinsamen Grammatik und persönlichen Idiomatik folgenden Figuren, die Blériot, Curtiss und Rougier an den Himmel zeichnen. Dallago konnten die drei Freunde bei sich lassen, mochte er recht haben oder nicht, wer will im lang ersehnten Urlaub schon den Untergang der Zivilisation prophezeit bekommen. Die Flieger konnten sie bei sich lassen, Blériot und Curtiss, weil sie sicher gelandet waren, Rougier, weil er »nur ein Experiment« machte, selbstvergessen, gleichsam monologisch stieg und stieg. Mit dem italienischen Diskurs war es anders; er griff in ihren ein. In den »Aeroplanen« erzählt Kafka zwei, ihm offenbar paradigmatisch erscheinende Fälle dieser Diskurskonflikte.

Der erste trägt sich in dem Quartier zu, das ihnen bei der Ankunft in Brescia vermittelt wird. »Die Herberge [...] scheint uns auf den ersten Blick die schmutzigste zu sein, die wir je gesehen haben, aber es ist bald gar nicht mehr übertrieben arg. Ein Schmutz, der nun schon einmal da ist, von dem nicht mehr gesprochen wird, ein Schmutz, der sich nicht mehr verändert, der einheimisch geworden ist, der das menschliche Leben gewissermaßen solider und irdischer macht, ein Schmutz, aus dem unser Wirt hervoreilt, stolz für sich, demütig für uns, immerfort die Ellbogen rührend und mit den Händen (jeder Finger ist ein Kompliment) über sein Gesicht neue und neue Schatten werfend, mit lauter Beugungen des Körpers, die wir alle später auf dem Flugfeld z. B. an Gabriele d'Annunzio wiedererkennen; wer hätte, muss man fragen, gegen diesen Schmutz noch etwas auf dem Herzen.«[23] Die drei Prager werden dadurch, daß sie bereit sind, den Schmutz italienisch zu behandeln, keine Italiener. Aber sie lassen den italienischen Diskurs gelten.

Daß dieses Gelten-lassen Grenzen hat, zeigt der zweite Fall. Sie hätten, schreibt Kafka, »spät am Abend [...] rasch in eine bestimmte Gasse kommen« wollen. Der Gedanke an einen Bordellbesuch liegt nahe,[24] zumal der auf sittliche Politur des Kafka-Bildes bedachte Brod die Episode verschweigt, wie auch immer, es wird ein Unternehmen gewesen sein, das finanzielle Aufwendungen erforderte, und da die Reisekasse strapaziert war, galt es, im Vorfeld zu sparen. Was dazu führt, daß ihnen der buffoneske Kontrast zwischen der Schilderung der »entsetzliche[n] Entfernung dieser Gasse« und ihrer tatsächlich unmittelbaren Nähe nichts wert ist; der italienische Diskurs wird abgewiesen, sie verhalten sich deutsch, im besten Fall böhmisch, was anscheinend nur Kafka als Störung empfindet. Es geht ja nicht um Entfernungen, schon gar nicht um »Tarif«, was zeichenhaft dadurch bestätigt wird, daß auf dem schließlich hervorgekramten Papier »nichts zu sehen ist, als Schmutz«. An diesem Septemberabend in Brescia zerbricht vielmehr eine Form, wird ein Weg, der breit genug gewesen wäre, alle vier Beteiligten aufzunehmen, durch den Bruch impliziter Regeln so verengt, daß ein Ausweg nur noch scheinbar gefunden werden kann. Zumindest für Kafka schlägt die Komik der Situation einen Moment lang in Unbehagen um – »so darf man in Italien nicht auftreten« –, aber sie lassen schließlich auch den Kutscher, in der engen Gasse, in der er nicht wenden kann, so wie sie am nächsten Abend Rougier lassen werden, irgendwo am Himmel, ein verschwimmender Punkt, während sie in ihren Wagen steigen.

1 DzL, 401 f. (»Die Aeroplane in Brescia«). / **2** An Hedwig Weiler, November 1907 (Br, 50). / **3** An Hedwig Weiler, Anfang Oktober 1907 (Br, 49); vgl. Wagenbach FKJ, 141. / **4** NSuF II, 172. **5** NSuF II, 173. / **6** Vgl. KChr, 47. / **7** Brod FK, 106. / **8** An Ottla Kafka, 7.9.1909 (BaO, 11). **9** Brod FK, 107. / **10** Für diese und die folgenden Angaben zur Flugschau vgl. Peter Demetz, *Die Flugschau von Brescia*. Wien 2002, 15, 33 f., 51 f., 60 ff., 64 f. / **11** Brod FK, 107. / **12** DzL App, 516. **13** DzL App, 517. / **14** DzL ,403. / **15** Ebd. / **16** DzL, 406. / **17** Brod FK, 108 f. / **18** Der vollständige Text wurde zum ersten Mal 1954 in Brods Kafka-Biographie (Brod FK) veröffentlicht. **19** DzL, 408 f. / **20** DzL, 410 f. / **21** DzL, 411. / **22** DzL, 412. / **23** DzL App, 516 f. / **24** Vgl. Demetz, a.a.O., 19; ferner den Abschnitt »Nachtleben« in: Peter-André Alt, *Franz Kafka. Der ewige Sohn*. München 2008, 180 ff.

EINWÄNDE GEGEN HUNDE

[Blumfeld] hatte schon überlegt, ob er sich nicht einen kleinen Hund anschaffen solle. Ein solches Tier ist lustig und vor allem dankbar und treu; ein Kollege von Blumfeld hat einen solchen Hund, er schließt sich niemandem an, außer seinem Herrn, und hat er ihn paar Augenblicke nicht gesehn, empfängt er ihn gleich mit großem Bellen, womit er offenbar seine Freude darüber ausdrücken will, seinen Herrn, diesen außerordentlichen Wohltäter wieder gefunden zu haben. Allerdings hat ein Hund auch Nachteile. Selbst wenn er noch so reinlich gehalten wird, verunreinigt er das Zimmer. Das ist gar nicht zu vermeiden, man kann ihn nicht jedesmal, ehe man ihn ins Zimmer hineinnimmt, in heißem Wasser baden, auch würde das seine Gesundheit nicht vertragen. Unreinlichkeit in seinem Zimmer aber verträgt wieder Blumfeld nicht, die Reinheit seines Zimmers ist ihm etwas Unentbehrliches, mehrmals in der Woche hat er mit der in diesem Punkte leider nicht sehr peinlichen Bedienerin Streit. Da sie schwerhörig ist, zieht er sie gewöhnlich am Arm zu jenen Stellen des Zimmers, wo er an der Reinlichkeit etwas auszusetzen hat. Durch diese Strenge hat er es erreicht, daß die Ordnung im Zimmer annähernd seinen Wünschen entspricht. Mit der Einführung eines Hundes würde er aber geradezu den bisher so sorgfältig abgewehrten Schmutz freiwillig in sein Zimmer leiten. Flöhe, die ständigen Begleiter der Hunde, würden sich einstellen. Waren aber einmal Flöhe da, dann war auch der Augenblick nicht mehr fern, an dem Blumfeld sein behagliches Zimmer dem Hund überlassen und ein anderes Zimmer suchen würde. Unreinlichkeit war aber nur ein Nachteil der Hunde. Hunde werden auch krank und Hundekrankheiten versteht doch eigentlich niemand. Dann hockt dieses Tier in einem Winkel oder hinkt herum, winselt, hüstelt, würgt an irgendeinem Schmerz, man umwickelt es mit einer Decke, pfeift ihm etwas vor, schiebt ihm Milch hin, kurz pflegt es in der Hoffnung, daß es sich, wie dies ja auch möglich ist, um ein vorübergehendes Leiden handelt, indessen aber kann es eine ernsthafte widerliche und ansteckende Krankheit sein. Und selbst wenn der Hund gesund bleibt, so wird er doch später einmal alt, man hat sich nicht entschließen können das treue Tier rechtzeitig wegzugeben und es kommt dann die Zeit, wo einen das eigene Alter aus den tränenden Hundeaugen anschaut. Dann muß man sich aber mit dem halbblinden, lungenschwachen, vor Fett fast unbeweglichen Tier quälen und damit die Freuden, die der Hund früher gemacht hat, teuer bezahlen. So gern Blumfeld einen Hund jetzt hätte, so will er doch lieber noch dreißig Jahre allein die Treppe hinaufsteigen, statt später von einem solchen alten Hund belästigt zu werden, der noch lauter seufzend als er selbst sich neben ihm von Stufe zu Stufe hinaufschleppt.[1]

»Du hast mich mißverstanden, wenn Du glaubtest, mich halte vom Heiraten der Gedanke ab, daß ich in Dir weniger gewinne, als ich durch Beendigung des Alleinlebens aufgeben muß«, schreibt Kafka am 29. Dezember 1913 an Felice Bauer.[2] »Wir würden beide durch eine Heirat viel aufzugeben haben, wir wollen es nicht gegenseitig abwägen, wo ein Mehrgewicht entstehen würde. Es ist für uns beide recht viel«, hatte sie geschrieben.[3] Obwohl Kafka diese Sätze, die er in der Folge gleich zweimal zitiert, als »schrecklich, entsetzlich, fast unerträglich« bezeichnet und anprangert, daß Felice im Zusammenhang mit Ehe nicht nur »von Verlusten«, sondern auch noch von deren »Zweifellosigkeit« spreche,[4] mag man als Leser seiner Briefe und Tagebuchhefte an ein Mißverständnis kaum glauben. Schließlich findet sich in Kafkas Tagebuch, wenige Wochen, nachdem er Felice einen Heiratsantrag gemacht hatte, den sie angenommen zu haben schien,[5] eine »Zusammenstellung alles dessen, was für und gegen meine Heirat spricht«.[6]

Sieben Punkte listet Kafka auf, fünf davon sprechen entschieden gegen eine Heirat. Der »Anblick der Nachthemden auf den für die Nacht vorbereiteten Betten« seiner Eltern gibt ihm ebenso »zu denken« wie die Ehe seines Freundes Max Brod; die Bemerkung seiner Schwester, sie begreife nicht, daß alle Verheirateten ihrer Bekanntschaft glücklich seien, macht ihm »Angst«. Ehe bedeutet Zweisamkeit, er jedoch muß »viel allein sein. Was ich geleistet habe, ist nur ein Erfolg des Alleinseins.« Wer heiratet, kann gelegentlicher Unterhaltung so wenig entrinnen wie einer gewissen Geselligkeit und familiären Bezügen, er aber haßt alles »was sich nicht auf Litteratur bezieht: es langweilt mich Gespräche zu führen (selbst wenn sie sich auf Litteratur beziehn) es langweilt mich Besuche zu machen, Leiden und Freuden meiner Verwandten langweilen mich in die Seele hinein«. Wer heiratet, verbindet sich einem anderen Menschen – Kafka hat »Angst vor der Verbindung«. Er will nichts lieber, als seine ungeliebte Stellung bei der Arbeiter-Unfall-Versicherungs-Anstalt kündigen – als Junggeselle könnte er das »vielleicht einmal [...] wirklich« tun, als Ehemann »wird es nie möglich sein«.

Nur bei zweien der sieben Punkte hat man den Eindruck, sie könnten als Argumente für eine Heirat durchgehen. Erstens sei er »unfähig«, schreibt Kafka, den »Ansturm« seines Lebens, die »Anforderungen« seiner Person, »den Angriff der Zeit und des Alters, den vagen Andrang der Schreiblust, die Schlaflosigkeit, die Nähe des Irreseins [...] allein zu ertragen,« die »Verbindung mit F.« aber werde seiner Existenz »mehr Widerstandskraft geben«. Zweitens werde es ihm »durch Vermittlung« seiner Frau möglich sein, auch vor andern Menschen so dazustehen, wie er bislang nur vor seinen Schwestern dastehe, nämlich »[f]urchtlos, bloßgestellt, mächtig, überraschend, ergriffen wie sonst nur beim Schreiben«. Beide Punkte werden jedoch sogleich wieder eingeschränkt: er sei nur »vielleicht« unfähig, die aufgezählten Fährnisse allein zu ertragen, und die Vermittlung einer Frau hinsichtlich seines Sozialverhaltens sei nur dann ein Plus, wenn dadurch nichts »dem Schreiben entzogen« würde. »Nur das nicht, nur das nicht!«[7]

Eine ernüchternde Bilanz. »Wir würden beide durch eine Heirat viel aufzugeben haben«, hatte Felice geschrieben, und Kafka hätte womöglich gut daran getan, ihr mit Blick auf seine »Zusammenstellung« zuzustimmen, anstatt jede kalkulatorische Perspektive auf die Ehe mit der Bemerkung »wenn man rechnet, kann man nicht steigen«, zurückzuweisen.[8] Dennoch, wer will richten in Dingen von Herz und Gefühl, zumal als Leser von nicht zur Veröffentlichung bestimmten intimen Briefen und Tagebuchaufzeichnungen, der sich bei der Lektüre der Indiskretion und bei der Kommentierung des Gelesenen der Anmaßung bezichtigen muß. Von einem bestimmten Punkt an wollte Kafka diese Ehe, kein Zweifel, auch wenn er sie für »etwas Unmögliches« hielt[9] und sich die Makel der Umworbenen nicht verhehlte. (→ Zukunftsaussichten) Ende Februar 1914, drei Monate nach dem Brief, in dem er Felice vorgeworfen hatte, ihn mißverstanden zu haben, fuhr Kafka zu ihr nach Berlin, drängte in einer Konditorei, während eines Spazierganges, bei einem Besuch im Tiergarten auf ein klärendes Wort.[10] (→ Schmutzian) »Das Ergebnis alles dessen war«, berichtet er Grete Bloch, einer Freundin Felices, die er zu seiner Vertrauten gemacht hatte: »F. hat mich ganz gern, das reicht aber ihrer Meinung nach für eine Ehe, für diese Ehe nicht hin; sie hat eine unüberwindliche Angst vor einer gemeinsamen Zukunft; sie könnte meine Eigenheiten vielleicht nicht ertragen; sie könnte Berlin nicht entbehren; sie fürchtet sich, schöne Kleider entbehren zu müssen, III. Klasse zu fahren, schlechtere Theaterplätze zu haben (das ist nur lächerlich, wenn es aufgeschrieben wird) u. s. w.«[11] Sechs Wochen und ungezählte Briefe, Telegramme, Telefonate später fuhr er erneut nach Berlin; einen Tag nach seiner Ankunft, am Ostermontag 1914, verlobten sich Kafka und Felice Bauer. Drei Monate später, nach dem »Gerichtshof im Hotel«,[12] einer verstörenden Aussprache im »Askanischen Hof« in Berlin, bei der die von Grete Bloch informierte Felice Kafka Vertrauensbruch vorwarf, wurde die Verlobung wieder gelöst.

Drei Monate danach nehmen beide ihren Briefwechsel wieder auf. »Es hat sich, Felice«, schreibt Kafka Ende Oktober 1914, »zwischen uns, soweit es mich betrifft, im letzten Vierteljahr nicht das geringste geändert, nicht in gutem und nicht in schlechtem Sinn«.[13] Ende Januar 1915 treffen sich beide in Bodenbach, an der deutsch-österreichischen Grenze, kurz darauf beginnt Kafka seine Erzählung »Blumfeld, ein älterer Junggeselle«, aus der der eingangs zitierte Auszug stammt. Die

Pfingstfeiertage 1915 verbringt Kafka mit Felice und deren Freundinnen Grete Bloch und Erna Steinitz in der Böhmischen Schweiz; Ende Juni fährt er mit Felice für einige Tage nach Karlsbad. Ein Jahr später entschließen sich Kafka und Felice zu einem gemeinsamen Urlaub in Marienbad. Kafka liest ihr seinen »Blumfeld« vor; es ist der falsche Text, sie hört nicht zu.[14] (➤ Höllische Lesung) Vier Tage später, am 10. Juli 1916, verloben sie sich ein zweites Mal.

Knapp sechs Wochen nach der zweiten Verlobung stellt Kafka, wie unter dem Zwang zur Wiederholung, erneut zusammen, was für und gegen seine Heirat spräche, diesmal in Form einer Tabelle.[15] Die linke Spalte enthält Aspekte des Lebens als Junggeselle, das Kafka kennt, die rechte mutmaßliche Aspekte des Ehelebens mit Felice. »Trost« wird es bringen, eine Ehefrau zu haben. »Ein solches Tier ist lustig und vor allem dankbar und treu.« Allerdings hat eine Ehefrau auch Nachteile. Sie erschwert das Reinbleiben. Die Gefahr der Unreinheit aber erträgt Kafka nicht (➤ Gepfählter Ehemann), so wenig, wie Blumfeld die der Unreinlichkeit. Junggeselle: »ich bleibe rein«. Ehemann: »Rein?«

Kafka blieb Junggeselle. Auch die Anschaffung eines Hundes hat er nie erwogen.

1 NSuF I, 229-231. – Das eingangs wiedergegebene Photo stammt aus dem Jahre 1906 oder 1907, es zeigt Kafka mit seiner damaligen Geliebten, der Kellnerin Hansi Szokoll und deren Hund. 2 An Felice Bauer, 29.12.1913 (BaF, 483). / 3 Kafka zitiert diese Sätze in seinen Briefen an Felice vom 29.12.1913 (BaF, 483) und an Grete Bloch vom 7.2.1914 (BaF, 496). / 4 An Felice Bauer, 29.12.1913 (BaF, 483); an Grete Bloch, 7.2.1914 (BaF, 496); und an Felice Bauer, 1.1.1914 (BaF, 485). / 5 Vgl. an Felice Bauer, 16.6.1913 und 1.7.1913 (BaF, 400 u. 416). / 6 Tb, 568-570. / 7 Tb, 570. Kafka wiederholt diese Äußerung später im »Brief an den Vater« (NSuF II, 211 f.). / 8 An Felice Bauer, 29.12.1913 (BaF, 483). / 9 An Felice Bauer, 1.7.1913 (BaF, 416). / 10 Für diese Angaben und die hier und im Folgenden genannten Daten vgl. KChr, 114 ff. / 11 An Grete Bloch, 2.3.1914 (BaF, 508). / 12 Tb, 658. / 13 An Felice Bauer, Ende Oktober 1914 (BaF, 615). / 14 Vgl. Tb, 793 f. 15 NSuF II, 24.

CASANOVA

Kennst Du Casanovas Flucht aus den Bleikammern? Ja, Du kennst es. Dort ist flüchtig die schrecklichste Art der Kerkerung beschrieben unten im Keller, im Dunkel, im Feuchten, in der Höhe der Lagunen, man hockt auf einem schmalen Brett, das Wasser reicht fast heran, steigt mit der Flut auch wirklich hinauf, das schlimmste aber sind die wilden Wasserratten, ihr Geschrei in der Nacht, ihr Zerren, Reißen und Nagen (man kämpft mit ihnen um das Brot glaube ich) und vor allem ihr ungeduldiges Warten bis man entkräftet von dem Brettchen hinunterfällt. Weißt Du, so sind die Geschichten in dem Brief. Schrecklich und unverständlich und vor allem so nah und fern wie die eigene Vergangenheit. Und man hockt oben und davon wird der Rücken auch nicht am allerschönsten und auch die Füße verkrampfen sich und man hat Angst und hat doch nichts anderes zu tun als die großen dunklen Ratten anzusehn und sie blenden einen mitten in der Nacht und schließlich weiß man nicht ob man noch oben sitzt oder schon unten ist und pfeift und das Mäulchen aufreißt mit den Zähnen drin. Geh, erzähle nicht solche Geschichten, komm her, was soll das, komm her.[1]

Daß Milena Jesenská das Talent besaß, ihn mit Briefen auf reizvolle Weise zu zerrütten, hatte Kafka schon wenige Wochen nach dem Beginn ihrer Beziehung erfahren. Ihr Sonntagsbrief sei erträglich gewesen, schreibt er am 3. Juni 1920, aber der Montagsbrief enthalte Dinge, die er »genauer zu lesen nicht ertrage«. Im Postskriptum korrigiert er sich: auch der Sonntagsbrief sei »schrecklicher« als zunächst gedacht.[2] Von den folgenden zwei Briefen Milenas findet er wieder einen »zum Entsetzen«, dann hat ein Dienstagbrief »seinen Stachel«, kurz darauf klagt er allgemein über »diese Briefe, die mit Ausrufungen anfangen […] und die ich weiß nicht mit welchem Schrecken enden«.[3]

Milena aber konnte nicht anders schreiben, oder sie wollte es nicht. Was genau in dem Brief stand, auf den Kafka am 28.Juli 1920 antwortet, läßt sich nicht mehr rekonstruieren. »Geschichten« waren es jedenfalls, Verwicklungen der Gefühle, die keinen Ausweg zu lassen schienen als Verstörung oder impulsiven Kurzschluß (→ Unmögliche Kündigung),[4] und auf Kafka so bedrängend und unheilvoll wirkten wie die Ratten jener Kerker, von denen Giacomo Casanova in der *Geschichte meiner Flucht aus dem Gefängnis der Republik Venedig, den sogenannten Bleikammern* erzählt.

Die Stelle, auf die Kafka sich bezieht, steht am Anfang des zweiten Teils des Buches. Im ersten Teil erzählt Casanova, wie er, von Verleumdern angezeigt, im Sommer 1755 ohne Angabe eines Grundes inhaftiert und in eine der Zellen unter dem Dach des venezianischen Dogenpalastes gesteckt wurde. Zunächst glaubt er an ein Mißverständnis, ist sicher, entweder auf den Wegen der Gerechtigkeit oder durch die Hilfe seiner Gönner bald wieder freizukommen. Als diese Erwartungen unerfüllt bleiben, faßt er schließlich den Plan zu fliehen. Es gelingt ihm, ein Werkzeug herzustellen, mit dem er den Fußboden seiner Zelle durchbrechen kann, und nach einigen Wochen ist unter seinem Bett ein hinreichend großes Loch ausgehöhlt. Am Morgen des Tages, den er zu seiner Flucht bestimmt hat, wird er jedoch in eine andere Zelle verlegt, ohne daß noch die Möglichkeit bestanden hätte, das Loch wieder zu füllen.

Zu Beginn des zweiten Teils beschwört Casanova die »stoische Haltung des Zenon und die Unerschütterlichkeit der Schüler des Pyrrhon«. Beides konnte er brauchen, denn nun saß er wie erstarrt in der neuen Zelle, mußte ohnmächtig warten und malte sich aus, was mit ihm geschehen werde: »ich konnte mir nichts zurechtlegen und musste alles befürchten. So bemühte ich mich um genügend Fassung, um ohne Feigheit alles zu ertragen, was mir an Schrecklichem widerfahren möchte. Außer über die Bleikammern und *Die Vier* verfügen die Staatsinquisitoren über neunzehn furchtbare unterirdische Zellen im Dogenpalast, zu denen sie diejenigen verurteilen, die todeswürdige Verbrechen begangen haben. [...] Die neunzehn unterirdischen Verliese sind wahre Gräber; man nennt sie *Brunnen,* und es gibt wohl gute Gründe für diesen Namen, denn dort steht zwei Fuß hoch das Wasser vom Meer, das durch die gleiche vergitterte Öffnung hereinläuft, durch die der Raum etwas Licht erhält; diese Öffnungen sind nur einen Quadratfuß groß. Der Gefangene muss, wenn er nicht den ganzen Tag bis zu den Knien in einem Salzwasserbad verbringen mag, auf Brettern sitzen, die über Böcke gelegt sind; da hat er auch seinen Strohsack, dorthin stellt man ihm bei Tagesanbruch Wasser, Suppe und seine Tagesmenge Zwieback, die er essen muss, sobald man sie gebracht hat, denn Wasserratten, die größer sind als die Ratten, die mir oben im *Gebälk* begegneten, würden sie ihm aus der Hand reißen.«[5]

Vergleicht man Kafkas Nacherzählung mit diesen Sätzen, ist vor allem die Dramatisierung der Ratten auffällig. Während ihre Rolle sich bei Casanova darauf beschränkt, den Gefangenen durch rücksichtslose Gier zum sofortigen Verzehr seiner Tagesration Zwieback zu nötigen, werden sie bei Kafka zu Herren und Henkern der unterirdischen Verliese. Ihr »Zerren, Reißen und Nagen« bestimmt das Geschehen, ihr »Geschrei« durchherrscht die Nacht, und ungeduldig warten sie darauf, daß der Gefangene, was nicht ausbleiben kann, »entkräftet von dem Brettchen hinunterfällt«, um endlich ihn statt des Brotes zu zerbeißen.

Kafkas Forcierung der Bedrohung ist erklärlich, denn seit dem Herbst 1917, als er sich auf dem Landgut seiner Schwester im böhmischen Dorf Zürau Nacht für Nacht von Mäusen umrundet sah, hat er Nagerangst. Das »Grauen der Welt« seien diese Stunden gewesen, schrieb er damals seinem Freund Felix Weltsch. »Was für ein schreckliches stummes lärmendes Volk das ist. [...] Auf die Kohlenkiste hinauf, von der Kohlenkiste hinunter, die Diagonale des Zimmers abgelaufen, Kreise gezogen, am Holz genagt, im Ruhen leise gepfiffen und dabei immer das Gefühl der Stille, der heimlichen Arbeit eines gedrückten proletarischen Volkes, dem die Nacht gehört.«[6] Und Max Brod erklärte er, die »platte Angst«, die er vor Mäusen habe, hänge »mit dem unerwarteten, ungebetenen, unvermeidbaren, gewissermaßen stummen, verbissenen, geheimabsichtlichen Erscheinen« dieser Tiere zusammen.[7] Da, wie er Brod gegenüber betont, »die Kleinheit […] einen wichtigen Angstbestandteil« ausmacht, darf man annehmen, daß ihn Ratten nicht ganz so schreckten wie Mäuse. Auch ihnen wird er sich aber ausgeliefert gefühlt haben, allein, ohne Möglichkeit des Rückzugs, während sie unabsehbar viele sind, das Dunkel nutzen, um ihren Kreis zu schließen, näher rücken und näher, bis er sie überall zu fühlen glaubt und sich unter ihnen, beinah selbst schon Ratte, ununterscheidbar. So ging es Kafka auch mit Milenas »Geschichten«, in denen zum Überfluß ›Tierchen‹ erwähnt waren.[8] Und diese parallele Bedrängnis mag die assoziative Brücke gebildet haben zu den diabolischen Kerkern der Venezianer, wie Casanova sie schildert.

Er habe seinen Freund Kafka »nie dazu bringen können, von Casanova […] mehr zu lesen als die Beschreibung der Flucht aus den Blei-kammern«, berichtet Max Brod,[9] und man hört, obwohl Brod Kafkas Weigerung zu einer Geste sittlichen Rein-bleiben-wollens überhöht, ein gewisses Unverständnis heraus. Dabei ist nichts verständlicher. Kafka war ein Casanova auf Distanz, ein Verführer mit Briefpapier und Feder in der Hand. »Mädchen mit der Schrift binden«,[10] das wollte, das beherrschte er. (➜ Im Zoo gesessen) Nahtechniken der Verführung be-schrieben zu finden, konnte für ihn keinen praktischen Nutzen haben. Und um sich der Sitten- und Kulturgeschichte Venedigs wegen durch Casanovas *Memoiren* zu lesen, fehlte ihm gewiß die Geduld. Nur Casa-novas *Geschichte meiner Flucht* interessierte ihn, wobei es nicht die im übri-gen wenig glaubwürdige Schilderung der Flucht selbst gewesen sein dürfte, die ihn faszinierte. Kafkas Interesse wird der grundlosen Inhaf-tierung, der Vorenthaltung aller Rechtsmittel, dem hilflosen Eingeker-kertsein gegolten haben. Das waren Widerfahrnisse, die er begriff, sie erzeugten Gefühle, die er, neben der Rattenangst, mit Casanova teilen konnte. Von Flucht verstand er nichts.

Da Brod seine Bemühungen, Kafka zu breiterer Beschäftigung mit Casanova anzuregen, im Zusammenhang mit der gemeinsamen Italien-reise im Herbst 1909 erwähnt, läßt sich vermuten, Kafka habe die

Geschichte meiner Flucht zu dieser Zeit oder sogar vorher gelesen. Wenn das zutrifft, läge die Lektüre mehr als ein Jahrzehnt zurück, als er Milena seinen Casanova-Brief schreibt. Für diesen zeitlichen Abstand ist Kafkas Erinnerung erstaunlich präzise. Er hat nicht nur die Einzelheiten der Schilderung der »Brunnen« genannten Kerker im Kopf, sondern weiß auch, daß diese »schrecklichste Art der Kerkerung« von Casanova nur »flüchtig« beschrieben wird. Solche Präzision der Erinnerung ist möglich, im Falle Kafkas, der oft genug über sein schlechtes Gedächtnis klagt, jedoch unwahrscheinlich. Plausibler ist die Annahme, Kafka sei zwischen der ersten Lektüre im Jahr 1909 und dem Brief an Milena im Sommer 1920 zumindest in Gedanken auf Casanovas Buch zurückgekommen.

Und diese Annahme läßt sich in der Tat belegen: der Name Casanova fällt in einem Brief Kafkas vom 21. Januar 1913, dessen Adressatin Felice Bauer ist, seine mehrmalige Verlobte. Sie hatte sich ein gerade erschienenes Buch von Martin Buber gekauft und Kafka geschrieben, Bubers »Art« erinnere sie an Casanova. Er kenne, antwortet Kafka, Bubers Buch zwar »nur aus einer ausführlichen Besprechung«, könne sich aber »gar nicht denken«, daß es »irgendwie an Casanova erinnern sollte«.[11] Das Thema kam nicht weiter zur Sprache, dennoch blieb Kafka von da an auf der Casanova-Spur. Im Mai 1914 verlobte er sich zum ersten Mal mit Felice, kam zeitgleich deren Freundin Grete Bloch in Briefen näher (➤ Schmutzian), löste die Verlobung im Juli nach einer von ihm als »Gerichtshof« empfundenen Aussprache[12] und begann im August mit der Niederschrift seines Romans *Der Proceß,* dessen erster Satz zu den berühmtesten Romananfängen überhaupt gehört: »Jemand mußte Josef K. verleumdet haben, denn ohne daß er etwas Böses getan hätte, wurde er eines Morgens verhaftet.«

Die Bezüge dieses Romans zu Giacomo Casanovas Buch sind verblüffend. Casanova geschah nämlich, wie er in der *Geschichte meiner Flucht* berichtet, dasselbe wie Josef K. Auch er findet sich beim Aufwachen Beamten gegenüber, die ihm, ohne einen Grund zu nennen, erklären, er sei verhaftet. Auch er glaubt an Verleumdung, auch er fühlt sich

schuldlos, auch er muß feststellen, daß das Gericht, dem er sich ausgeliefert sieht, »anders ist als alle Gerichte dieser Welt«.[13] Josef K.
bekommt zu hören, es könne bei Verhaftungen »keinen Irrtum« geben,
da das Gericht die Schuld nicht suche, sondern umgekehrt »von der
Schuld angezogen« werde;[14] Casanova mutmaßt, jeder, gegen den das
Gericht vorgehe, sei allein deshalb ein Schuldiger.[15] K. erfährt, Verfahren wie das seine seien »nicht nur vor der Öffentlichkeit geheim, sondern auch vor dem Angeklagten«, und sogar »die abschließenden Entscheidungen des Gerichtes würden nicht veröffentlicht«;[16] Casanova hält
in seinem Fall ähnliches für möglich, denn sei der Angeklagte einmal
verurteilt, »wo läge die Notwendigkeit, ihm die schlechte Nachricht seines Spruchs zu eröffnen?«[17]

Der Fußboden von Casanovas Zelle unter dem mit Blei gedeckten
Dach des Dogenpalastes liegt »genau über der Decke des Saales der
Staatsinquisitoren, in dem sie sich fast jeden Abend trafen«,[18] und da er
plant, durch diesen Saal zu fliehen, gräbt er ein Loch in den Boden seiner Zelle. In Kafkas Roman klafft das Loch im Fußboden der Kammer,
die den vom Gericht nur geduldeten Advokaten zugeteilt ist (➤ Advokatenwerfen); wer dort einsinkt, hängt in den »Gang, wo die Parteien
warten«.[19] Statt durch das Loch im Fußboden seiner alten Zelle ent-
kommt Casanova schließlich, fast vierzehn Monate nach der Inhaftie-
rung, durch ein Loch in der Decke seiner neuen, ebenfalls unter dem
Dach des Palastes gelegenen Zelle. Ohne daß je ein ordentliches
Verfahren gegen ihn eröffnet worden wäre, entscheidet er seinen Prozeß gewissermaßen auf dem Dachboden – und eben »auf dem Dachboden«, nicht etwa »im Justizpalast«, tagt das aller Legislative spottende
Gericht, vor das Josef K. zitiert wird.[20] Anders als Casanova bleibt Josef
K. nach seiner Verhaftung allerdings auf freiem Fuß, ihm droht keine
Bleikammer, und der Gedanke an Flucht spielt nur nebenher. Der
Gegensatz ist jedoch nur scheinbar, denn K. wird durch die Verhaftung
das Leben selbst zum Kerker. »Der Gedanke an den Proceß verließ ihn
nicht mehr«, und er muß feststellen, daß »alles zum Gericht« gehört.[21]
(➤ Heidelandschaften)

Ob ein Einfluß von Casanovas *Geschichte meiner Flucht* auf Kafkas *Proceß*-Roman behauptet werden kann, sei dahingestellt. Daß Kafka den *Proceß* geschrieben hat, ohne an Casanovas Buch zu denken, ist indessen nicht anzunehmen. Dafür sind die Parallelen zu schlagend. Im übrigen war er nicht nur anderthalb Jahre, bevor er mit dem Roman begann, von Felice Bauer wieder an Casanova erinnert worden, Kafka hatte im Herbst 1913 auch vier Tage in Venedig verbracht.[22] Über den Verlauf dieser Tage ist wenig bekannt; ob er den Dogenpalast besucht und sich die Bleikammern vor Augen geführt hat, wissen wir nicht. Als Kafka das Manuskript des Romans im Januar 1915 beiseite legte, hatte er sich das Thema des Angeklagtseins jedenfalls vom Leib geschrieben; seine späteren Beziehungen enden nicht mehr mit dem aussichtslosen, ohnedies wohl illusorischen Bemühen um »wirkliche Freisprechung«.[23] Nur der Kerker bleibt immer in Reichweite, »so nah und fern wie die eigene Vergangenheit«.

Milena Jesenská wird Casanovas Buch kaum gekannt haben. Sie war eine junge, selbstbewußte und emanzipierte Frau, und schon das schließt aus, daß Casanova zu ihren bevorzugten Autoren zählte. Und wenn sie, wider Erwarten, etwas von ihm gelesen haben sollte, dann gewiß nicht die *Geschichte meiner Flucht*. Kafka wird sich im Klaren darüber sein; die Frage, die er ihr stellt, ist ebenso wie die Antwort, die er selbst gibt, rhetorisch. Er will lediglich dramatisch veranschaulichen, was sie mit ihren »Geschichten« angerichtet hat: sie hat ihn so in die Enge getrieben wie die Wasserratten die Unglücklichen in den Verliesen unter dem Dogenpalast. Und die rhetorische Finte dient zugleich der Selbstverteidigung. Wenn Milenas Geschichten wie Ratten sind, bietet Kafka eben, mit Casanovas Hilfe, eine Rattengeschichte gegen sie auf. Ratten gegen Ratten, ein Gleichgewicht, das ihm, dieses eine Mal, die Möglichkeit verschafft, sich zu behaupten: »Geh, erzähle nicht solche Geschichten, komm her, was soll das, komm her.«

1 An Milena Jesenská, 28.7.1920 (BaM, 151 f.). / 2 An Milena Jesenská, 3.6.1920 (BaM, 43). / 3 An Milena Jesenská, 10.6.1920 (BaM, 49); 11.6.1920 (BaM, 54); 13.6.1920 (BaM, 60). / 4 Vgl. zu Milenas Direktheit und Impulsivität auch Reiner Stach, *Kafka. Die Jahre der Erkenntnis*. Frankfurt a. M. 2008, 364 ff. / 5 Giacomo Casanova, *Meine Flucht aus den Bleikammern von Venedig*. München 2007, 73. / 6 An Felix Weltsch, Mitte November 1907 (Br, 198). / 7 An Max Brod, 4.12.1917 (BKF, 202). 8 BaM, 152. – Wie eine Tagebuchnotiz vom 16. März 1922 belegt, werden »Ratten« bei Kafka später zur Metapher für einen bestimmten Typ innerer Bedrohung: »Die Angriffe, die Angst. Ratten, die an mir reißen und die ich durch meinen Blick vermehre.« (Tb, 912) Vgl. auch die Rattenszene in der Fragment gebliebenen Erzählung »Erinnerungen an die Kaldabahn« (Tb, 689 ff.). 9 Brod FK, 108. / 10 An Max Brod, 13.7.1912 (BKF, 105). / 11 An Felice Bauer, 20/21.1.1913 (BaF, 260). Es wird sich um Bubers *Daniel. Gespräche von der Verwirklichung* (Leipzig 1913) gehandelt haben. / 12 Tb, 658. / 13 Casanova, a.a.O., 32. / 14 *Der Proceß*, 14. / 15 Casanova, a.a.O., 32. 16 *Der Proceß*, 154 u. 208. / 17 Casanova, a.a.O., 32. / 18 Casanova, a.a.O., 35. / 19 *Der Proceß*, 153. / 20 *Der Proceß*, 136. / 21 *Der Proceß*, 149 u. 202. / 22 Vgl. KChr, 108. / 23 *Der Proceß*, 205.

FRAGEBOGEN

Dann lacht ein Schüler einen Lehrer aus, der nur vom Tode spricht: »Immerfort sprichst Du vom Tod und stirbst doch nicht.« »Und doch werde ich sterben. Ich sage eben meinen Schlußgesang. Des einen Gesang ist länger, des andern Gesang ist kürzer. Der Unterschied kann aber immer nur einige Worte ausmachen.«

Das ist richtig und es ist unrecht über den Helden zu lächeln, der mit der Todeswunde auf der Bühne liegt und eine Arie singt. Wir liegen und singen jahrelang.[1]

Besorgt um das körperliche Befinden seines an Tuberkulose erkrankten Freundes, schickte Max Brod Kafka im Juni 1921 einen »amtlichen Fragebogen« ins Sanatorium nach Matliary: »Gewichtszunahme? Totalgewicht? objektiver Lungenbefund? Temperaturen? Atmung?«[2] (➤ Keine Unterschrift)

Für Kafka war die Tuberkulose indessen nur ein Symptom, die Ausdrucksform eines grundsätzlicheren Leidens, das sich schulmedizinischem Zugriff entzog. Diese »eine Krankheit«, erklärte er Brod, werde »von der Medicin blindlings gejagt wie ein Tier durch endlose Wälder«.[3] Nur glaubte Brod an diese Krankheit nicht. Hätte er es getan, hätte er ganz andere Fragen gestellt. Und wenn es denn ein Fragebogen sein mußte, warum nicht der, den Marcel Proust (der noch lebte, als Kafka in Matliary war) gleich zweimal in seinem Leben ausfüllte? Es ist sogar denkbar, daß Brod dieses Gesellschaftsspiel der Jahrhundertwende kannte, das im späten 20. Jahrhundert vom *FAZ-Magazin* wiederbelebt wurde. Zumindest einige dieser Fragen wären eher in Kafkas Sinn gewesen. Für ein Gedankenspiel mag es daher erlaubt sein, die wirklichen Umstände einzuklammern und beispielsweise anzunehmen, ein Mitpatient in Matliary hätte Kafka an einem geselligen Abend den Proustschen Fragebogen[4] vorgelegt, und er hätte Brod diesen Bogen statt des »amtlichen« zurückgesandt. Kafkas Antworten muß man nicht einmal erfinden; es reicht, sie zu suchen.

Was ist für Sie das größte Unglück? Ich.[5]

Wo möchten Sie leben? »Ich weiß es nicht, nur weg von hier, nur weg von hier. Weg-von-hier, das ist mein Ziel.«[6]

Ihre Lieblingsgestalt in der Geschichte? Alexander der Große, seiner Erdenschwere wegen.[7]

Ihre Lieblingsheldinnen in der Wirklichkeit? Felice Bauer. (➤ Im Zoo gesessen)

Ihr Lieblingsmaler? Hans Thoma. (➤ Heidelandschaften)

Ihr Lieblingskomponist? Ich kann die »Lustige Witwe« nicht von ›Tristan‹ unterscheiden.[8]

Ihre Lieblingsbeschäftigung? Fletschern. (➤ Prof. Grünwald)

Wer oder was hätten Sie sein mögen? »Ich hätte der kleine Ruinenbewohner sein sollen, horchend ins Geschrei der Dohlen, von ihren Schatten überflogen, auskühlend unter dem Mond, abgebrannt von der Sonne, die zwischen den Trümmern hindurch auf mein Epheulager von allen Seiten mir geschienen hätte, wenn ich auch am Anfang ein wenig schwach gewesen wäre unter dem Druck meiner guten Eigenschaften die mit der Macht des Unkrauts in mir hätten wachsen müssen.«[9]

Ihr größter Fehler? Meine über mein ganzes Wesen ausgebreitete Unpünktlichkeit.[10]

Was möchten Sie sein? »ein wirklicher Kafka«[11] (➤ Bei Anatol)

Ihre Lieblingsblume? »Ich sehe kaum die Schönheit der Blumen, eine Rose ist mir ein kaltes Ding, zwei sind mir schon zu gleichförmig, Zusammensetzungen von Blumen scheinen mir immer willkührlich und erfolglos.«[12]

Ihr Lieblingsvogel? Geier.[13]

Ihr Lieblingsschriftsteller? Flaubert. »Die ›Education sentimentale‹ […] ist ein Buch, das mir durch viele Jahre nahegestanden ist, wie kaum zwei oder drei Menschen; wann und wo ich es aufgeschlagen habe, hat es mich aufgeschreckt und völlig hingenommen, und ich habe mich dann immer als ein geistiges Kind dieses Schriftstellers gefühlt, wenn auch als ein armes und unbeholfenes.«[14]

Ihr Lieblingslyriker? Werfel. Ich fürchtete einmal, die Begeisterung für ihn werde mich ohne Aufenthalt bis in den Unsinn mitfortreißen.[15]

Ihr Lieblingsname? K.[16]

Was verabscheuen Sie am meisten? Gäste. (➤ Gäste vertreiben)

Welche natürliche Gabe möchten Sie besitzen? Schlafen können.[17]

Ihre gegenwärtige Geistesverfassung? »nicht wesentlich enttäuscht«[18]

Ihr Motto? »Im Kampf zwischen Dir und der Welt sekundiere der Welt.«[19]

1 An Milena Jesenská, September 1920 (BaM, 282 f.); vgl. NSuF II, 340. – Kafka zitiert aus einem chinesischen »Gespensterbuch«, das er gerade las. / 2 Max Brod an Kafka, 12.6.1921 (BKB, 356). / 3 An Max Brod, Ende April 1921 (BKB, 341). / 4 Formulierung und Reihenfolge der ausgewählten Fragen folgen dem Fragebogen, der von 1980 bis 1999 im Magazin der *Frankfurter Allgemeinen Zeitung* erschien. / 5 Vgl. z. B. an Max Brod, 12.3.1910 (BKB, 74). / 6 NSuF II, 374 f. / 7 Vgl. NSuF II, 121. / 8 Vgl. Brod FK, 121. / 9 Tb, 19 f. / 10 Vgl. z. B. an Felice Bauer, 15.11.1912, Beilage (BaF, 99); Tb, 299 f. / 11 NSuF II, 146. / 12 An Felice Bauer, 10./11.3.1912 (BaF, 333). / 13 Vgl. NSuF I, 74; NSuF II, 329 f.; an Max Brod, 18.9.1917 (BKB, 162). / 14 An Felice Bauer, 15.11.1912 (BaF, 95 f.). / 15 Vgl. Tb, 308. / 16 »Josef K.« ist der Name des Verfolgten des *Proceß*-Romans, »K.« heißt der Protagonist in *Das Schloß*. Auch seine Briefe unterzeichnete Kafka gelegentlich nur mit »Ihr K.« oder »Dein K.«. / 17 Vgl. z. B. an Milena Jesenská, 27.7.1920 (BaM 151); an Ottla Kafka, 2.9.1917 (BaO, 41); an Max Brod, Ende Mai 1921 (BKB, 352). 18 NSuF II, 67. / 19 NSuF II, 124.

GÄSTE VERTREIBEN

Eben, Liebste, habe ich mir den Kopf zermartert, um, wenn schon nichts anderes, so doch drei Sätze wenigstens zur Begrüßung der Hochzeitsgäste zu finden. Endlich habe ich sie, sie sind trostlos. Ja, wenn ich eine Rede gegen die Gäste halten dürfte, ich müßte sie nicht vorbereiten, sie würde im eiligsten Zusammenhange fließen, und ich getraute mich, die Gäste in der Mehrzahl nicht durch Beschimpfungen, sondern durch Aussprechen meiner wahren und erschreckenden Gefühle aus dem Saal zu treiben.[1]

Ein »durch seine Lebensumstände und durch seine Natur gänzlich unsocialer Mensch« sei er, behauptet Kafka.[2] »Der Weg zum Nebenmenschen« sei für ihn »sehr lang«, unabhängig davon, ob es sich um Fernere oder Nächste handle.[3] Auch und gerade die Leiden und Freuden seiner Verwandten langweilten ihn »in die Seele hinein«, Verwandtengefühl habe er ohnedies keins, im Gegenteil: »ich hasse unbedingt alle meine Verwandten, [...] einfach deshalb, weil es die Menschen sind, die mir zunächst leben«.[4] Gespräche zu führen langweile ihn, Besuche zu machen ebenfalls, vom Besuchtwerden zu schweigen: »in Besuchen sehe ich förmlich gegen mich gerichtete Bosheit«.[5]

Angesichts dieser Äußerungen, die sich beliebig vermehren ließen, mag man kaum glauben, daß alle, die mit ihm zu tun hatten, Kafka als freundlichen, zugewandten, hilfsbereiten Menschen beschreiben. Soziales Talent ging ihm zwar ab – Geselligkeiten gaben ihm nichts, gesellschaftliche Kommunikation fiel ihm schwer (→ Kniescheibe) –, seine Natur schloß mitmenschlichen Umgang jedoch gewiß nicht aus. Der Grund seiner unsozialen, wenn nicht antisozialen Haltung ist eher in seinen Lebensumständen zu suchen, Umständen, die nicht schicksalhaft waren, sondern frei gewählt, in gewisser Weise aber schicksalhaft wurden.

»Meine Lebensweise ist nur auf das Schreiben hin eingerichtet und wenn sie Veränderungen erfährt, so nur deshalb, um möglicher Weise dem Schreiben besser zu entsprechen, denn die Zeit ist kurz, die Kräfte sind klein, das Bureau ist ein Schrecken, die Wohnung ist laut und man muß sich mit Kunststücken durchzuwinden suchen, wenn es mit einem schönen geraden Leben nicht geht. [...] Seit 1 ½ Monaten ist meine Zeiteinteilung [...] die folgende: Von 8 bis 2 oder 2 1/3 Bureau, bis 3 oder ½ 4 Mittagessen, von da ab Schlafen im Bett [...] bis ½ 8, dann 10 Minuten Turnen, nackt bei offenem Fenster, dann eine Stunde Spazierengehn allein oder mit Max oder mit noch einem andern Freund, dann Nachtmahl innerhalb der Familie [...] dann um ½ 11 (oft wird aber auch sogar ½ 12) Niedersetzen zum Schreiben und dabeibleiben je nach Kraft, Lust und Glück bis 1, 2, 3 Uhr, einmal auch schon bis 6 Uhr früh. Dann wieder Turnen, wie oben, nur natürlich mit Vermeidung jeder Anstrengung, abwaschen und meist mit leichten Herzschmerzen und zuckender Bauchmuskulatur ins Bett. Dann alle möglichen Versuche einzuschlafen, d. h. Unmögliches zu erreichen«.[6]

Ein Weg durch den Tag, der sein Ziel, günstigenfalls, anderthalb Stunden vor Mitternacht fand, wenn Kafka sich, endlich, zum Schreiben niedersetzen konnte. Schreiben, das hieß »sich öffnen bis zum Übermaß«, sich der Welt eines anderen, tieferen Ich preisgeben, die Geschichten aus dieser Tiefe »hervorreißen«, sie jagen und sich von ihnen jagen lassen.[7] Die inneren Bedingungen des Schreibens empfand Kafka als unverfügbar;[8] »das Schreiben« ist ein Subjekt, ein Wesen eigenen Willens, das ihn, wie eine Geliebte, »aufnehmen« oder sich ihm versagen kann.[9] Erzwingen ließ sich das Gelingen des Aktes nicht. Aber es ließ sich ermöglichen, insofern es auch von äußeren Umständen abhing, die, innerhalb gewisser Grenzen, verfügbar waren. Die wichtigste dieser zwar nicht hinreichenden, aber notwendigen Bedingungen des Gelingens bildete die tendenziell vollständige Ausschaltung jedes äußeren Reizes. Die dafür ideale Situation, das Schreibverlies »im innersten Raume eines ausgedehnten, abgesperrten Kellers«,[10] gab es nicht. Kafka bewohnte ein Zimmer in der elterlichen Wohnung und hatte damit aus-

zukommen. Verliesähnliche Bedingungen bot dies Zimmer allenfalls in der Nacht, obwohl jede Nacht »noch zu wenig Nacht« war.[11] Alle schlafen nie, und selbst wenn alle schlafen, die Mitwelt sozusagen negiert ist, bleibt die Umwelt, die sich nicht negieren läßt. Die Nacht war nicht das beste, aber sie war alles, was Kafka hatte; auf die zwei, drei Stunden, die sie ihm gab, mußte er seine Kräfte konzentrieren. Diesem Ziel diente seine im oben zitierten Brief an Felice Bauer beschriebene Lebensweise. Deren Schlüssel wiederum bildete der Nachmittagsschlaf, vier Stunden nach dem späten Mittagessen, um die durch »das Bureau«, Kafkas Tätigkeit in der Arbeiter-Unfall-Versicherungs-Anstalt, angegriffenen Kräfte zu regenerieren und die Hypothek der dem Nachtschlaf entzogenen Schreibstunden abzuzahlen. »Nachmittag solange als es geht im Bett schlafen«, daran hing alles, das war das Zentrum dieser auf das Schreiben hin eingerichteten Tagesordnung. Und zugleich ihr wunder Punkt: »in diesem ›solange es geht‹ steckt der Haken. ›Es geht nicht lange‹ nicht am Nachmittag«.[12]

Wie sollte es denn auch gehen. Die Wohnung der Familie Kafka wurde von sechs Personen bewohnt, nach der Heirat von Kafkas Schwester Valli im Januar 1913 blieben fünf, hinzukamen zwei Kanarienvögel, die Köchin und das Dienstmädchen. Daß sich das häusliche Leben um die außerberuflichen Interessen des Sohns und Bruders zu drehen habe, ging, verständlicherweise, keinem von ihnen ein. Nachmittags waren bis auf den Vater alle zuhause, und Kafkas Zimmer lag nicht etwa abgeschieden, in einem Winkel oder am Ende eines Flurs, es war ein Durchgangszimmer, das das Schlafzimmer seiner Eltern mit dem Wohnzimmer verband – ein schmaler Resonanzkörper, in dessen nachmittäglicher Stille sich jedes Geräusch fing und so verstärkt nachhallte, daß das Zimmer Kafka geradezu als »Hauptquartier des Lärms der ganzen Wohnung« erschien.[13] Auch nach dem Umzug der Familie von der Niklasstraße an den Altstädter Ring im November 1913 wurde es nicht besser. Es genügte schon, daß die Familienmitglieder, die Gouvernante, die Köchin, das Dienstmädchen sich bewegten, Türen öffneten und schlossen, sich unterhielten. Wenn dann aber noch Besucher kamen, Bekannte, Freunde, Enkel, Nichten, Neffen, traf sie und diejenigen, die sie empfingen oder gar zum Kommen ermuntert hatten, Kafkas gesammelte Abneigung:

»Als ich auf dem Kanapee lag und in beiden Zimmern mir zur Seite laut gesprochen wurde, links nur von Frauen, rechts mehr von Männern, hatte ich den Eindruck daß es rohe negerhafte nicht zu besänftigende Wesen sind, die nicht wissen, was sie reden und nur reden, um die Luft in Bewegung zu setzen, die beim Reden das Gesicht heben und den Worten, die sie aussprechen, nachsehn.«[14] – »Im Nebenzimmer unterhält sich meine Mutter mit dem Ehepaar Lebenhart. Sie sprechen über Ungeziefer und Hühneraugen. (Hr. Lebenhart hat 6 Hühneraugen an jedem Finger.) Man sieht leicht ein, daß durch solche Gespräche kein eigentlicher Fortschritt eintritt. Es sind Mitteilungen, die von beiden wieder vergessen werden und die schon jetzt ohne Verantwortungsgefühl in Selbstvergessenheit vor sich gehn.«[15] – »Wie die Mutter mit stärkster Stimme nebenan unter einer Menge von Frauenzimmern mit kleinen Kindern spielt und mich aus der Wohnung treibt: Nicht weinen! Nicht weinen! u.s.w. Das gehört ihm! Das gehört ihm! u.s.w. Zwei große Menschen! u.s.w. Er will es nicht! ... Aber! Aber! ... Wie hat es Dir in Wien gefallen Dolphi? War es dort schön? ... Ich bitte schauen Sie nur seine Hände an.«[16]

So verliefen die Alltage, die Sonntage, an denen, im Prinzip, Schlaf nachgeholt oder angespart werden konnte, waren noch schlimmer: »Ich habe den Tag [...] zum größten Teil im Bett verbracht und meine zwei einzigen, allerdings schrecklichen Abenteuer bestanden darin, daß mich der Vater aus dem Vormittagsschlaf durch ein wahnsinniges, einförmiges, ununterbrochenes, immer wieder mit frischer Kraft einsetzendes Geschrei und Singen und Händeklatschen, mit dem er einen Großneffen belustigte, allmählich und trotz alles Widerstandes unbedingt in diese trostlose Welt herausschleppte, während er am Nachmittag das gleiche zur Unterhaltung seines Enkels ausführte. [...] es gehört Tugend dazu, um ein solches Treiben, wenn es einem zwar begreiflich (es ist des Vaters einzige Freude), im Innersten aber ganz unverständlich ist (die

Tänze der Neger sind mir verständlicher), ohne unkindliche Flüche aus-zuhalten. So auf einem zu trommeln! Besonders am Nachmittag, war mir jeder Schrei wie ein Faustschlag ins Auge.«[17]

Und es gab Steigerungen: mehrtägige Besuche zum Beispiel, oder, der Gipfel von allem, Hochzeitsvorbereitungen, was nicht mehr nur Besu-che bedeutete, sondern Gäste, Menschen, denen man dadurch, daß man sie einlud, geradezu eine Lizenz zur Störung erteilte, befristet zwar, aber in jedem Fall zu lang. Die Prozedur antizipierte das Grauen schon: »Heute nimmt man mir den ganzen Nachmittag weg, [...] die Ausrufe im Nebenzimmer (man stellt das Verzeichnis der Gäste für die Hochzeit zusammen, jeder Name – ein Schrei) machen mich ganz stumpf.«[18] Wenn dann einmal, wider alles Erwarten, keiner kam, die Wohnung schwieg, der Nachmittagsschlaf gelang, war Kafkas gemar-tertes Gehirn so überrascht, daß es Variationen der Feindbilder in seine Träume projizierte: »eine Woche lang« sieht er im Schlaf »nur Montenegriner«, die nichts dafür können, »mit einer äußerst wider-lichen, Kopfschmerzen verursachenden Deutlichkeit jedes Details ihrer komplizierten Kleidung«.[19]

> Die Eintracht der Familie wird eigentlich nur durch mich gestört.

Auch wenn es so scheinen mag, Misanthropie ist das alles nicht. Es ist, wie Kafka in einem Brief an Carl Bauer, den Vater seiner gelegentlichen Verlob-ten Felice, feststellt, nur der »Widerschein« seines Zieles.[20] Er wollte schreiben, dafür brauchte er die Nacht, um die Nacht nutzen zu können, brauchte er den Nachmittagsschlaf, um nachmittags schlafen zu können, brauchte er Ruhe. Ein einfacher Kettenschluß, zu dessen letz-ter These Besucher und ihr Komparativ, Gäste, die Antithese bildeten. Wer das Schreiben liebte wie Kafka, konnte Gäste nur hassen. – Am Ende aber waren Gäste bloß ein Metonym für Lärm, und Lärm war jedes Geräusch und noch die Stille, weil ihr Geräusche vorangegangen waren und zu folgen drohten.[21] Lärm war der Käfig, der Kafka gesucht und gefunden hatte, in dem er gefangen blieb, wohin immer er mit sich und seinem Schreiben floh.

Anfang 1915, im 32. Lebensjahr, entschloß er sich, die elterliche Wohnung zu verlassen, und bezog ein Zimmer in der Bilekgasse. Kein Vater mehr, der Märsche sang, kein Dienstmädchen, das Türen warf, keine Schwestern, die quer durch alle Räume riefen. Ruhe.

Ruhe? »Erster Abend. Der Nachbar unterhält sich stundenlang mit der Wirtin. Beide sprechen leise, die Wirtin fast unhörbar, desto ärger.«[22] Am nächsten Tag: »gestern hat der Mieter zweimal gehustet, heute schon öfter, sein Husten tut mir mehr weh als ihm«.[23] Nach vier Wochen siedelt Kafka in die Langegasse um, in ein hoch gelegenes Eckzimmer mit Blick über die Prager Altstadt. »Damit ich [...] nicht übermütig werde, trampelt über mir in einem (leeren, nichtvermieteten!) Atelier bis abend jemand mit schweren Stiefeln hin und her und hat dort irgendeinen im übrigen zwecklosen Lärmapparat aufgestellt, der die Illusion eines Kegelspiels erzeugt. Eine schwere Kugel rollt schnell geschoben über die ganze Länge der Zimmerdecke, trifft in der Ecke auf und rollt schwerfällig krachend zurück.«[24] Zwei Wochen später: »Für den Tageslärm habe ich mir aus Berlin [...] eine Hilfe kommen lassen, Ohropax, eine Art Wachs von Watte umwickelt. Es ist zwar ein wenig schmierig, auch ist es lästig, sich schon bei Lebzeiten die Ohren zu verstopfen, es hält den Lärm auch nicht ab, sondern dämpft ihn bloß – immerhin. Im Strindbergroman ›Am offenen Meer‹, den ich vor ein paar Tagen gelesen habe [...], hat der Held für ein ähnliches Leid, wie ich es habe, sogenannte Schlafkugeln, die er in Deutschland gekauft hat, Stahlkügelchen, die man ins Ohr rollen läßt. Es scheint aber leider nur eine Strindbergische Erfindung zu sein.«[25] Ein paar Monate später: »Das Zimmer [ist] aber doch für mich unbewohnbar. Zwar liegt es am Ende eines sehr langen Vorzimmers und ist äußerlich abgesondert genug, aber es ist ein Betonhaus, ich höre oder vielmehr hörte bis über 10 Uhr hinaus das Seufzen der Nachbarn, die Unterhaltung der Tieferwohnenden, hie und da einen Krach aus der Küche. Außerdem ist über der dünnen Zimmerdecke der Boden und es ist unberechenbar, an welchen Spätnachmittagen [...] ein wäschehängendes Dienstmädchen mir förmlich, ganz unschuldig, mit dem Stiefelabsatz in den Schädel trat.

Hie und da gab es auch Klavierspiel und im Sommer aus dem Halb-
kreis der andern nahegerückten Häuser Gesang, eine Violine und ein
Grammophon. Annähernd vollständige Ruhe also erst von 11 Uhr
nachts. Also Unmöglichkeit zum Frieden zu kommen, vollkommene
Heimatlosigkeit, Brutstätte allen Wahnes«.[26]
Kafka zog erneut um, nahm eine Zweizimmerwohnung im Palais
Schönborn auf der Kleinseite, es blieb dabei, auch mit geänderter
Lebensweise und Zeiteinteilung, auch mit nachlassendem Druck, schreiben zu müssen, auch auf dem Land, auch im Urlaub, selbst in Sanatorien: »Leiden unter dem kleinsten Geräusch und sie entstehen förmlich in der leeren Luft«.[27] Längst hatte Kafkas Reaktion sich von ihrem
Anlaß gelöst, es ging nicht mehr um Menschen, die Schallwellen aus-
sandten, Schwestern, die zu maßregeln, Nachbarn, die zu verwün-
schen, Gäste, die zu vertreiben waren, es ging nur noch um den, der die
Wellen empfing, der sie antizipierte und in gewisser Weise schuf. Zu laut
war es, überall, weil es in ihm zu leise war: »es ist […] nicht der Lärm
hier, um den es sich handelt, sondern der Lärm der Welt und nicht einmal dieser Lärm, sondern mein eigenes Nichtlärmen«.[28]

1 An Felice Bauer, 11./12.1.1913 (BaF, 246). / 2 An Grete Bloch, 11.6.1914 (BaF, 598); vgl. Tb,
580. / 3 NSuF II, 112. / 4 Tb, 569; Tb, 581; an Felice Bauer, 7.7.1913 (BaF, 423). / 5 Tb, 569 u.
581. / 6 An Felice Bauer, 1.11.1912 (BaF, 66 f.); vgl. an Felice Bauer, Anfang November 1914 (BaF,
618). / 7 An Felice Bauer, 14./15.1.1913 (BaF, 250); vgl. Tb, 38, 460 f., 715; an Felice Bauer,
26.6.1913 (BaF, 412 f.). / 8 Vgl. an Grete Bloch, 18.4.1914 (BaF, 555 f.). / 9 Tb, 721; NSuF II, 373;
an Felice Bauer, 30.11.1912 (BaF, 142 f.). / 10 An Felice Bauer, 14./15.1.1913 (BaF, 250). / 11 Ebd.
12 An Milena Jesenská, 26.8.1920 (BaM, 229). / 13 Tb, 225. / 14 Tb, 358. / 15 Tb, 412. / 16 Tb,
435. / 17 An Felice Bauer, 23.2.1913 (BaF, 311). / 18 An Felice Bauer, 1.12.1912 (BaF, 146). / 19 An
Felice Bauer, 1.11.1912 (BaF, 67). / 20 Tb, 580; vgl. 393. / 21 Vgl. an Ottla Kafka, 2.9.1917 (BaO,
41). / 22 Tb, 727. / 23 An Felice Bauer, 11.2.1915 (BaF, 627). / 24 An Felice Bauer, 21.3.1916 (BaF,
631). / 25 An Felice Bauer, 5.4.1915 (BaF, 632); vgl. EFK 109. – Die Stelle bei Strindberg, auf die
Kafka anspielt, lautet: »Das Stöhnen des Windes an der Hausecke, das Tosen der Wellen und das
Heulen der Glockenboje machten ihn [den Fischmeister Borg] nervös. Um sich von diesen Gehör-
suggestionen zu befreien, deren Sklave er nicht sein wollte, legte er seine in Deutschland gekauften
‚Schlafkugeln‘ ein, kleine Stahlstücke, die, in die Ohren eingefügt, verhinderten, daß irgendein Laut
eindrang oder gehört wurde.« (August Strindberg, *Am offenen Meer*. Deutsch von Else v. Hollander.
Berlin 1919, 257) / 26 An Felice Bauer, Anfang Januar 1917 (BaF, 749 f.). / 27 An Max Brod,
Anfang Mai 1921 (BKB, 343). / 28 An Max Brod, Ende Mai 1921 (BKB, 349). / Hervorgehobenes Zitat aus einem Brief an Felice Bauer, 29./30.12.1912 (BaF, 219).

Kafka wird hier *überstrapaziert!*

Eva, zehn Jahre alt, beim Abendbrot

VERZEICHNIS
DER VERWENDETEN SIGLEN

ASchr

Franz Kafka, *Amtliche Schriften*. Hg. v. Klaus Hermsdorf.
Berlin 1984

BaF

Franz Kafka, *Briefe an Felice und andere Korrespondenz aus der
Verlobungszeit*. Hg. v. Erich Heller u. Jürgen Born. Frankfurt
a. M. 1995

BaM

Franz Kafka, *Briefe an Milena*. Erweiterte u. neugeordnete
Ausgabe. Hg. v. Jürgen Born u. Michael Müller. Frankfurt
a. M. 1997

BaO

Franz Kafka, *Briefe an Ottla und die Familie*. Hg. v. Hartmut
Binder u. Klaus Wagenbach. Frankfurt a. 1974

Binder KW

Hartmut Binder, *Kafkas Welt. Eine Lebenschronik in Bildern*.
Reinbek 2008

BKB

Max Brod / Franz Kafka, *Eine Freundschaft*. Bd. II: *Briefwechsel*.
Hg. v. Malcolm Pasley. Frankfurt a. M. 1989

Br

Franz Kafka, *Briefe 1902–1924*. Hg. v. Max Brod. Frankfurt
a. M. 1975 [^{1}1958]

Brod FK

Max Brod, *Franz Kafka. Eine Biographie*. Frankfurt
a. M.–Hamburg 1963 [^{1}1954]

Brod PK

Max Brod, *Der Prager Kreis*. Frankfurt a. M. 1979 [^{1}1966]

Das Schloß

Franz Kafka, *Das Schloß*. Hg. v. Malcolm Pasley. Frankfurt
a. M. 2002 (Franz Kafka, Schriften Tagebücher. Kritische
Ausgabe)

Das Schloß
App

Franz Kafka, *Das Schloß. Apparatband*. Hg. v. Malcolm Pasley.
Frankfurt a. M. 2002 (Franz Kafka, Schriften Tagebücher.
Kritische Ausgabe)

Der Proceß

Franz Kafka, *Der Proceß*. Hg. v. Malcolm Pasley. Frankfurt
a. M. 2002 (Franz Kafka, Schriften Tagebücher. Kritische
Ausgabe)

Der Verschollene	Franz Kafka, *Der Verschollene*. Hg. v. Jost Schillemeit. Frankfurt a. M. 2002 (Franz Kafka, Schriften Tagebücher. Kritische Ausgabe)
DzL	Franz Kafka, *Drucke zu Lebzeiten*. Hg. v. Wolf Kittler, Hans-Gerd Koch u. Gerhard Neumann. Frankfurt a. M. 2002 (Franz Kafka, Schriften Tagebücher. Kritische Ausgabe)
DzL App	Franz Kafka, *Drucke zu Lebzeiten. Apparatband*. Hg. v. Wolf Kittler, Hans-Gerd Koch u. Gerhard Neumann. Frankfurt a. M. 2002 (Franz Kafka, Schriften Tagebücher. Kritische Ausgabe)
EFK	Hans-Gerd Koch (Hg.), *»Als Kafka mir entgegenkam ... «. Erinnerungen an Franz Kafka*. Erweiterte Neuausgabe. Berlin 2005
KChr	*Franz Kafka, Eine Chronik*. Zusammengestellt v. Roger Hermes, Waltraud John, Hans-Gerd Koch u. Anita Widera. Berlin 1999
NSuF I	Franz Kafka, *Nachgelassene Schriften und Fragmente I*. Hg. v. Malcolm Pasley. Frankfurt a. M. 2002 (Franz Kafka, Schriften Tagebücher. Kritische Ausgabe)
NSuF II	Franz Kafka, *Nachgelassene Schriften und Fragmente II*. Hg. v. Jost Schillemeit. Frankfurt a. M. 2002 (Franz Kafka, Schriften Tagebücher. Kritische Ausgabe)
Tb	Franz Kafka, *Tagebücher*. Hg. v. Hans-Gerd Koch, Michael Müller u. Malcolm Pasley. Frankfurt a. M. 2002 (Franz Kafka, Schriften Tagebücher. Kritische Ausgabe)
Tb App	Franz Kafka, *Tagebücher. Apparatband*. Hg. v. Hans-Gerd Koch, Michael Müller u. Malcolm Pasley. Frankfurt a. M. 2002 (Franz Kafka, Schriften Tagebücher. Kritische Ausgabe)
Tb Komm	Franz Kafka, *Tagebücher. Kommentarband*. Hg. v. Hans-Gerd Koch, Michael Müller u. Malcolm Pasley. Frankfurt a. M. 2002 (Franz Kafka, Schriften Tagebücher. Kritische Ausgabe)
Wagenbach FKJ	Klaus Wagenbach, *Franz Kafka. Eine Biographie seiner Jugend 1883–1912*. Berlin 2006

ABBILDUNGSVERZEICHNIS

Abb. S. 8: Franz Kafka um 1914. © Archiv Klaus Wagenbach Berlin.

Abb. S. 26: Dr. Otto Přibram. Aus: Hartmut Binder, *Kafkas Welt. Eine Lebenschronik in Bildern*. Reinbek 2008, S. 181.

Abb. S. 28: Franz Kafka 1910. © Archiv Klaus Wagenbach Berlin.

Abb. S. 35: Das Gebäude der Arbeiter-Unfall-Versicherungs-Anstalt. © Archiv Klaus Wagenbach Berlin.

Abb. S. 43: Schädelquerschnitt. Aus: Hartmut Binder, *Kafkas Welt. Eine Lebenschronik in Bildern*. Reinbek 2008, S. 55.

Abb. S. 57: Kafka im Wiener Prater mit Otto Pick u. a. © The Jewish National and University Library, Jerusalem.

Abb. S. 66–67: Bühnenbild, »Dubrovnická trilogie«. © Národní muzeum, Theaterarchiv, Prag.

Abb. S. 79: Grundriß der Wohnung Kafka in der Niklasstraße. © Archiv Hartmut Binder, Ditzingen.

Abb. S. 102: Faksimile des Fragebogens, den Max Brod an Kafka schickte. Aus: *Max Brod / Franz Kafka, Eine Freundschaft*. Bd. II: *Briefwechsel*. Hg. v. Malcolm Pasley. Frankfurt a. M. 1989, S. 361.

Abb. S. 118: Ballspiele in Jungborn. © Archiv Klaus Wagenbach Berlin.

Abb. S. 121: Prospektmotiv, Lichtlufthäuschen. © Archiv Klaus Wagenbach Berlin.

Abb. S. 146: Der Advokat Dr. Robert Kafka. © Národní Archiv Prag

Abb. S. 159: Felice Bauer am Parlographen (Ausschnitt aus einem Werbefilm). © S. Fischer Verlag, Franfurt/Main.

Abb. S. 173: Behandlung mit dem Gaiffe-Apparat. Aus: Hartmut Binder, *Kafkas Welt. Eine Lebenschronik in Bildern*. Reinbek 2008, S. 113.

Abb. S. 178: Stadtplan, Altstadt Prag. Aus: Hartmut Binder, *Kafkas Welt. Eine Lebenschronik in Bildern*. Reinbek 2008, S. 129.

Abb. S. 188: Verlobungsanzeige *Berliner Tageblatt*. © Archiv Klaus Wagenbach Berlin.

Abb. S. 190: Felice Bauer mit ihrer Mutter. © Archiv Klaus Wagenbach Berlin.

Abb. S. 202: Gesichter seitlich (Zeichnung Kafkas). © Archiv Klaus Wagenbach Berlin.

Abb. S. 214: Umschlag eines Briefes Kafkas an Felice Bauer, 1912. © Archiv Klaus Wagenbach Berlin.

Abb. S. 239: Vierkanthobelwelle und Zeichnungen von Handverletzungen. Aus: Franz Kafka, *Amtliche Schriften*. Hg. v. Klaus Hermsdorf. Berlin 1984, S. 135–136.

Abb. S. 253: Aufgespannter Leib (Zeichnung Kafkas). Aus: Niels Bokhove / Marijke von Dorst (Hg.), *»Einmal ein großer Zeichner«. Franz Kafka als bildender Künstler*. Prag 2006, S. 39.

Abb. S. 256: Rabbi Rokeach mit Gefolge, Marienbad. © YIVO Institute for Jewish Research, New York.

Abb. S. 270: Kafka auf der Veranda der Villa Stüdl liegend (Zeichnung Kafkas). Aus: Niels Bokhove / Marijke von Dorst (Hg.), *»Einmal ein großer Zeichner«. Franz Kafka als bildender Künstler*. Prag 2006, S. 33

Abb. S. 274: Faksimile einer Handschrift Kafkas. Aus: Franz Kafka, *Briefe an Milena*. Erweiterte u. neugeordnete Ausgabe. Hg. v. Jürgen Born u. Michael Müller. Frankfurt a. M. 1997, S. 158.

Abb. S. 285: Plan des Aerodroms in Brescia. Aus : Hartmut Binder, *Kafkas Welt. Eine Lebenschronik in Bildern*. Reinbek 2008, S. 174.

Abb. S. 290: Kafka mit Hansi und Hund. Aus: Hartmut Binder, *Kafkas Welt. Eine Lebenschronik in Bildern*. Reinbek 2008, S. 161

Abb. S. 311: Mann am Schreibtisch (Zeichnung Kafkas). Aus: Niels Bokhove / Marijke von Dorst (Hg.), *»Einmal ein großer Zeichner«. Franz Kafka als bildender Künstler*. Prag 2006, S. 13

Umschlagabb.: Ausschnitt aus Abb. S. 290.

1. Auflage 2011
© für die deutsche Ausgabe:
Steidl Verlag, Göttingen 2011
© für die Abbildungen:
siehe Abbildungsverzeichnis
Alle deutschen Rechte vorbehalten
Lektorat: Melanie Heusel
Buch- und Umschlaggestaltung:
Sarah Winter

Satz, Druck, Bindung:
Steidl, Düstere Straße 4,
37073 Göttingen
www.steidl.de

Printed in Germany
ISBN 978-3-86930-362-8